Eleonora

CODRO PALISSY

Eleonora

ÉPOCA 1899-1931

☆

FEDERAÇÃO ESPÍRITA BRASILEIRA
DEPARTAMENTO EDITORIAL
Rua Souza Valente, 17
20941-040 — Rio-RJ — Brasil

ISBN 85-7328-215-0

9ª edição

Do 51º ao 52,5º milheiro

Capa de CECCONI

B.N. 8.537

92-AA; 005.2-O; 7/1999

FEDERAÇÃO ESPÍRITA BRASILEIRA

(Casa-Máter do Espiritismo)

Av. L-2 Norte — Q. 603 — Conjunto F

70830-030 — Brasília, DF — Brasil

Reprodução fotomecânica e impressão offset *das*

Oficinas do Departamento Gráfico da FEB

Rua Souza Valente, 17

20941-040 — Rio de Janeiro, RJ — Brasil

CNPJ nº 33.644.857/0002-84 I.E. nº 81.600.503

INTERNET

http://www.febrasil.org.br

Pedidos de livros à FEB — Departamento Editorial, via Correio, ou, em grandes encomendas, via rodoviário: por carta, telefone (021) 589-6020, ou FAX (021) 589-6838.

CIP-BRASIL. CATALOGAÇÃO-NA-FONTE
SINDICATO NACIONAL DOS EDITORES DE LIVROS, RJ.

P189e
9.ed.

Palissy, Codro, 1867-1949
Eleonora : época 1899-1931 / Codro Palissy. — 9.ed.
— Rio de Janeiro : Federação Espírita Brasileira, 1999

Continuação de: As vítimas do preconceito

ISBN 85-7328-215-0

1. Romance espírita. 2. Espiritismo. I. Título.

99-0863. CDD 133.9
CDU 133.7

230699 240699 007371

PREFACIO

O presente trabalho é fruto das reminiscências de uma passada vida, segundo revelações feitas por um Espírito protetor que também tomou parte nos episódios aqui narrados.

À força de meditação, conseguiu o autor recapitular todos os trâmites dessa existência, enfeixando-os no presente trabalho, a que deu o nome da principal personagem.

Quem ler o livro «As Vítimas do Preconceito», encontrará, no curso da narrativa, algumas personagens que ali figuram e poderá interessar-se pelos fatos que se seguiram ao duplo suicídio de Alberto e Laura.

Assim, este livro é a continuação daquele.

Cumpre-nos, porém, explicar que este já se achava começado quando se deram as manifestações daqueles Espíritos, no Grupo «José», manifestações essas que motivaram a compilação daquele trabalho. Só depois o autor teve conhecimento de haver figurado também naquele, embora como personagem pouco saliente, entrando em cena quase no fim do romance, quando ele desfechou em tragédia.

Dada esta explicação, que julgamos necessária, aqui nos detemos por deixar ao leitor a diligência da curiosidade, que o auxiliará a encontrar essa personagem.

Neste, como naquele, não teve o autor a pretensão de fazer um trabalho literário, limitou-se a reviver as cenas de um passado distante e que se lhe afiguravam despertas à consciência, como um remordimento, mostrando-lhe quão longe ainda se encontra da perfeição.

O AUTOR

PARTE PRIMEIRA

I

Nápoles despertava. 1530.

A cidade parecia sacudir dos ombros o manto de tristeza que acabrunhara seus habitantes por espaço de um ano, mergulhada que estivera nos domínios do terror.

E' que o Príncipe de Orange, seu vice-rei e tirano, sucumbira no combate de Gavignana; e o povo, ao sabê-lo, se regozijava em poder respirar a longos haustos, peito desopresso, após um período de asfixiante satrapia.

Os feudatários, aqueles que puderam fugir à perseguição do malvado Felisberto (esse o seu nome), acusados de haver favorecido o inimigo e obrigados a pagar seis meses de soldo ao exército que saqueara Roma, voltavam a tomar conta dos seus domínios, esperançados de usufruir um pouco de paz, após as lutas e dissabores que haviam amargado.

Muitos perderam a vida ou viram seus bens confiscados; outros, porém, puderam fugir a tempo e, ao terem notícia da morte do déspota, voltaram a penates, garantidos por Jerônimo Morôni — Chanceler de Carlos V. Nesse número achavam-se o Duque de Lombardia e seus dois filhos, Filipe e Fernando, este uma das principais personagens desta narrativa.

Nessa manhã de Agosto de 1530, a natureza

parecia associar-se ao regozijo dos napolitanos, pois o astro-rei, erguendo-se no horizonte, dardejava seus raios de fogo pelas colinas e refletia-se nas ondas que vinham quebrar-se nas praias.

A Natureza parecia cobrir-se de galas!

Os passarinhos, em seus voos, soltavam alegres gorjeios às auras que passavam, trazendo o perfume das flores desabrochadas aos beijos cálidos de Febo!

Logo aos primeiros albores da manhã, um movimento inusitado se via nas ruas principais: — mulheres com cestas à cabeça seguiam demandando as feiras, enquanto outras se ocupavam em estender os toldos de lona listrada de cores vivas, sob eles arrumando os frutos e as hortaliças, abrigados dos raios solares.

Moças e velhas com seus aventais e lenços de cores berrantes à cabeça, saias curtas de franzido e pregas, com barras largas de variegadas cores, cruzavam as ruas em busca de trabalho, ou a fazerem compras.

Entre estas, notava-se uma que se distinguia pelo porte esbelto e extraordinária beleza! Caminhava de olhos baixos, desviando-se dos transeuntes, que paravam para contemplá-la. Assim, foi ela caminhando até deter-se junto de uma barraca que chamava a atenção pela diversidade de artigos expostos a granel.

Seguindo a mesma direção, do lado oposto da rua, ia um moço que, pelos trajes, indiciava um fidalgo.

A julgar pela insistência com que fitava a rapariga, dir-se-ia haver ela despertado a sua simpatia, embora divergissem, pelo modo de trajar, as suas condições sociais.

*

Na rua de Santa Clara, assim denominada pela vizinhança de um convento de freiras — As Clarisses —, em uma de suas casas baixas morava um sapateiro de nome Inácio Chiapparélli, com sua esposa Joana e uma filha única — Eleonora.

Chiaparélli era homem de seus cinquenta anos, mas, devido ao trabalho e às enfermidades, aparentava muito mais; cabelos grisalhos e falhos, faces macilentas, busto curvado, denotavam um sofrimento pungente, que aos poucos lhe ia minando a existência.

Joana, sua mulher, mais moça do que ele cinco anos, era forte ainda, muito ativa e honesta, e procurava auxiliar o marido com alguns trabalhos manuais, ao mesmo tempo que poupava a filha, deixando-a sòmente nos afazeres domésticos.

Eleonora era a menina dos seus olhos, como também do sapateiro, que não se cansava de dizer que só para ela trabalhava, na esperança de vê-la feliz.

Concentravam nesse único rebento de seus amores todas as suas esperanças.

Aos oito anos, colocaram-na no colégio das Clarisses, a fim de ser educada com esmero, pois consideravam que, não possuindo haveres que lhes proporcionassem próspero futuro, o dote maior que lhe podiam dar era a instrução. Só a tiraram do colégio quando completara quinze anos.

Com essa idade, Eleonora já era mulher; as formas graciosas do corpo, o rosto de madona emoldurado de bastos cabelos castanhos, claros, quase louros, os olhos vivos de um fulvo escuro, cujos cílios os tornavam aveludados, faziam-na atraente e sedutora, sendo o anelo e enlevo do casal.

Educada num meio austero e religioso, qual o colégio das clarisses, Eleonora não se sentiu deslumbrada ao transpor os umbrais desse casarão vetusto para a luz meridiana e as magnificências da vida mundana; conservou-se humilde e simples, como até aí soubera ser, e não lhe sensibilizaram os galanteios de que começou a ser alvo, sempre que tinha necessidade de sair à rua. E isso era sobremaneira agradável ao pai Chiapparélli, que aspirava para a filha um esposo digno das suas virtudes.

Na classe média, como na mais elevada, a mulher não tinha o direito, nesse tempo, de escolher o marido; a escolha era feita pelos genitores, ou antes pelo genitor, que, ao chegar à idade própria e sempre de acordo com os seus interesses, arbitrava a quem devia entregar a mão da filha, só apresentando o noivo nas proximidades do casamento. — Daí, as uniões forçadas de criaturas que nunca se conheceram e que, de um momento para outro, passavam pelos laços do matrimônio a coabitar debaixo do mesmo teto, sem afeição alguma que cimentasse essa união, dando em resultado as tragédias que através da história têm chegado ao nosso conhecimento.

Chiapparélli, seguindo a rotina, havia arquitetado um brilhante futuro para a filha, e, por isso, esperava que o acaso lhe proporcionasse um homem em condições, que, apreciando os dotes físicos e morais de Eleonora, lhe desse a felicidade; como se essa felicidade não fôsse de coeficientes que só nos podem proporcionar os dotes do coração, considerados nesse tempo, mais que hoje, valores de somenos.

Enquanto gozou saúde e pôde dar à filha certo conforto, tudo ia bem; mas sobreveio a enfermidade e com ela as apreensões pelo futuro da moça, que tinha necessidade de trabalhar para auxiliá-lo, o que muito lhe pesava e oprimia o coração.

Poucos dias depois que o terrível mórbus o levara ao leito, Joana chamou a filha de parte e lhe fizera ver o estado do pai e a necessidade de trabalharem a fim de não faltar o necessário. Eleonora, ouvindo a confidência materna, compreendeu pelo tom de suas palavras quanto isso lhe custava, porém, amando-os e reconhecendo quanto haviam feito por dar-lhe uma educação muito superior a que recebiam as pessoas de sua classe social, logo a tranquilizou, dizendo-se pronta a auxiliá-la, pois via que, com o pai de cama, sua mãe não podia, só por si, prover às necessidades domésticas.

— Sim, mãe, cumpre-me trabalhar agora, para que lhe não falte o necessário. Dê-me suas ordens e verá como depressa me habituarei ao trabalho.

— Oh! obrigada, meu Deus! — exclamou Joana erguendo os olhos, ao mesmo tempo que, abraçando a filha, dizia: — Já esperava isso de ti, minha filha — e mãe e filha por algum tempo ficaram abraçadas, quando palmas se ouviram no interior da casa. Era Chiapparélli que chamava e ambas correram, solícitas, a ver o que ele queria.

Desde então, ninguém mais vira assomar à janela o perfil gracioso de Eleonora, que no interior trabalhava, auxiliando sua mãe.

De quando em vez, a porta se abria e Joana saía sobraçando embrulhos com trabalhos destinados às lojas: eram costuras e bordados que rendiam o necessário para não morrerem de fome.

Esse estado de coisas não durou muito tempo. Tendo Chiapparélli piorado e Joana não podendo afastar-se da sua cabeceira, teve Eleonora de sair à rua para entregar o trabalho feito. No primeiro dia, como não estivesse habituada a andar na rua, pediu a um menino da vizinhança para acompanhá-la. Mas, depois, já ia sòzinha.

Foi numa dessas surtidas que a vimos pela primeira vez.

II

Manhã de primavera, as ruas de Nápoles regurgitavam de madonas que se encaminhavam aos templos; moças louras e morenas, com trajes de cores bizarras semelhavam flores animadas, a que não faltava o necessário perfume. Entre essas flores ambulantes, destacava-se uma que, de livro na mão, olhos baixos e trajando vestido lilá, dir-se-ia a violeta saída do seu recanto ignorado e que, fora do seu ambiente, se encontra deslumbrada e retrai as delicadas pétalas à reverberação da luz... Era Eleonora!

Educada, como dissemos, em colégio religioso, todos os domingos ia ouvir missa no templo do convento onde estudara.

Estamos num domingo e ela vestira-se mais garridamente que de costume e saíra na intenção de orar pelo pai enfermo, como se para orar fôssem precisos templos.

Se, na escola onde fora educada, lessem os Evangelhos, neles veriam o que recomendou o Senhor Jesus — «Quando quiseres orar, retira-te a teu quarto e ora ao Pai em segrêdo, porque o Pai, que sabe o de que necessitas, te ouvirá».

Imersa na tristeza de ver o genitor assim tão doente, ia cabisbaixa e não reparou que era seguida de perto por um cavalheiro elegantemente vestido. Ao entrar no templo, ele estugou o passo e transpôs a porta juntamente com ela.

Cheia de devoção, nossa heroína aproximou-se da pia à direita da porta e mergulhou na água-benta os alvos dedos, persignando-se. Ao erguer os olhos, até então postos no solo, deparou-se-lhe o cavalheiro que, de pé, a pouca distância, a fitava com insistência. Sentindo a influência daquele olhar, perturbou-se e as faces se lhe ruborizaram. Procurou, porém, dominar-se e, apressando o passo, foi colocar-se junto do altar-mor, ali se ajoelhando ao lado de outras moças.

O cavalheiro, no entanto, havia-a seguido a certa distância e ficara junto de um dos altares laterais, à direita, continuando a fitá-la interessado.

Debalde Eleonora procurava elevar o pensamento a Deus. Um fluido magnético percorria-lhe o corpo, produzindo uma lassidão que ela não saberia explicar, e dentro em pouco os braços lhe pendiam ao longo do corpo e os olhos turvos cerravam-se numa sonolência que a teria dominado completamente, se uma circunstância não a fizesse desviar o olhar do cavalheiro. Era o sacerdote que entrava no momento, seguido pelo acólito, e se encaminhava para o altar a fim de celebrar o santo sacrifício.

Nesse instante, também o livrinho que Eleonora sustinha, caiu no ladrilho, produzindo um ruído que ressoou por toda a abóboda do templo. Despertando daquele estado de sonambulismo, pôde ela compreender a necessidade de resistir à sonolência. Abaixou-se para apanhar o livro e, só então, reparou que era alvo de todos os olhares; o rubor coloriu-lhe as faces, abriu o livro e procurou cravar nele a vista, lendo as orações; enquanto lia, porém, seu pensamento estava longe, ora ia até à casa onde deixara o pai enfermo, ora voltava ao cavalheiro que tanto a impressionara.

Assim permaneceu por algum tempo, alheia completamente ao que se passava em torno, até que volveu os olhos ao altar, deparando com a imagem de Santa Clara, ali, sobre um trono, e, numa prece fervorosa, suplicou-lhe o auxílio. Quase instantâneamente se sentiu acalmada e pôde acompanhar o resto da missa.

E' que Deus, em sua infinita misericórdia, ouve sempre a prece do pecador, quando este a Ele recorre submisso, seja embora por intermédio deste ou daquele Espírito de Luz, neste caso, Santa Clara.

Esta Santa tinha muitas devotas e as moças do bairro não se cansavam de dirigir-lhe súplicas, no sentido de as protejer contra as ciladas do mundo. Eleonora, que fora ali educada, estava nesse número.

Ao cavalheiro que a fitava com tanta insistência, não passou despercebida aquela turbação de sentidos, e em sua mente mil pensamentos maus desfilaram, entre eles o de conquistá-la.

Se lhe fôsse possível perscrutar os sentimentos daquela criatura, a candidez de sua alma... talvez não afagasse por mais tempo tal projeto;

mas ele pertencia a uma casta que por muito tempo, ainda, estará divorciada da virtude, tendo-a como coisa ridícula, que se pode calcar aos pés.

Assim, para esse cavalheiro — no qual os leitores já terão reconhecido o mesmo que seguia a nossa heroína e de quem falámos no começo desta narrativa — que lhe importavam as virtudes daquela moça, os seus sentimentos de amor filial e a candura da sua alma? Libertino como todos os fidalgos da época, sòmente vislumbrava uma conquista a mais e, portanto, não a deixaria enquanto não a possuísse.

Havendo-lhe seguido os passos anteriormente, era já sabedor da sua moradia, de quem era filha e de quanto fazia para auxiliar os pais no estado de penúria em que se encontravam e pensou que, por esse motivo, a conquista se lhe tornaria mais fácil; mas sabendo igualmente como fora educada e da nobreza de caráter dos seus genitores, mudou de plano, procurando conquistá-la pelo coração. Daí, a atitude de namorado.

Findara a missa. E os fiéis, depois de receberem a bênção do sacerdote, dispuseram-se a deixar o templo.

Eleonora, que depois da prece conseguira dominar os nervos e esquecer por momentos o que tanto a fascinava, dispunha-se a sair, quando, ao voltar-se, esbarrou com aquele moço que vira ao entrar na igreja. Seus olhos encontraram-se com os dele e, como pouco antes, o rubor subiu-lhe às faces. Contudo, mais senhora de si, consegue desviar a vista e seguir o seu caminho. Ao transpor, porém, os umbrais de sua casa, não pôde resistir à curiosidade de olhar para trás e verificou que fora seguida. Nesse momento ele passava do lado oposto, olhando-a fixamente. Fechou a porta e foi para o quarto, sentindo necessidade de insular-se.

Sua mãe, vendo-a entrar sem, como de costume, beijá-la, foi-lhe ao encontro.

— Que tens, filha, sentes alguma coisa?

— Sim, mãe, estou um pouco indisposta.

Joana, observando-a atentamente, viu que tinha as faces pálidas, e, receando alguma enfermidade, tomou-lhe das mãos, inquirindo:

— Que te aconteceu? Estás pálida... mãos frias... Encontraste algum importuno que te dissesse alguma liberdade?

— Não, minha mãe — atalhou, temendo que a genitora pressentisse a verdade, e, esforçando-se por dar à fisionomia uma serenidade que estava longe de sentir, disse: — Foi uma ligeira indisposição, já passou. Como vai o nosso doente?

— Penso que um pouco melhor, tanto que o deixei dormindo.

— Deus o queira... pobre pai!... roguei muito a Deus por ele... pois, se me faltasse, que seria de mim? E não podendo conter a comoção que a empolgava, deixou-se cair numa cadeira, debulhando-se em sentido pranto.

Deixemo-la dar expansão as lágrimas e vamos ver o que fazia o rapaz que a seguira.

Depois que a viu entrar, o fidalgo caminhou até o fim da rua, indo desembocar na «Praça Jesus», e quando se dispunha a atravessá-la ouviu que o chamavam. Voltou-se e, reconhecendo a pessoa, disse:

— És tu, Luís? Ia mesmo à tua procura.

O outro, vindo-lhe ao encontro, disse, abrindo os braços.

— Então, meu Fernando, foi bom encaminhar-me para estas bandas.

Fernando — já agora, tratemo-los pelos nomes — deu o braço a Luís e, depois de atravessarem a praça, entabularam conversa.

Foi Luís quem começou:

— Levantaste cedo hoje...

— E' verdade, tive necessidade de o fazer.

— Necessidade?! Alguma nova conquista, hein?

— Adivinhaste.

— Mas... para estares de pé tão cedo, quando ontem te recolheste tarde, é que a coisa é de **primo cartello**... E, assim falando, fitou o companheiro, que lhe respondeu com um sorriso velhaco:

— Com certeza; se assim não fôsse, deixar-me-ia ficar na cama; sabes que muito aprecio o meu bem-estar.

— A que classe pertence ela?

— À última.

— À última?!!! — repetiu Luís com espanto, e, fixando o companheiro, continuou: — Então, um Marquês, descendente de uma das mais ilustres famílias da Lombardia, deixa-se enlevar por uma mulher da última camada social?

— Entendamo-nos, Luís; não faças um juízo temerário a meu respeito; bem sabes que sempre primei pelo bom gosto; se te disse pertencer ela à última classe social, é por assim me haveres interpelado, mas não vás supor que se trata de uma criatura vulgar, pertencente à escória social; não; ela é pobre, sim, mas honesta filha de um operário, segundo me disseram. Está prestes a ficar órfã...

— Ah! compreendo — disse Luís sublinhando a frase — queres, então, ser o protetor... Sim, senhor meu sobrinho, estou maravilhado!...

Dialogando desse modo, haviam chegado à rua «Forcella», onde, nesse tempo, havia casas de bebidas e jogo, de nomes pomposos e onde se reuniam os fidalgos libertinos, pois a freguesia era servida por guapas raparigas.

Havia já muita gente pela rua e os dois amigos, tio e sobrinho, tiveram que interromper a conversa nesse ponto.

Seguiram, no entanto, braços-dados, até à esquina da rua de «Toledo», onde ficava um estabelecimento com a tabuleta — «A Taça de Ouro», e aí penetraram.

Ao entrarem, foram saudados por outros fidalgos que já ali se encontravam sentados em torno de uma mesa redonda, sobre a qual se viam ainda restos de vitualhas e cangirões de prata com vinho, já no fim.

Entre os moços ali reunidos achavam-se descendentes das melhores famílias de Nápoles, da Toscana e da Sicília, filhos dos feudatários perseguidos por Felisberto, que haviam regressado após sua morte. Entre eles havia Barões, Viscondes, Marqueses e Duques, todos em desenfreada libertinagem, como a se desforrarem do tempo em que foram obrigados a andar foragidos.

Uns desfrutavam as fortunas acumuladas por seus antepassados, enquanto outros, por terem confiscados seus bens, esbanjavam os que dias antes haviam recebido das mãos do Chanceler de Carlos V.

Como os recém-chegados são as principais personagens desta narrativa, limitar-nos-emos a fornecer aos nossos leitores alguns esclarecimentos.

Fernando era o mais moço dos filhos do Duque de Lombardia, senhor de grandes domínios, homem de caráter íntegro e, por isso, fora um dos vassalos fugido à perseguição do Príncipe de Orange, por não estar submetido às suas imposições; mas, uma vez conhecida a morte do Príncipe, voltara com a família composta da esposa, Margarida, descendente de uma das mais nobres famílias da Toscana e que, pelo seu todo místico e bondade de coração, fora cognominada — «A Religiosa», e quatro filhos: Filipe, o primogênito, Esmeralda, Fernando e Ester, que contava então quinze anos.

Margarida tinha uma irmã mais moça, de nome Marta, que esposara o Conde Luís Nicola Dinásti, a pessoa com quem vimos Fernando encontrar-se na Praça de Jesus.

Dinásti herdara dos pais não só o título como uma fortuna regular, porém esta já estava de todo liquidada quando esposou Marta, vindo o casamento libertá-lo de certos compromissos, pois a esposa trouxera opulento dote; estróina consumado, porém, nada lhe chegava, e, no momento em que se desenrolam estes acontecimentos, já a fortuna da esposa estava em parte comprometida.

Fernando encontrara nesse tio por afinidade um verdadeiro protetor de suas libertinagens; foi ele quem o iniciou nesse meio mundo vicioso, dando-lhe lições de tudo: manejar a espada, o florete, as cartas, enfim tudo.

Fernando contava então vinte anos, enquanto Luís já orçava pelos trinta e cinco, mas, vendo-os juntos, ninguém diria tamanha a diferença. Fernando tinha o rosto oval, epiderme clara e corada, cabelos e olhos castanhos, encimados por ligeiros traços; bigodes finos, estatura regular, um pouco delgado, deixava transparecer nas roupas justas, em moda, a delicadeza da sua compleição.

Luís era moreno, rosto comprido, cabelos e olhos pretos, profundos, bastos bigodes pretos, corpo cheio e musculoso.

Eram, porém, iguais no gênio e na maneira de pensar, de sorte que andavam sempre juntos e se compreendiam perfeitamente.

Fechado este parêntesis, retomemos o fio de nossa narrativa.

Vimos que, ao entrarem na «Taça de Ouro», foram saudados com alegria pelos fidalgos lá presentes. Após os cumprimentos, sentaram-se, tomando cada qual o seu copo, em honra dos recém-chegados; depois, um deles, dirigindo-se a Fernando, disse:

— Então meu caro Marquês, que tem? Acho-o um tanto tristonho...

— Sim?... — respondeu Fernando secamente — pois nada tenho que me impressione.

— No entanto — continuou o outro — não esperava vê-lo tão cedo hoje.

— Ah! é que tive necessidade de madrugar.

— Devia ter sido coisa muito urgente, para obrigá-lo a sair dos seus hábitos. — E o rapaz, que assim falava, lançou a Fernando um olhar perscrutador; este compreendeu o sentido da frase e procurou desviar o curso da conversa.

— Sim, é verdade, fui esperar um amigo que supunha chegasse hoje de Bordéus.

— Ah! pensei tratar-se de alguma nova conquista...

— Homem, por falar em conquista — disse um outro, dirigindo-se a Luís que até então se conservara calado. — Como vais, Conde, com os teus novos amores?

— Muito bem, como sempre; a pequena é um tanto ciumenta, mas há-de conformar-se.

— E tu, Natálio — disse Luís, dirigindo-se ao seu interlocutor — não te resolveste ainda a casar com a Condessinha?

— Ainda é cedo, seria prender-me muito moço.

— Prenderes-te? — Achas, então, que o casamento nos acarrete prisão?!

— Se não em absoluto, pelo menos modifica um tanto os nossos hábitos.

— Ah! ah! ah!... bem mostras que és criança ainda — disse Luís soltando estrepitosa gargalhada.

Natálio, um tanto sério, retrucou:

— Então, achas-me criança por assim pensar?

— Isso nem se devia perguntar — disse Fernando em tom sarcástico.

— Pois eu penso de modo diverso, atalhou um terceiro.

— Dize lá o que pensas, meu poeta — replicou Luís.

— Sim, fala Sulfiéri, queremos ouvir-te — disse um outro que até aí se conservara calado.

O convocado Sulfiéri, tomando uma postura magistral, continuou.

— Penso que o homem que se casa e adquire uma nova posição na sociedade, tornando-se chefe de família, deve moldar sua conduta pela nova posição que ocupa, pois tem necessidade de dar o exemplo.

— Oh! que perfeito moralista se está perdendo!... Pelo que ouço, darias um marido exemplar... Nem sei como ainda estás solteiro!...

— E' que ainda não achei o que procuro.

— Poderíamos saber o que procuras?

— Porque não? Não faço mistério disso. Procuro um casamento de amor e não de conveniência.

Esta frase fora dita em tom malicioso e indiretamente dirigida ao Conde Dinásti, que o percebeu e por sua vez retrucou:

— Pois eu me casei por conveniência e, se enviuvasse vinte vezes, outras tantas me casaria do mesmo modo, porque não vejo no casamento senão um contrato social, em que se trocam os interesses mútuos, e acrescentou frisando as palavras — **só na plebe se podem dar os casamentos por inclinação,** porque lá não existem os preconceitos sociais a que estamos sujeitos pelo nome que herdámos dos antepassados e que, por dever, temos de conservar impolutos, como legado aos nossos sucessores.

— Pois meu caro Luís, por conveniência jamais me casarei. Se não encontrar em nossa casta a esposa que idealizo, irei procurá-la na burguesia ou mesmo na plebe, como dizes, contanto que seja um ente que encerre em si as virtudes indispensáveis e possa ser uma terna companheira da minha vida, em quem deposite toda a confiança. Então, esforçar-me-ei por torná-la feliz — e continuou como um verdadeiro moralista: — De que servem esses casamentos pomposos que vemos por aí além, se passada a lua de mel... os momentos dos grandes entusiasmos, começam os esposos a se aborrecerem mùtuamente, indo cada qual por sua vez buscar noutros braços as venturas que já não encontram no lar?!... Não será isso uma torpeza?... E será esse o exemplo que devemos dar aos nossos filhos? — o de uma vida de simulacros, de dissabores e disfarces em que cada qual busca enganar o outro, enganando-se a si mesmo?

Mas, Sulfiéri — atalhou Luís — foi isso o que

encontramos em nossa sociedade, não fomos nós os instituidores desse estado de coisas; continuemos, portanto, o mesmo modo de vida, desde que assim todos procedem.

— Todos, não, meu caro Conde; há exceções e mesmo em tua família há exemplos do contrário: — Lembra-te de Laura de Valíni, que amou a um pintor e preferiu morrer com ele a casar-se com o Visconde Palermo, que o pai lhe havia escolhido... Logo, devemos libertar-nos desses preconceitos, legando a nossos sucessores exemplos de virtudes que lhes sirvam de norma para o futuro, estabelecendo-se assim o reinado da razão, em vez do das conveniências.

— Apre! que estás insuportável — disse Dinásti, levantando-se. — Fica-te para aí com as tuas teorias, que me vou embora. E saiu.

Fernando, que compartilhava das ideias do tio, foi-lhe no encalço.

Os outros, vendo-os sair, levantaram-se também e foram-se retirando, pois a conversa não lhes agradava.

Natálio e Sulfiéri imitaram-lhes o proceder, tomando outra direção.

Cabe-nos dar uma explicação aos leitores que porventura não conheçam a outra obra — «As Vítimas do Preconceito». O episódio a que aludiu Sulfiéri, concernente a Laura de Valini, lá se encontra. Laura vinha a ser cunhada de Filipe, irmão de Fernando de Lombardia e amara com efeito a um pintor de nome Alberto Chieríni. Como não se puderam unir nesta vida, pois suas posições sociais não o permitiam, acabaram suicidando-se no rio Volturno, no que fizeram uma loucura.

Quanto às ideias expendidas pelo Conde Dinásti, pensamos que os leitores estarão do lado do Cavalheiro Sulfiéri, reconhecendo quão errôneas eram as teorias da maior parte da sociedade de então, larvada de conceitos e prejuízos, dos quais, aos poucos, a Humanidade se vai libertando.

Pelos conhecimentos da Doutrina Espírita, reconhecemos nessas duas personagens uma grande diferença, relativamente ao progresso moral. Enquanto um se obstinava nos vícios e prejuízos da época, outro, já evolvido, tinha compreensão mais perfeita dos deveres do homem perante a sociedade, o que aliás se vai fazendo atualmente e se tornará comum no reinado da razão e do bom senso futuro.

Foi para esse fim que Deus permitiu se cumprisse a promessa do Cristo quando, nos últimos dias de sua passagem pela Terra, disse: — «Eu tenho ainda muitas coisas a vos dizer, mas vós não as podeis suportar agora; quando, porém, vier aquele Espírito de Verdade, ele vos ensinará todas as coisas; porque ele não falará de si mesmo, mas dirá tudo que tiver ouvido e anunciar-vos-á as coisas que estão para vir; Ele me glorificará, porque há-de receber do que é meu e vo-lo há-de anunciar, etc». (S. João, Cap. XVI, v. 12 a 14).

Esse Espírito de Verdade é a plêiade de Espíritos que, baixando em toda a Terra, diz: «Os tempos são chegados», esclarecendo-nos sobre coisas que se achavam ocultas sob o véu da letra, nos mesmos Evangelhos.

III

Deixámos Eleonora banhada em pranto, abatida pela ideia de um mal ignorado. Sua mãe, vendo-a assim e já inquieta pela palidez que lhe notara, aconchegou-a ao peito e, beijando-a ternamente, interrogou:

— Que tens minha filha?... Dize... Já não confias em tua mãe?

— Oh! mamãe, não penses que perdeste, para com tua filha, a confiança de sempre; não; é que eu mesma não sei explicar o que sinto.

— Mas, assustas-me... enches-me de cuidados. Ora vamos... conta-me o que te aconteceu...

Contar-te-ei mais tarde... Sim? Agora me é impossível.

— Não, filha, quero saber já... Não sairei daqui enquanto não me disseres o que se passou.

— Pois bem, já que mo ordenas, dir-te-ei: — Há dias, quando saí a compras, reparei que era seguida por um moço, mas não liguei importância, tantos são os que assim fazem... Ao atravessar a rua em direção aqui de casa, encontrei-me face a face com ele, que me seguia do lado oposto e, então, não sei explicar o que senti; nesse momento, todo o meu corpo foi abalado por emoção inexplicável, um tremor nervoso o percorreu ao mesmo tempo que um frio glacial me penetrava até à medula... O coração começou a bater desordenadamente, parecendo querer saltar do peito; senti a cabeça tonta e, por momentos, tive a sensação de que ia cair, mas lembrei-me que estava na rua e procurei reagir, conseguindo, afinal, dominar-me e assim entrar em casa. Não sei se ele notou minha perturbação, mas o certo é que nada me disse e seguiu seu caminho. Nessa noite, não pude conciliar o sono, via-o a cada momento, com o olhar insistente cravado em mim.

Desde esse dia, só penso nesse homem e por mais que me esforce em bani-lo da imaginação, não posso, sinto-me impotente para lutar.

— Bem, acalma-te... E hoje, que foi que aconteceu?

— Hoje o encontrei novamente à entrada da igreja e, depois de me benzer, vi-o junto à pia com os olhos fitos em mim e tornei a sentir a mesma coisa de outro dia, mal podendo chegar ao altar-mor, onde me ajoelhei, prestes a desfalecer... Orei, porém, a Sta. Clara pedindo me valesse, e então pude ouvir parte da missa, assaltada por um turbilhão de ideias, cada qual mais disparatada... Escureceu-se-me a vista... o livro caiu-me das mãos... enfim, fiquei num estado que nem sei definir. Terminada a missa, levantei-me com o firme propósito de não mais o encarar, porém sentia a influência do seu olhar e, sem o querer, meus olhos encontraram os dele, que se postara junto dum altar à direita. Fiz novo esforço e desviei a vista, caminhando sem olhar para trás, mas, aqui chegando, não pude resistir à curiosidade de verificar se era seguida e vi-o ali do outro lado da rua, a fitar-me com insistência. Oh! mamãe, como sinto ainda a influência desse olhar! Mas, ao mesmo tempo que me alegro, tenho medo. Que significará tudo isto, minha mãe?

— Tranquiliza-te, isso que sentes, e não sabes explicar, é o amor que desponta em teu coração. Tu amas esse moço... Agora, o medo que sentes é o que não compreendo...

Acaso não será ele digno de ti?

— Ao contrário, eu é que não me julgo digna dele... pois pelos trajes parece do número dos fidalgos aqui chegados ùltimamente.

— Ah filha!... então arranca do peito esse amor, que só te dará infelicidade... Os ricos, os nobres, não amam os pobres; e quando se dignam lançar os olhos para eles, é com o fim de saciar seus lúbricos desejos, para estorquir-lhes o que têm de melhor: — a honra.

— Oh! porque falas assim, mãe?

Porventura estarão todos corrompidos?

Não haverá, entre eles, um só que saiba prezar a honra alheia?

— Pobre filha!... Como te enganas! Falas a linguagem própria da idade e da inexperiência... é a pureza do teu coração que assim te faz julgar os homens... Ainda não conheces o mundo... Mas, ouve-me: — quero abrir-te os olhos, assim como me abriste o teu coração... Se não extirpares quanto antes esse sentimento que apenas aflora, por enquanto, no teu íntimo, ele crescerá, criará raízes profundas e não poderás depois arrancá-lo. Se esse de quem falas pertencesse à nossa classe, se fôsse um artista ou mesmo um negociante, não duvidaria de que te amasse e viesse ainda a pedir-te em casamento; mas, disseste: — parece pertencer ao número dos nossos fidalgos... Esses, filha, mesmo que amem, não têm o direito de esposar senão as pessoas de sua linhagem. A sociedade assim o exige. Portanto, embora ele te ame, não poderá casar-se contigo e, se o amares, tornar-te-ás desgraçada, pois, sem poderes esperar que ele te despose, se te deixares seduzir, terás desprezado nossos corações, visto só poderes ser sua amante, sem que aos frutos desse amor possas dar o nome do pai.

— Minha mãe! não fales assim que me cortas o coração! Será possível, meu Deus, que eu tenha de passar por isso? E, orvalhada em pranto, Eleonora cobriu o rosto com as mãos.

Joana tomou-a nos braços, conchegando-a ao seio e parecendo querer no momento preservá-la de uma prova que o seu coração materno já pressentia. Falara-lhe, não só com a experiência da vida como com essa acuidade revelada em todas as mulheres quando sabem ser verdadeiramente mães, pois aquelas que se compenetram dessa missão sublime são dotadas de vista dupla, ou talvez de um grau de sentimento que lhes permite antever o futuro dos filhos e, então, falam-lhes a linguagem profética que vimos na boca de Joana.

Continuemos:

Depois de abraçar a filha, deixou-a para atender ao marido, que nesse momento reclamava cuidados.

Eleonora, uma vez só, caiu nessa espécie de sonho que nos embala a mente quando amamos pela primeira vez, mas as palavras ouvidas dos lábios maternos repercutiram-lhe aos ouvidos, fazendo-a despertar do êxtase em que se achava. Entretanto, as cenas pouco antes descritas reproduziram-se-lhe ante os olhos: via-o ali de pé, junto ao altar, a fitá-la tão ternamente que era impossível! — Parecia-lhe haver um mundo de promessas naqueles olhares e ela reflexionava: se assim não fôsse, ter-me-ia falado... dito algumas pilhérias dessas que ouço a cada instante nas ruas por onde passo... Ele, se assim procede, é porque sente o mesmo que eu sinto... ama-me com certeza... Como é doce esta emoção! Eu ainda não o havia percebido. Quanto se abala todo o meu ser!... Quem sabe se ele, sentindo o mesmo que sinto, não se achou com ânimo de me dirigir a palavra? Sim, há-de ser isso.

E a pobre moça, inexperiente do mundo e de suas misérias, permaneceu assim por muito tempo, o olhar vago, a fronte cabisbaixa, o mento fincado nas mãos... alheia completamente ao que se passava em torno de si.

Não viu a mãe entrar no quarto e parar a contemplá-la, com a ternura que sabem ter olhares maternos, tão bons e carinhosos.

Joana, depois de assim permanecer algum tempo, vendo-a naquele estado de sonho desperto, foi pouco a pouco aproximando-se, como se quisesse surpreendê-la em seus mais secretos pensamentos. Pousando-lhe a mão no ombro, disse:

— Em que pensas filha?

— Sonhava com a felicidade... mas...

— Mas...

— Acordei e vejo que ela está ainda muito longe... Erguendo-se, abraçou-a e beijou-a repetidas vezes.

— Ainda bem, filha, que esse sonho se desvaneça por completo de tua imaginação — e para desviar o curso da conversa, acrescentou: ainda não foste ver teu pai, desde que chegaste...

— E' verdade, vou vê-lo... E saiu a correr para o quarto do enfermo.

Joana acompanhou-a com a vista e, quando já não podia ser ouvida, murmurou: — Pobre filha! ama com a veemência do primeiro amor... Deus sabe o que lhe estará reservado... Erguendo os olhos, deprecou: Mãe Santíssima, protegei-a... — e as lágrimas lhe vieram aos olhos. Depois, como criatura submissa, declarou — Seja feita a vontade de Deus... Enxugou as lágrimas e foi tratar dos seus afazeres.

Ao entrar no quarto do pai, Eleonora procurou evitar que ele percebesse o que com ela se passava. Aproximou-se e beijou-o ternamente.

O enfermo ergueu os olhos e, reconhecendo-a, disse:

— És tu, filha?

— Sim, pai — respondeu aveludando a voz —, é a tua Eleonora... Como te sentes? Estás melhorzinho?

— Sim, um pouco, minha filha. Já sei que vens da missa... Ainda há pouco, sentindo tua falta, perguntei por ti e tua mãe disse que tinhas ido à missa.

— E' verdade, fui pedir a Deus pela tua saúde.

— A minha saúde — disse Chiapparélli meneando a cabeça em ar de dúvida — parece que nunca mais a terei.

— Não fales assim que me entristeces; tem fé em Deus, que ainda a recuperarás.

— Ah! não é falta de fé, que esta nunca me abandona, graças a Deus! mas, o que sinto faz-me perder a esperança — e a voz um tanto rouca expirou-lhe na garganta, ao mesmo tempo que grossas lágrimas rolavam-lhe pelas faces.

A pobre Eleonora, vendo-as, sentiu quanto elas lhe eram acerbas, mas esforçou-se por não dar a perceber sua comoção, prosseguindo:

— Deus é infinita misericórdia, meu pai, e ouve sempre a prece daqueles que n'Ele confiam; hoje pedi muito por ti e espero que Ele te dê a saúde de que precisas... Confia que ainda estaremos juntos por muito tempo — e, inclinando-se, beijou-o novamente.

Chiapparélli passou o braço descarnado pelo pescoço da filha, e, apertando-a de encontro ao peito, exclamou cheio de comoção:

— Como és boa!... e quanto me fortaleces

com tuas palavras cheias de esperança... Sim, devemos confiar na misericórdia de Deus, Ele é a fonte perene de graças onde encontramos o bálsamo para nossas dores e o lenitivo para nossas aflições... Foi Ele que, premiando-te com essas virtudes, te colocou a meu lado para me sustentares neste momento de aflição... Continua, minha filha, o orar e a pedir por teu pai.

— Sim, sim, pedirei sempre... sempre por ti.

Nesse momento, foram interrompidos por Joana, que entrava trazendo uma tigela de caldo.

O resto do dia, passou-o Eleonora junto do pai, acariciando-o e fortalecendo-o com palavras ternas e amorosas.

À noite, sua mãe lhe fêz sentir a necessidade de repousar, para se achar revigorada no dia seguinte.

Foi com o espírito mais fortalecido que Eleonora se entregou ao sono e então sonhou, e seus devaneios foram cheios de esperanças, como sói acontecer àqueles que amam pela primeira vez.

IV

Aos primeiros albores do dia, Eleonora despertou acariciada ainda por seus fagueiros sonhos, prestou atenção e nada de anormal parecia haver; no quarto próximo, tudo estava silencioso, sua mãe, que passara a noite em vigília, só a essa hora da manhã adormecia, prostrada pelo cansaço; e ela precisava estar atenta ao primeiro chamado do pai. Este dormia, devido à reação que se operara em seu espírito, graças às palavras animadoras da filha.

Eleonora, depois de fazer a **toilette,** foi para a sala, onde se sentou, recomeçando o seu trabalho de costura; à proporção que cosia, o pensamento parecia divagar por outras regiões. Foi, porém, despertada por uns passos que se aproximavam da porta e começou a prestar atenção. Sem saber porque, entrou a sentir o coração a bater descompassadamente. Levantou-se, pousando a costura, com a intenção de ir à porta e, nesse momento, a pessoa parou e dir-se-ia indecisa; ela, porém, que se havia erguido, deteve-se a escutar.

— Deve ser aqui — disseram do lado de fora, ao mesmo tempo que duas pancadas não muito fortes se fizeram ouvir.

Vencendo a comoção, Eleonora foi abrir a porta e deparou-se-lhe um homem de libré, que lhe apresentava uma carta.

— Ah! é a menina mesmo a quem eu procurava. Aqui a tem — disse, e lhe entregou a missiva — e antes que a moça tivesse tempo de perguntar de quem vinha, retirou-se.

Eleonora, vendo afastar-se o lacaio, ficou sem saber o que fazer, fechou a porta e foi sentar-se junto à mesa, onde pouco antes se achava.

O criado, depois de ganhar certa distância, voltou-se para ver se ela ainda se achava à porta, e, não a divisando, disse com os seus botões: — Parece que me desempenhei fielmente das ordens do amo... a pequena é mesmo um primor!... Que grande ratão é o senhor meu amo! Desta vez parece que apanho uma boa maquia... — E riu-se maliciosamente, esfregando as mãos de contente.

Eleonora, no entanto, continuava com a carta entre os dedos, mirando-a em todos os sentidos e vacilando entre o receio e a curiosidade, sem saber o que fazer; nessa indecisão, seus olhos deram com o sinete impresso no lacre do fecho e viu um monograma com as iniciais F. L., encimado por uma coroa de marquês. No verso, seu nome escrito por mão firme.

— Meu nome!... Ele sabe o meu nome! Como? se só nos encontrámos duas vezes e isso mesmo sem me dirigir a palavra!

Monologando desse modo, Eleonora parecia já saber a procedência da missiva e, sem a ter aberto ainda, seu coração adivinhou de onde ela provinha...

— Que conterá esta carta? Talvez fizesse mal em tê-la recebido!... E que dirá minha mãe quando souber?

Enfim, agora já não há remédio — quebrou o lacre. Seus dedos ávidos retiraram do invólucro um papel cor de rosa, dobrado em quatro, rescendendo a perfume embriagador.

Vejamos o que nela se continha:

«Senhorinha.

«Estranhará sem dúvida que, tendo-nos encontrado apenas duas vezes, sem nos falarmos, tenha a ousadia de escrever-lhe, mas, há coisas que se não explicam e o que se passa com quem escreve estas linhas é uma delas.

«Desde que a vi pela primeira vez, experimentei no coração um sentimento que até então não possuía: este sentimento tornou-se em paixão veemente, que me levará ao túmulo, se não for compreendido e correspondido.

«Amo-a, Senhorinha, e, se não lhe sou de todo indiferente, dê-me uma palavra de conforto, alente as minhas esperanças.

«Não podemos viver sem amar, porque o amor é o sentimento que enaltece as criaturas, é o apanágio das almas grandes e nobres, e você, que é um anjo de bondade, deve ter, para com este que se lhe dirige um pouco de benevolência.

«Será crime amar? Se assim fôsse, não se teria perpetuado até hoje.

«Ame-me quanto a amo e seremos felizes, amando-nos mùtuamente, isto é, enobrecendo nossas almas com esse sentimento que tem imortalizado os grandes homens.

«Deste que espera uma palavra animadora.

Fernando».

À proporção que lia, Eleonora ia-se sentindo comovida... Tanta mentira lhe parecia impossível. Ela que ainda há pouco duvidava da possibilidade de ser amada, tinha agora ante os olhos a confissão desse amor.

Se lhe perguntassem se acreditava na veracidade do que acabava de ler, responderia afirmativamente; seu coração assim lho dizia, e, quando assim não fôsse, tinha necessidade de crer. A alma opressa pela angústia, cheia de incertezas, tem necessidade de alguma coisa que lhe suavize as mágoas, que lhe alente a esperança.

Assim, à semelhança do náufrago que em meio do oceano se apega ao primeiro lenho que se lhe depara ao alcance da mão, ela apegava-se àquela carta como a uma tábua salvadora..

Que mais poderia desejar? Não estava ali a confissão do quanto era amada? Oh! para ela, aquilo era a expressão da verdade.

Com efeito, não fora sòmente o galanteio que determinara Fernando a escrever aquela carta; havia alguma coisa mais; estróina e libertino, no seu primeiro encontro pensou em conquistá-la, fazer dela sua amante de algumas horas: mas a candura do seu olhar, a inocência que ressumbrava de todo o seu ser o impressionaram profundamente, e ele começou a gostar sèriamente da pequena. Acostumado às conquistas fáceis, sentiu-se acanhado e perplexo diante daquele modelo de virtudes.

Conquistando-a por essa forma, como um colegial enamorado, declinava do seu título de estróina consumado, caía do pedestal que lhe haviam erigido os amigos e, daí, quem sabe se não acabaria por amá-la verdadeiramente?

A nossa heroína leu e releu a carta, como se a quisesse decorar, tal a satisfação que a possuía. Depois, dobrou-a com cuidado, guardando-a no seio, cautelosa, e recomeçou o trabalho, mas, embora quisesse prestar atenção à costura, não o conseguia. De quando em vez, parava embevecida, com o olhar vago, a recordar aquelas frases tão gratas ao seu coração.

Um rumor vindo do quarto do pai fê-la despertar do seu êxtase de ventura, chamando-a à realidade. Lembrou-se, então, da falta cometida e começou a ponderar as consequências... a censura de que se fizera merecedora, mas, quase logo reflexionou: — Minha mãe é muito boa e já conhece o segredo do meu coração, por isso, desculpar-me-á. Contar-lhe-ei as circunstâncias que determinaram o recebimento desta carta e, quando a tiver lido, ficará satisfeita por ver que sou correspondida.

Assim conjeturando, pouco a pouco se reanimava, parecendo já desfrutar a felicidade entressonhada.

Joana veio encontrá-la nesse estado de espírito e ficou satisfeita com o semblante da filha, que se ergueu saudando-a com um ósculo na testa. Depois de corresponder, a boa senhora quedou-se a fitar a filha.

— Acha-me diferente, mãe?

— Sim, estou satisfeita de te ver tão bem disposta hoje.

— E' verdade... sinto-me muito feliz — fêz uma pausa e continuou: — ontem estava na incerteza e isso me confrangia o coração... as tuas palavras aniquilaram todas as minhas esperanças... hoje, porém — calou-se a ver o efeito que a frase produziria em sua mãe. Esta, porém, lhe disse:

— Continua... desejo saber o motivo dessa transformação.

— Eu te conto... Amas-me muito, não?

— Ainda duvidas?

— E só desejas que eu seja muito feliz, não é verdade?

— Sim, filha, esse é todo o meu anelo.

— Pois bem; se eu contar o que motiva a minha alegria, perdoar-me-ás?

— Mas, perdoar o quê? Cometeste alguma leviandade?

— Talvez... mas não julgues antes de saber.

— Ontem, não sabia se o que sentia era amor e foste tu que mo revelaste.

Hoje, levantei-me cedo — e Eleonora contou o sucedido, acabando por tirar do seio a carta, entregando-a à mãe.

Esta tomou-a e, depois de a examinar cuidadosamente como quem procede a uma análise, leu-a com toda a atenção. Ao terminar, disse:

— Crês que tudo seja verdade?

— Creio, minha mãe... Pois não diz sentir o mesmo que eu sinto?

— Mas se fôsse apenas um laço para te colher como indefesa avezinha?

— Oh! mamãe! não me fales assim...

— Deus te ouça, minha filha, mas lembra-te do que te disse: — não te entregues assim de corpo e alma a uma pessoa que ainda não conheces; procura, primeiro, estudar-lhe as intenções e, quando adquirires a certeza de que és verdadeiramente amada, então, sim. Por enquanto, espera.

— Então achas que não devo responder?

— Espera, já te disse; se ele te ama sèriamente, se isso não é um capricho momentâneo, ao invés de se agastar será perseverante e tornará a escrever-te; só então, deverás responder, e isso mesmo não faças sem ouvir-me.

— Sim, farei como aconselhas.

E, mãe e filha, em perfeita harmonia, foram cuidar de seus misteres.

V

Achamo-nos diante do palácio do Duque de Lombardia, onde vamos penetrar com o leitor.

Situado num dos bairros mais aristocráticos da cidade, era o edifício composto de três corpos ligados entre si, de estilo medieval, tendo a rodeá-lo um jardim de largas alamedas, onde se viam maciços de relva verdejante e frondosas árvores ao fundo.

Larga escada de mármore branco franqueava o vestíbulo, e deste se vai a um saguão pavimentado de mármore colorido, formando mosaicos. No centro do saguão, eleva-se uma escadaria também de mármore branco com veios cor de rosa, que se bifurça depois de um patamar, indo-se para a direita ou para a esquerda, por outras escadas mais estreitas, de acesso aos corpos laterais.

Dos dois lados do topo dessa escada larga há duas colunas de mármore preto, encimadas por estátuas de bronze representando dois espadachins em guarda; seguem-se balaustradas de mármore até o primeiro plano, onde outros dois pedestais também de mármore preto e outras estátuas também de bronze, porém representando mulheres egípcias, sustentam lampeões enormes. Na parede, ao fundo do patamar, vêem-se as armas Ducais.

Esse segundo plano de escadas vai dar a uma ampla galeria com portas para todos os lados, onde dois lacaios se acham sempre prontos a atender a qualquer chamado.

As portas de frente dessa galeria dão entrada para o salão de honra.

Na ala direita do palácio, ficam os aposentos do Duque e, na esquerda, os dos filhos.

O salão nobre só é aberto nos dias de recepção. Cinco portas dão-lhe acesso; há aí um luxo espantoso, quase principesco, a julgar pelos reposteiros de damasco de seda carmesim, presos por grossos cordões da mesma cor e de onde pendem borlas franjadas, junto às maçanetas de bronze dourado a fogo; nas paredes, pintadas «a fresco», em forma de painéis, acham-se os retratos de família, em tamanho natural; a mobília é estofada de seda grená, também adamascada; nos vãos das portas vêem-se colunas de ébano sustentando estatuetas de alabastro com candelabros de prata; do lado de dentro das portas, galerias douradas de onde pendem cortinas de rendas finíssimas; do teto, artìsticamente entalhado, caem dois grandes lustres de cristal prismático.

Seguindo os extensos corredores, chega-se a um grande edifício, no qual existe majestoso repuxo rodeado de figuras de mármore, representando os deuses do Olimpo; ao fundo, o grande salão de banquetes e outras dependências que dão para esse pátio.

Detivemo-nos nesta descrição, por ser aí onde se vão dar cenas importantes.

Deixámos tio e sobrinho encaminhando-se para esse palácio e dissemos que, pelo caminho, iam comentando as ideias de Sulfiéri, que tachavam de absurdas.

Chegaram ao palácio no momento em que a família se reunia no salão, para o almoço, e, como quase nunca o Conde Dinásti comparecia a essa hora, sua chegada foi acolhida com alegria.

Durante o ágape, tio e sobrinho se conservaram calados, mas, logo que ele terminou, Fernando convidou o tio a segui-lo aos aposentos e para lá se dirigiram.

Compunham-se estes de duas peças, sendo um gabinete e o quarto de dormir, ricamente mobilados; no gabinete onde vamos entrar, há uma secretária de mogno encrustada de bronze; uma estante com livros; uma panóplia com floretes e espadas, e, nas paredes, quadros de artistas célebres; colunas com estatuetas e outros objetos de arte.

Ali chegando, os dois amigos sentaram-se em magníficas poltronas estofadas e reencetaram a conversa.

— Estou às tuas ordens, meu Fernando.

— E' para ouvir a tua opinião, que te convidei a vir até aqui, onde estaremos à vontade.

— Minha opinião?... E sobre quê?

— Sobre a minha nova conquista.

— Ora, para isso necessitas consultar-me?

— Sim, porque me sinto deveras embaraçado.

— Embaraçado... Tu? Não compreendo.

— Já vais compreender... E' que... a rapariga é um tanto virtuosa e recatada; poucas vezes sai à rua e... receio dizer-lhe alguma coisa que...

— Já sei — interrompeu Luís — receias espantar a caça.

— Acertaste e... bem sabes que, uma vez na toca, difícil seria fazê-la sair.

— Neste caso, deves mudar de tática e atacá-la antes que se espante.

— Já pensei nisso, mas, como?

— Ora, é muito simples: — finge-te apaixonado.

— E serei acreditado?

— Ora, qual a mulher que não se sente orgulhosa de ouvir alguém dizer-se apaixonado por seus encantos? Todas têm esse lado fraco, por onde se tornam vulneráveis; portanto, meu Fernando, é começar por aí.

— E achas que serei bem sucedido?

— Até estou a ver daqui como vai ficar: no primeiro momento surpresa, depois rubra, emocionada... e lacrimosa, e lânguida... que sei eu?

Como proceder? Achas que devo escrever-lhe?

— Sim, é melhor. Mas, ainda não me contaste como descobriste essa «avis rara».

— Eu te conto — e Fernando contou o que o leitor já conhece. Quando terminou, Luís, que o ouvira atentamente, disse convicto:

— Escreve-lhe, pois, e desde já te felicito pelo bom êxito.

Será possível?

— E' o que te digo...

— Pois vou fazê-lo hoje mesmo e amanhã, pela manhã, ser-lhe-á entregue.

— Deixo-te — disse Luís, levantando-se.

— Já?

— Sim, tenho que fazer.

— E logo, onde nos encontraremos?

— Em casa, até às oito.

— E depois?

— Já sabes, no sarau da Duquesa.

— Bem, lá nos veremos.

— Então, até logo.

— Até logo.

Depois da saída de Luís, Fernando tocou o tímpano.

Apareceu o criado.

— Fecha a porta e aproxima-te.

O criado, depois de cumprir as ordens do amo, guardou certa distância respeitosa.

Fernando sentara-se à escrivaninha, tomou o necessário para escrever e, quando concluiu, lacrou o invólucro que sobrescritou, pondo-lhe o sinete e, voltando-se para o criado, fitou-o atentamente, dizendo:

— Posso contar contigo?

— Ora essa!... que pergunta, meu amo!...

— Bem, confio na tua dedicação. Vais prestar-me um serviço e, se te conduzires bem, terás a recompensa.

— O Senhor ordena.

— Presta atenção: — Amanhã, pela manhã, irás à Rua de Santa Clara, onde foi uma loja de sapateiro, hoje fechada; baterás de leve na porta; se vier uma moça, entregarás esta carta e afastar-te-ás imediatamente. Percebes?

— Sim Senhor.

— No caso, porém, de aparecer uma velha, fingirás que te enganaste na porta, pedirás desculpas e caminharás um pouco, como quem não tem bem certeza.

— Estás entendendo?

— Perfeitamente, meu amo, é só à moça a quem devo entregar a carta.

— Efetivamente... És um rapaz inteligente. Aqui a tens e, amanhã, já sabes...

— Sim Senhor, pode ficar descansado.

Francisco recebeu e guardou a carta no bolso interno da libré, retirando-se mesureiro.

Já vimos como se desempenhou da incumbência.

VI

A noite estava esplêndida! Uma atmosfera morna convidava ao relento, em busca de distrações.

Um borrão negro toldava o horizonte, ao mesmo tempo que avermelhado clarão tingia as águas do mar e as ilhas adjacentes.

As ruas de Nápoles, fracamente iluminadas por candeias de óleo, apresentavam nessa noite um aspecto singular; os habitantes haviam saído à rua, vindo até à margelina, a fim de apreciarem o Vesúvio que vomitava suas lavas a grande altura, projetando luz avermelhada e dando à cidade um aspecto fantástico.

Bandos de lazarones e moçoilas percorriam as ruas com suas vestes de variadas cores; grupos de crianças brincavam e saltavam entoando cantigas; outros dançavam ao som das gaitas de foles, batendo palmas e marcando compasso com os pés.

Por toda a cidade doudejava uma verdadeira alegria.

O palácio de Ferrara estava em festa, os jardins iluminados deslumbrantemente e os lagos circundados de copinhos multicores davam-lhe um aspecto feérico e imponente.

Portas abertas de par em par deixavam ver as ricas alcatifas que o ornavam.

Cavalheiros e fidalgos cruzavam os salões, conduzindo pelo braço damas ricamente vestidas, com decotes que deixavam ver o colo, os ombros e os braços nus; pendentes do pescoço, lindos colares de pedras finas; as caudas dos vestidos eram também ornadas de pedrarias, que brilhavam à luz das serpentinas.

A Duquesa de Ferrara era a mulher da moda e reunia em seus salões a elite da sociedade napolitana.

Casada com o Duque de Ferrara, aproveitava-se do ascendente sobre o marido para desfrutar a vida, e ele, embora figura de destaque na sociedade, submetia-se aos seus menores caprichos, de modo que a ela sobrava ensejo de reunir em seus salões os inúmeros adoradores, que acorriam a disputar os seus encantos.

Boquejava-se que ela nunca amara a pessoa alguma; que casara com o Duque por capricho, a fim de pôr em evidência a sua peregrina beleza. Nascida em Veneza, de uma das famílias decadentes, um dia fora vista pelo Duque a passear no lago Magiol, lânguidamente reclinada em uma gôndola, e o efeito produzido foi tal que ele não descansou enquanto não a desposou. Um belo dia, depois da morte de Felisberto, príncipe de Orange, a sociedade napolitana viu surgir, com o séquito de Jerônimo Morôni e pelo braço do esposo, a bela Duquesa.

Instalada naquele palácio, um dos mais ricos dos confiscados por Felisberto e cujo dono, o Duque de Provença, fora assassinado, não tardou em abrir os seus salões.

Nessa noite, todos porfiavam em receber um raio do seu olhar e um sorriso dos seus lábios, ao que ela satisfazia pròdigamente, parecendo não ter preferência por ninguém. Dir-se-ia uma rainha em meio da sua corte.

Deleitava-se com o cortejo de adoradores e comprazia-se em deixá-los na incerteza de serem correspondidos.

No momento em que penetramos no palácio, vinha ela atravessando o salão repleto de convidados, quando anunciaram: — o Cavalheiro Sulfiéri...

Ouvindo esse nome, a Duquesa estremeceu e um sorriso de triunfo lhe assomou aos lábios. Dirigiu-se ao encontro do recém-chegado. Este, depois de transpor os umbrais, cortejou-a respeitosamente, ao mesmo tempo que depunha um ósculo na mão que ela estendia.

— Pensei que, ainda esta vez, não tivéssemos a ventura de o ver nesta casa.

— Oh! Duquesa, V. Ex. exagera. . .eu é que não sei como agradecer a honra que me confere, convocando-me a tomar parte neste sarau onde os deuses do Olimpo se sentiriam inebriados de prazer, prestando-lhe as justas homenagens a que faz jus, como rainha da sociedade de Nápoles.

— Sois por demais lisonjeiro e agora sou eu a dizer que também exagerais.

— Digo a verdade, Duquesa, e não faço mais que repetir o que toda a cidade proclama.

— Seja; mas desejaria me falasse com sinceridade o que pensa e não repetisse o que se diz por aí.

— Quer, então, que lhe fale com mais sinceridade?

— Sim, porque não está dizendo o que sente.

Sulfiéri ia responder, quando viu dirigir-se a ele o Duque de Ferrara, que lhe disse:

— Seja benvindo, Sr. poeta — e estendeu-lhe a mão, que ele tomou com efusão, dizendo:

— Não faço mais que cumprir um dever. Um convite da Sra. Duquesa é uma ordem para mim.

Isso dito diante do marido, deixara a Duquesa impassível, e, então, o Duque, voltando-se para ela, perguntou: — Não lhe agradeces?

— Mas, de certo que já me antecipara, a preceito. E simulando ter que atender a outro conviva, pediu licença e afastou-se em direção a outra sala.

Nesse momento anunciaram:

— O Conde Dinásti e o Visconde de Santa Clara.

— Permita-me um instante, Cavalheiro, disse o Duque a Sulfiéri, e foi ao encontro dos recém--chegados.

Estes, já se achavam em frente à porta do salão, quando De Ferrara se aproximou, cumprimentando-os e convidando-os a passarem a uma outra sala, onde os criados, de vistosas librés, recebiam os chapéus de plumas e as espadas.

Ao atravessarem o salão, duas moças que passavam pelo braço uma da outra, vendo-os, entreolharam-se, dizendo uma delas:

— Ele aqui?! — e arrastou a companheira para o vão de uma janela, encoberto pelas cortinas de renda.

— Conhece-o? — perguntou a companheira.

— Pudera! E' o homem mais popular da nossa sociedade.

— Porquê?

— Porque o encontram em toda parte e sua fama é pública e notória.

— Fama... de quê?

— De conquistador e devasso... Se soubesses como o odeio e desprezo...

— Porque, minha boa amiga?

— Contar-te-ei depois. Vamos ficar aqui por alguns instantes, porque não quero encontrar-me com ele.

— Quem é o outro que o acompanha?

— E' o Visconde de Santa Clara, chegado há pouco da província e que começa a sua aprendizagem.

— Com um mau mestre, pelo que dizes.

— E é pena, porque é um bonito rapaz, e dizem-no possuidor de bela fortuna, que ficará dissipada em pouco tempo.

— Que dizes?... Então a companhia do Conde é assim tão perniciosa?

— De tal modo que não podes imaginar. Foi ele quem perdeu o sobrinho e esbanjou todo o dote da esposa.

— Ah! é casado?

— Sim, com a irmã da Duquesa da Lombardia, uma santa senhora, que tudo suporta sem murmurar, e, segundo dizem, ama-o cegamente.

— Assim é tudo neste mundo!... Os que

amam verdadeiramente, são sempre desgraçados; — e a pobre moça deixou escapar um suspiro.

— Amas, Aristeia?

— Como jamais amarei na vida.

— E julgas-te infeliz?

— Sim, porque aquele a quem amo jamais poderá desposar-me.

— Porquê? Não será digno de ti?

— Digníssimo, certamente, porque é nobre de coração, mas... pobre!

— Ah! minha amiga, esse é o grande defeito que a nossa sociedade condena, e que, infelizmente, não podemos remediar.

— Mas, dize-me Dora, não é ele bastante talentoso para conquistar um nome e não sou eu bastante rica para repartir com ele e assim vivermos perfeitamente felizes?

— Tudo o que dizes, Aristeia, é razoável e assim deveria ser; a nobreza, porém, tem suas exigências. Mas, ainda não me disseste quem é... como se chama...

— Chama-se, ia dizer, quando anunciaram:

— O Cavalheiro Natálio.

— Natálio?... Não conheço.

— E' a pessoa de quem te falava há pouco — respondeu Aristeia.

— E' a primeira vez que ouço tal nome.

— Fui eu quem o indicou à Duquesa para que o convidasse.

— Compreendo... e confiaste à Duquesa o teu segredo? E ela concordou prontamente?

— Pois então? até prometeu auxiliar-me.

— Mulher singular essa Duquesa... Espero que me apresentes a Natálio, sim?

— Do melhor grado. Vês? é aquele que conversa, agora, com o Cavalheiro Sulfiéri.

— Serão amigos?

— Suponho que sim.

— A propósito: — que te parece esse Cavalheiro Sulfiéri?

— Acho-o um tanto esquisito; no entanto, ouço dizer que traz uma porção de mulheres apaixonadas por ele, sem que, no entanto, faça caso de nenhuma.

— Não sei bem ao certo, mas desconfio de uma, pelo menos.

— Quem é?

— A Duquesa...

— A Duquesa?

— Sim, mas a ninguém o repitas, pois é apenas uma desconfiança.

— Que havemos de tirar a limpo hoje mesmo.

— Como?

— Muito simples, vou procurar conquistá-lo e, se ela o ama, há-de mostrar-se ciumenta e...

— Mas se esse ardil não der resultado?

— Há-de dar, descansa. Se assim não for, é que ela o não ama. Vamos, quero dar começo à comédia. — E as duas amigas se dirigiram para o lugar onde se achavam os dois Cavalheiros, no momento mesmo em que outras personagens eram anunciadas:

— O Marquês de Lombardia e o Barão de Padova.

Ouvia-se a música num minueto e alguns pares convergiram para o centro do salão.

Dinásti, que vimos entrar com o Visconde de Santa Clara, esteve algum tempo indicando ao companheiro todas as damas, ao mesmo tempo que lhes declinava os nomes e os defeitos; depois, passou a apresentá-lo aos amigos e conhecidos.

O Visconde de Santa Clara não tardou a familiarizar-se com alguns convidados, tomando parte nas danças e, para isso, dirigiu-se a uma moreninha que lhe estava ao alcance.

O Marquês de Lombardia — era assim que tratavam Fernando — logo que se viu no salão, tratou de desvencilhar-se do companheiro, indo à procura de Dinásti, e, encontrando-o, inquiriu:

— Chegaste há muito tempo?

— Meia hora, mais ou menos.

— Vieste só?

— Não; vim com o Visconde de Santa Clara.

— E como vai ele?

— Um tanto bisonho, ainda, mas já lhe dei algumas lições e espero que se sairá bem.

— Como encontraste a Duquesa?

— Mais fria que nunca; parece até que se esquecia de mim.

— Sério?

— E' verdade, não estou hoje mais adiantado do que ontem...

— Então, vou abordá-la por minha vez...

— Fazes bem, talvez sejas mais feliz do que eu.

— Olha, ela aí vem.

— Vai cumprimentá-la.

Era com efeito a Duquesa de Ferrara, que, procurando atender a tudo e a todos, andava de um lado para outro, percorrendo os salões, a distribuir por seus adoradores o seu habitual sorriso.

— Vossa Exa. dá licença que a cumprimente? — disse Fernando, adiantando-se.

— Oh! Senhor Marquês, sua ausência já se tornava lamentável.

— Queira desculpar, eu esperava De Padova para virmos juntos e por isso me demorei um pouco.

— Ah! o Barão veio?

— Nem podia deixar de vir, atendendo à procedência do convite.

— Sempre galanteador e lisonjeiro, Marquês.

— Será lisonja dizer a verdade? — aventurou Luís.

- Oh, também o Senhor, Conde?

— Porque não? Não é este o motivo que me traz aqui?

— O Senhor Conde esquece-se de que é casado e que a Condessa Marta está à sua espera...

— Oh! sempre cruel para comigo... Duquesa — e mordeu o lábio inferior, como a sentir o travo de um veneno.

A Duquesa ia afastar-se quando Fernando a deteve, dizendo:

— Perdão, parece-me que lhe não disse algo que pudesse ofendê-la. Porque se retira, assim, sem ao menos conceder-me um pouco de sua atenção?

— Desculpe, Marquês, mas bem viu que seu tio se esqueceu da sua posição e dos nossos deveres sociais.

Assim falando, haviam dado alguns passos, afastando-se de Luís, que ficara desapontado. Fernando continuou ainda a pedir desculpas para o tio, mas viu-se na contingência de abandonar o assédio à fortaleza, que parecia mesmo inexpugnável.

Vejamos o que se passava noutro grupo.

Vimos que Dora e Aristeia se haviam dirigido ao encontro de Sulfiéri, com o propósito de fazerem-se apresentar, para que Dora tivesse ensejo de o conquistar, e, assim, certificarem se de fato a Duquesa o amava.

Antes, porém, ponhamos nossos leitores ao par de quem são essas duas personagens que aparecem, agora, assim tão inopinadamente.

Lembram-se, por certo, da conversa que entretiveram junto à janela e das palavras rancorosas proferidas por Dora, referindo-se a Dinásti, e terão perguntado porque assim se exprimira. E' que ela era uma das vítimas do grande estróina; ele a havia seduzido, causando-lhe viva paixão; julgara-o solteiro, quando veio a saber que era casado e, portanto, suas intenções eram torná-la sua amante, de modo que sua paixão, por ele, degenerou em ódio.

Havia pouco tempo que viera de Roma, com o pai, militar distinto, nomeado comandante da guarda do Chanceler. Era filha única e órfã de mãe; muito formosa, juntava, a esse predicado, um dote regular. Foi numa reunião em palácio que vira pela primeira vez a Luís e lhe aceitara a corte. Começou a amá-lo, sem saber que era casado, e assim continuaram até que o Conde lhe fizera propostas indignas.

Aristeia era órfã de pai, o Conde de Palmiéri, de quem herdara a fortuna. Chamavam-na Condessinha e tinha um irmão mais moço, Sérgio, que ainda não entrara na vida mundana.

Quando, no começo, ouvimos Natálio dizer que ainda não tinha resolvido casar-se para não se escravizar, era desta moça que se tratava; e, pelas palavras proferidas por ela à amiga, sabem os leitores que ele não dizia a verdade. Amava e era amado, mas tinha o grande defeito, nessa época, de ser artista e pobre. Daí, os obstáculos à realização do seu enlace matrimonial.

As duas amigas, ao se aproximarem do grupo onde ele se achava com Sulfiéri, foram pelos mesmos cumprimentadas, fazendo Natálio a apresentação do amigo, ao que Aristeia respondeu:

— Já o conhecia de nome, Cavalheiro; e estou imensamente satisfeita de o conhecer agora pessoalmente. Permitam-me também que lhes apresente a minha amiga Dora Kichiéri.

— Oh! honra-me muito, Condessa — disse Dora — com esta apresentação, porque sempre fui apreciadora da arte, que conceituo superior a tudo, e sei que estou diante de um artista de mérito e de um poeta.

— Quanto a isso — disse Sulfiéri — desculpe-me, mas a nós é que compete agradecer a honra que nos confere e, perdoe-me dizê-lo, essa homenagem cabe inteira a Natálio; pois eu sou, apenas, um rabiscador...

— Oh! quanta modéstia, Cavalheiro; para mim, ambos são artistas, porque, se um reproduz na tela as belezas físicas da Natureza, o outro transporta os pensamentos às regiões do infinito, reproduzindo no verso as belezas morais. Ambos são pintores, apenas com a diferença que um pinta para os olhos do corpo, enquanto outro pinta para os da alma.

— Oh! Senhorinha, falais como verdadeira conhecedora da arte!

— Não, falo simplesmente como amadora.

— Vejo-os tão interessados nesta conversa — disse Aristeia — que parecem esquecidos do fim principal que nos reuniu aqui. Vamos, a música nos convida ao minueto.

— Diz bem, Condessa, esquecíamos o fim principal para que fomos convidados — e Sulfiéri, dirigindo-se a Dora, disse, oferecendo-lhe o braço: Quer conceder-me esta honra?

— Com todo o prazer, Cavalheiro.

Natálio, como se esperasse apenas o ensejo, balbuciou ao ouvido de Aristeia — «E vós, Condessa, quereis também dar-me esta ventura»?

Ela, ansiosa de estar a sós com ele, fêz apenas um leve aceno de cabeça e, travando do braço que lhe oferecia, permearam os outros pares que já enchiam o salão.

Toda a cena que acabamos de descrever não passou despercebida à Duquesa de Ferrara, que, de um gabinete próximo e por trás das cortinas, tudo observava.

Porque se achava ali e assim procedia?

Não era natural que aquelas duas moças, ambas solteiras, conversassem com dois cavalheiros também solteiros?

E' que no grupo se achava Sulfiéri e ela amava-o apaixonadamente, para que pudesse ver com bons olhos aquele quadro. O ciúme, esse verdugo que tantas vezes tem causado inúmeros crimes, começava a morder-lhe o coração. No entanto, estava ainda na incerteza de ser ou não correspondida. E contudo, atraíra ao palácio toda aquela gente a pretexto de festa, no só intuito de cativar aquele homem por quem se apaixonara. Não tinha podido ainda saber se era ou não correspondida; as circunstâncias não o haviam permitido.

E' verdade que sabia estar ainda livre o coração de Sulfiéri, mas, por isso mesmo, devia temer que uma outra lho arrebatasse e lhe tirasse essa glória.

Glória? — dirá o leitor; mas de quê?

Haverá, porventura, glória na conquista de um homem?

Ontem, como hoje, houve e haverá sempre esse capricho da Humanidade; ele é encontrado em todas as classes sociais, no homem como na mulher. Todos têm, mais ou menos, a ideia da conquista e tanto mais pertinaz, quanto mais difícil. Então, todos os meios estratégicos são postos em prática para a realização do fim almejado. O homem que, em pouco tempo, abandona uma mulher bonita que se deixou vencer sem obstáculo, torna-se cativo de outra que se lhe esquiva aos galanteios, embora menos bela.

A mulher, principalmente na alta sociedade, ociosa completamente, está sempre engendrando entretenimentos; despreza inúmeros adoradores que lhe tecem encômios, para tornar-se apaixonada por quem não lhe presta a mínima atenção, principalmente quando esse homem é tido como virtuoso, incorruptível e não demonstrou, ainda, predileção por esta ou aquela.

O espírito de conquista apresenta-se por todos os lugares onde passa, com o intuito de perdê-la. E' a lenda da serpente tentando Eva no Paraíso, para que esta fizesse cair Adão; enfim, do vício contra a virtude.

E' o que acontecia à Duquesa de Ferrara — mulher ociosa, casada mais por conveniência que por amor, achando-se ainda com o coração virgem de afetos. Ouviu falar de Sulfiéri como homem que não amara ainda; que dizia não ter encontrado ainda o seu ideal, e sentiu-se tentada pelo espírito de conquista e pela vaidade de ser a vencedora daquele coração de mármore, que havia resistido a outras chamas sem inflamar-se.

Vendo-o pelo braço de uma jovem, formosa e solteira, sentiu-se ferida no seu orgulho e, revoltando-se com a ideia de ter sido preterida, intentou lutar contra a outra. Nesta disposição de ânimo, deixou o posto de observação e internou-se nos salões procurando encontrar-se de frente com o jovem par, a fim de pôr em prática todos os seus ardis.

Após o minueto, os jovens pares deram-se os braços e começaram o passeio pelo salão, reencetando a conversa interrompida e desfrutando, assim, os momentos em que podiam estar juntos, em colóquios amistosos. Natálio e Aristeia aproveitavam, desforrando-se da grande ausência em que permaneciam, pelas conveniências sociais, e Dora, fiel ao que se havia imposto, procura cativar Sulfiéri, conversando sobre poesia, música e pintura. O rapaz sentia-se satisfeito por ter encontrado uma jovem em tudo diferente das outras, comungando de suas ideias e sentimentos.

Dora, nascida e educada em Roma, onde existem as grandes obras primas de Rafael e Miguel Ângelo, não se cansava de falar nos seus quadros admiráveis e assim prendia a atenção do jovem poeta, que amava a arte e a natureza, inebriando-se com as grandezas desse gigantesco quadro da criação divina e não descendo a perder tempo com figurinhas humanas, senão para comtemplar-lhes a plástica, como um dos belos ornamentos desse mesmo quadro. Mas, como homem que era, não deixava de ser suscetível de vaidade e sentiu-se tocado ao ouvir o elogio das suas produções.

E' perfeitamente humano, não há pintor que, vendo o seu quadro admirado por muita gente, não sinta satisfação com isso, julgando-se superior; não há músico, poeta, escritor que, lendo o nome nos jornais com a apologia de suas obras, acompanhada de gabos, se não sinta vaidoso também. Assim Sulfiéri, ouvindo a comparação feita por Dora, entre ele e Natálio, sentiu-se enlevado por suas palavras e prestava-lhe toda a atenção, sem no entanto afagar no íntimo qualquer centelha de afeição.

Pobre Cavalheiro! ignorava o mal que estava causando à Duquesa de Ferrara e que iria ser o móvel da rivalidade de criaturas que até então se entendiam perfeitamente.

Haviam dado a volta pelo salão e dispunham-se a passar a outro, quando se defrontaram com a Duquesa, que lhes disse:

— Então já se conheciam?

— Conhecemo-nos de hoje, de há pouco, daqui mesmo — respondeu Sulfiéri.

— E' verdade, respondeu Dora — tivemos a felicidade de ser apresentados ao mesmo tempo um ao outro.

— E quem foi que me tirou essa primazia e esse prazer?

— Foi nossa amiga Aristeia.

— Ah! compreendo... também tenho estado tão ocupada que não me tem sido possível atender a tudo. Queiram perdoar.

— Oh! Duquesa, não há de quê; sabemos quanto é afanoso o encargo de dona de casa — disse Sulfiéri — enquanto Dora lançava à Duquesa olhares perscrutadores. A nobre dama fitava Sulfiéri enternecida e parecia não querer perder uma só de suas palavras. Dora, notando-o, alegrou-se por principiar a descobrir o que desejava; no entanto, para melhor certificar-se, acrescentou:

— Sabe, Duquesa, no que tem consistido a nossa conversa?

— Parece-me que adivinho: entre moços...

— Não, não é capaz de adivinhar...

— Ora, qual pode ser a conversa de um cavalheiro e uma donzela, ambos bonitos e jovens?

— Pois não adivinhou, porque temos falado de coisa que talvez muita donzela não se lembre.

— De quê, então?

— De Arte, em todos os sentidos.

— Ah! não sabia que éreis assim tão apreciadora da arte. Nunca me falastes nisso — disse de Ferrara em tom de leve ironia.

— E' porque nunca conversámos em ocasião de podermos ser apreciadas por um verdadeiro conhecedor da arte, qual o é o Cavalheiro presente.

Sulfiéri inclinou-se.

— Porque — continuou Dora — se assim fôsse, ter-vos-ia dito o que acabo de vos dizer, isto é, que aprecio a arte em todos os seus aspectos, principalmente na poesia, na música e na pintura.

— Não tendes mau gosto — redarguiu a Duquesa, mordendo os lábios até verterem sangue. Dora, que a observara, não pôde conter a satisfação que sentia por certificar-se da paixão da Duquesa pelo Cavalheiro Sulfiéri e em seus lábios aflorou um sorriso significativo.

Aristeia que, pelo braço de Natálio, não os perdia de vista, veio ter com eles nesse momento.

— Então, não danças mais, minha Dora?

Como vês, entretenho-me numa conversa que muito me agrada.

— Já sei, sempre a arte, não é?

— Certamente.

— Bem; mas agora preciso falar-te; peço, portanto, que interrompas por alguns instantes a conversa — e dirigindo-se a Sulfiéri: — O Cavalheiro permite, não é assim?...

— Com todo o gosto, Exma.

— Agradecida — disse Aristeia, inclinando-se; e, tomando o braço da amiga, afastaram-se.

A Duquesa acompanhou-as com os olhos até vê-las desaparecer no turbilhão dos convidados e, depois, voltando-se para Sulfiéri, envolveu-o num olhar de ternura que, só então, lhe fêz notar quanto ela se achava emocionada. Acostumado, porém, a tais fraquezas femininas, não se impressionou, nem mesmo procurou interrogá-la, adivinhando o que se passava no íntimo daquela mulher tão formosa, e que, parecendo feliz, não o era realmente.

A Duquesa, resolvida a queimar até o último

cartucho, a fim de alcançar o que desejava, disse-lhe com toda a meiguice:

— Agora, podemos conversar à vontade, pertenço-lhe inteiramente.

— Oh! Exma., quanta honra...

— O Senhor merece muito mais.

— Só os seus olhos é que vêem esses méritos.

— Só os meus?!

— Evidentemente, Duquesa...

— Pois não são só os meus, que já outros têm visto a mesma coisa.

— Não sei de quem sejam.

— Ora, aposto em como acaba de ouvir isso mesmo dos lábios dessa galante menina, com quem esteve a conversar até agora.

— E' verdade, Senhora, que ela disse alguma coisa, mas não referente à minha pessoa.

— A quem, então?

— À Arte, que, a julgar pelo que ouvi, parece conhecer a fundo e amar extraordinàriamente.

Por estas palavras, a Duquesa compreendeu o lado fraco de Sulfiéri e resolveu tirar partido.

— Ah! ia-me esquecendo que foi esse o assunto da conversa: — na verdade, a Arte é uma coisa divinal e nem sei mesmo quem possa deixar de apreciá-la.

— Então, V. Exa. também a aprecia?

— Com toda a veneração!... Não vê que a maior parte dos meus convidados são artistas?...

— Pensei que fôssem convidados pelo senhor Duque.

— Não, Cavalheiro, todos os convites foram feitos por mim.

— Não sabe quanto me alegro com isso, porque, na sociedade em que vivemos, tão cheia de preconceitos, a Arte é coisa secundária e quase dispensável.

— Não diga tal. Aqui está quem pensa de modo diferente.

— Como pensa V. Ex.?

— Ora, se não fôsse a Arte, como estaríamos aqui? Onde encontraríamos os objetos com que nos adoramos? Quão triste não seria esta festa sem a Arte! Não é a música que nos alegra e extasia? E o conjunto de tudo isso que nos rodeia, que é senão Poesia? Essa arte ainda incompreendida dos homens, mas que reside em toda a natureza! Não foi ela que imortalizou Tarso?!...

Calou-se para observar o efeito que suas palavras haviam produzido em Sulfiéri. Este, olhava-a admirado, era a primeira vez que a ouvia expressar-se daquela forma e estava maravilhado de tanto entusiasmo e eloquência.

Quando ela se calou, ele explodiu:

— Continue, Duquesa; não sabe quanto a admiro, ouvindo-a falar desse modo.

— Sim? Fala sinceramente?

Sabe que sou sincero, todas as vezes que tenho a honra de conversar com V. Ex.

— Quisera acreditá-lo, mas...

— Tenha a bondade de terminar a frase.

— Tantas vezes já lhe tenho pedido que me fale essa linguagem que tem para com outras e parece-me que ainda está por ser a primeira.

— Quer, então, que lhe seja mais sincero ainda?

— Suplico-o...

— Pois afianço-lhe que, a ser verdade o que acaba de dizer, falo-lhe com toda a sinceridade, admiro-a!

— Obrigada — disse estendendo-lhe a destra — que ele apertou com efusão. Do seu peito escapou um suspiro. A esperança, essa companheira inseparável dos que amam, entrou-lhe no coração. — Cavalheiro — disse, cravando os olhos nos de Sulfiéri — é a primeira vez que trocamos ideias e, por isso, está admirado da minha linguagem; quando, porém, me tiver dado o prazer da sua visita; quando me tiver honrado com um pouco da sua atenção, verá que não sou o que se diz por aí, isto é, uma criatura caprichosa e sem coração.

— Oh! Duquesa, eu é que terei a honra de a ouvir e apreciar. Confesso que não a julgava como merece, peço-lhe pois mil desculpas e estarei sempre ao seu dispor.

— Posso, então, esperá-lo breve, não é assim?

— Quando for do seu agrado.

— O Cavalheiro o dirá, pois sei que é muito ocupado e não desejaria, por coisa alguma deste mundo, perturbar os seus trabalhos.

— Ao contrário, em nada me perturba, é só ordenar e será obedecida.

— Quem sou eu para dar ordens, Cavalheiro? Acaso a Terra pode determinar o movimento do Sol?

— Mas pode Vênus eclipsá-lo, Senhora, e o seu imenso brilho ficar por momentos ofuscado.

— Oh! não há como ser poeta; há sempre tanta facilidade na frase, que nos deixa perplexos.

— Principalmente, quando se tem próximo a musa que nos inspira

— Sempre lisonjeiro!... Então, até quando?

— Até amanhã, se o quiser.

— Diga antes — até logo, Cavalheiro, pois já passa da meia-noite.

— Seja... até logo.

Apertam-se as mãos e separam-se, ao mesmo tempo que Natálio, aproximando-se, dizia:

— Ficas ainda?

— Não, respondeu Sulfiéri — retiro-me.

— Então, vamos, porque a minha Condessinha acaba de sair agora mesmo com o irmão e eu nada mais tenho a fazer aqui.

E os dois artistas se encaminharam para a sala de espera, onde tomaram dos chapéus de plumas e das espadas, retirando-se em seguida.

A maior parte dos convivas já se haviam retirado; e entre eles Luís e Fernando, que, um tanto desapontados com a frieza com que foram recebidos pela dona da casa, não tiveram coragem de ficar até o fim.

— Ao transporem o portão, Natálio disse para o companheiro:

— Aceita meus parabéns, meu poeta.

— Parabéns, porquê?

— Ora, porquê! por teres caído nas boas graças da Duquesa.

— São tantos os que assim se têm julgado, meu amigo, que não sei o que pense.

— Estás enganado, essa mulher é um enigma vivo, ainda não decifrado; parece gostar de todos e a todos aborrecer ao mesmo tempo.

— Então, devo estar nesse número.

— Não. Parece que contigo a coisa muda de figura. Creio que vais ser a chave do enigma.

— Que motivo tens para pensar assim?

— O que pude colher da conversa com Aristeia.

— Que te disse ela?

— Que a Duquesa está apaixonada por ti.

— E que razão tem ela para afirmar uma quimera?

— Ora, as mulheres são mais perspicazes do que nós, e, por coisas que notaram, ela e Dora, enquanto conversavas com a Duquesa, descobriram o segredo.

— E' singular!... também me pareceu ter observado alguma coisa... o olhar... a insistência com que me pediu voltasse a conversar com ela, tudo isto é significativo.

— Então, bem te dizia, há pouco, que ias ser a chave do enigma.

— Pois queres que te diga? apesar de tudo, não creio ainda.

— Para quando marcaste a visita?

— Para hoje mesmo.

— Tão depressa!...

— Assim mo pediu ela.

— Então, logo mais terás a confirmação.

— Não sei... continuo a duvidar.

Assim conversando, os dois amigos haviam chegado à praça de Jesus, onde se separaram.

VII

Fernando, logo que saiu do baile, dirigiu-se para casa, despedindo-se de Luís, que tomou pela rua de Toledo.

Ao recolher-se só tinha um pensamento: Eleonora. Depôs a espada na panóplia, colocou o chapéu em cima de uma pequena mesa e sentou-se numa poltrona. A festa da Duquesa, em vez de lhe dar prazer, causara tédio. Não havia lá encontrado uma mulher que o cativasse tanto quanto a sua Eleonora e o pensamento voou em demanda da pobre casa onde, a essa hora, ela dormia talvez tranquilamente. Sua imaginação de moço teve a fantasia de ver-se ao lado dessa formosa criatura, recebendo-lhe carícias e sentindo-se enlaçado nos seus torneados braços. Tudo, porém, se esvaiu como um sonho e a realidade veio arrancá-lo desse estado, mostrando-lhe a necessidade de dormir.

No dia seguinte, quando despertou, já era alto o dia e seu primeiro cuidado foi saber se a carta havia sido entregue. Tocou o tímpano, e o criado, que já duas vezes viera ver se ele acordara, apareceu imediatamente.

— Entregaste a carta?

— Sim Senhor.

— A quem?

— A uma moça quase loura e, por sinal, que bem bonita.

— Que te disse ela?

— Nada, não senhor, porque não lhe dei tempo para isso.

— E ela não fêz nenhum movimento de recusa?

— Não senhor; ficou assim como que admirada e eu safei-me logo.

— Alguém te viu entregar a carta?

— Não senhor; na ocasião não passava ninguém.

— E da casa não viste alguém aparecer?

— Não senhor, a menina parecia estar só.

— Muito bem, és um rapaz inteligente, toma: — e apanhando uma bolsinha de veludo, que estava em cima de mesa, deu-a ao criado, que a agarrou, dizendo:

— Oh! meu amo é tão generoso...

— Isto é apenas um adiantamento, talvez tenha ainda necessidade de teus serviços e, se me servires bem, recompensar-te-ei melhor; mas, toma cautela, não vás dar com a língua nos dentes, hein?

— Oh! Senhor Marquês, ficai descansado, serei como uma pedra. Quereis mais alguma coisa?

— Sim. Que horas são?

— Já passa de onze horas.

— Então, ajuda-me a vestir. Preciso sair.

Francisco ajudou o amo a vestir-se, e, logo que este ficou pronto, julgou azado fazer-lhe alguns elogios.

— Meu amo é o fidalgo mais guapo que tenho conhecido e deve fazer as moças ficarem mesmo pelo beicinho.

— Parece-te isso, Francisco?

— Se me parece? — digo a verdade, não há mulher que, em o vendo assim, possa resistir.

Nesse momento, ouviu-se alguém dizer à porta:

— Meu amo, o Senhor Duque espera-o.

— Dize-lhe que já vou.

E Fernando, cruzando mais uma vez o indicador sobre os lábios, saiu na direção em que o velho Duque o esperava.

Deixemos essas personagens para ver o que a essa hora se passava no palácio de Ferrara.

VIII

Quando o último convidado se despediu, a Duquesa, pretextando fadiga, retirou-se para os seus aposentos. Seu fim, porém, era ficar só, para dar expansão aos seus pensamentos. Uma vez aí, atirou-se num divã, deixando-se estar por algum tempo com o olhar vago, a cabeça pendida para trás, como que absorta por um único pensamento; depois, como se respondesse a si mesma:

— Sim, ele virá... é impossível que não venha, e então... Calou-se como se temesse ser ouvida e, erguendo-se, foi colocar-se em frente do toucador, onde se deteve mirando-se por algum tempo. Um sorriso assomou-lhe aos lábios e disse cheia de convicção: — Sou ainda formosa e ele, que ainda não amou, há-de amar-me... Se assim for... — calou-se novamente, o sorriso transformou-se numa expressão amarga, dir-se-ia ter sido mordida por uma áspide; enrugou-se-lhe a fronte, turvou-se-lhe o brilho dos olhos e todo o corpo foi presa de convulso tremor.

Neste estado, caminhou maquinalmente até ao leito, onde se atirou meio desfalecida. Ali se conservou imóvel por espaço de uma hora, de olhos fechados, fronte pendida, como se profundo sono a detivesse nesse estado. As pancadas de um relógio que estava em cima da lareira, marcando três horas da manhã, fizeram-na despertar; passou então as mãos pela fronte como a querer afugentar um sonho mau.

Que pensamentos lhe povoaram a imaginação durante esse tempo? Não o sabemos, mas é provável que fôssem bastante tristes e amargos para abalar assim a sua organização tão forte e sadia.

Volvendo os olhos para o relógio, lembrou-se da necessidade de dormir, para estar pronta daí a algumas horas a fim de receber a visita que tanto a preocupava; ergueu-se, então, despiu o vestido de cauda e envergou um penteador branco, de fina percalina; desfez o penteado tirando os adereços que o ornavam e deitou-se. Não pôde conciliar o sono e o dia veio encontrá-la no mesmo estado.

Nem podia deixar de ser assim. As criaturas,

por mais fortes que sejam, perdem o sono sempre que uma viva paixão as acabrunha. O corpo reclama repouso, mas este só é obtido pelo desprendimento da alma, que voa, por assim dizer, em busca de força e de luz; quando, porém, a alma sente o espículo da paixão, fica escravizada à carne e não age com a mesma liberdade. Daí, o fato muito comum das insônias.

Às nove da manhã, a criada, que recebera ordem de acordá-la, entrou no quarto e, vendo-a já desperta, ficou admirada.

— Perdoe-me, minha senhora, parece que não dormiu e desta maneira ficará doente.

— Dormi, sim, Lucrécia. E' que fiquei muito fatigada ontem e me adveio uma sobreexcitação nervosa, que não me deixou dormir direito.

— Mas, meu Deus! — exclamou Lucrécia, olhando-a atentamente — como a Sra. está pálida! Meu amo vai ficar assustado se a vir assim...

— Então estou assim tão desfigurada, minha Lucrécia?

— Se não crê no que digo, o espelho dirá melhor do que eu.

— Então, dá-mo.

A serva foi ao toucador, tirou da gaveta um pequeno espelho oval com cabo de marfim e apresentou-o à Duquesa, que estremeceu ao ver quão alterada tinha a fisionomia; a insônia lhe causara um mal geral, os olhos estavam amortecidos, roxeados; as faces, tão coradas na véspera, estavam agora de uma palidez marmórea. Vendo tudo isso, ergueu-se logo, dizendo:

— E' preciso que ele não me veja neste estado.

— O Senhor Duque? disse a criada assustada com o gesto brusco da Duquesa.

— Não — disse esta — ele...

— Mas, ele quem, minha senhora?

— Tens razão... Onde é que eu estava com a cabeça? quem há-de ser senão meu marido?... Mas, vai-te, estou muito nervosa...

A criada ia a sair quando a chamou de novo.

— Ouve, Lucrécia...

— ?

— Se o Duque perguntar por mim, dize-lhe que me encontraste ainda dormindo, sim?

— Sim senhora — e a criada ia-se encaminhando para a porta, quando a Duquesa a chamou novamente.

— Deseja mais alguma coisa?

— Tenho ainda algumas ordens a dar-te.

— Às vossas ordens, Senhora.

— Trata de arrumar o gabinete, que hoje espero uma visita.

— Já está arrumado.

— E o salão também?

— Quanto ao salão, não sei dizer, porque não me compete.

— Pois vai ver e, se não estiver, providencia para que fique logo arrumado, mas não precisas dizer que espero visita. Compreendes?

— Sim Senhora, serão cumpridas as vossas ordens.

Lucrécia retirou-se um tanto intrigada com tudo o que acabava de presenciar.

A Duquesa, ficando só, disse para consigo mesma: — Desastrada que sou... Não é que me ia traindo diante de uma criada?... Preciso ocultar, por enquanto, o meu plano; se for feliz, que importa que o saibam?... Serei, porventura, a primeira? Não nos conta a história os amores de Lucrécia, uma rainha? — E hoje, não vemos em nossa sociedade mulheres casadas que têm amantes? E o que é esta vida sem amor? De que serve toda esta riqueza que usufruo, estes prazeres que me proporciona meu marido, uma vez que não tenho o que o coração necessita?

Depois de uma pausa, continuou: — Sim, este é o meu primeiro amor na vida!... Amo-o com todas as veras de minha alma e tudo farei para ser amada, para poder gozar esse amor, que fará a minha felicidade ou a minha desgraça... Depois de nova pausa: — Oh! sim... se não for compreendida, se recusar o meu amor, tornar-me-ei desgraçada, entregar-me-ei ao primeiro que me queira conquistar, perder-me-ei para sempre... ou, então, darei fim a esta vida. De que serve viver no mesmo mundo onde vive o ente amado e insensível ao nosso amor? Vê-lo todos os dias, encontrá-lo a cada instante e ter de o renunciar para sempre?... Oh! é horrível, nem quero imaginá-lo. E se ele amar uma outra, poderei, porventura, tolerar a felicidade dessa outra, sabê-los, encontrá-los juntos a todos os momentos?... Não, nunca...

O entusiasmo com que monologava, dava-lhe um aspecto encantador, de faces afogueadas, olhos incendidos de um brilho inusitado, o arfar do colo semelhando as ondas de um lago ao sopro do nordeste. Já não parecia a mesma de pouco antes.

Indo pentear-se ao toucador, verificou a reação que se operava em sua fisionomia e por momentos ficou a contemplar-se.

Pobre Duquesa! sofria dessa moléstia incurável, tão frequente nas mulheres da alta roda, completamente ociosas.

Quantas não existem, entre nós, que sofrem do mesmo mal? No entanto, poderiam evitá-lo se se entregassem a trabalhos manuais, a visitarem os pobres, a levar-lhes roupinhas para os filhinhos, sentir-se-iam alegres e satisfeitas, com o espírito predisposto às coisas superiores e não teriam tempo de pensar no mal.

IX

Davam onze horas, e, quando a Duquesa se encaminhou ao gabinete, havia já recuperado toda a sua placidez; foi a uma estante, escolheu um livro e pôs-se a folheá-lo; depois, inclinou-se indolentemente num divã e assim ficou por algum tempo, com os olhos fitos na página aberta, sem no entanto ler o que estava escrito, quando a criada entrou, dizendo que o Senhor Duque mandava saber se podia ser recebido.

— Dize-lhe que sim.

A criada saiu e instantes depois entrou o Duque, que, depois de a beijar, disse: — Bom dia, minha filha...

— Bom dia, Duque.

— Então, como passou a noite?

— Muito bem, senhor Duque.

— Senhor Duque!... Porque hás-de tratar-me sempre assim?

— Porque é esse o seu título... Desprezo-o, porventura, tratando-o como tal?

— Não, de certo — disse De Ferrara, sentando-se numa poltrona ao lado do divã — mas desejaria ser tratado menos cerimoniosamente...

— Então, como quer que o trate? Diga, ordene e... será obedecido.

— Ora aí está... que ordene, quando sou eu a pedir? Bem sabe que sou o escravo submisso, pronto sempre a atender aos seus mínimos caprichos.

— Nesse caso...

— Tem razão, Duquesa; devo curvar-me; mas, é tão enfadonho para um marido ouvir da esposa esse tratamento...

— E como me trata? Não é como se fôsse sua filha?

— E' verdade...

— Então, eu o trato como se fôsse meu pai... E na verdade, que seremos um para o outro, senão isso mesmo?

— Perfeitamente; eu me esqueço sempre da diferença das nossas idades.

— Pois faça por não esquecer — e abriu o livro, como a dar por finda a entrevista.

Ele compreendeu e murmurou...

— Farei o que me aconselha e, se a incomodo, retiro-me.

— O Senhor Duque não me incomoda em coisa alguma; eu é que estou um tanto nervosa hoje; queira desculpar-me, desejaria ficar só.

— Não vem almoçar comigo?

— Peço que me dispense, almoçarei aqui.

— Quer que dê ordens nesse sentido?

— Não são necessárias, quando for hora, chamarei Lucrécia.

— Bem, então até logo.

— Até logo, Duque — disse sem desviar os olhos do livro.

Ele beijou-lhe os cabelos e retirou-se, triste pela frieza da recepção.

Logo que se viu só, a Duquesa deixou pender a mão que segurava o livro e ficou algum tempo com os olhos cravados na porta, como se temesse vê-lo entrar de novo... Quando não mais ouviu os seus passos, murmurou: — Pobre homem! parece não ter saído muito satisfeito... Deveria tê-lo tratado melhor... é tão bom... faz-me todas as vontades, mas se não o trato assim, ainda aí estaria a dizer-me tolices. E abrindo novamente o livro, parecia estar lendo, quando a criada veio anunciar o almoço.

— Traze-o aqui, Lucrécia.

A criada saiu e pouco depois entrava sobraçando uma bandeja coberta por fina toalha que depôs na mesa, ao centro do gabinete. Depois de arrumar os pratos em ordem, tomou a bandeja e a toalha e permaneceu de pé, esperando ordens.

A Duquesa deixou o livro e foi sentar-se à mesa, mas, pouco comeu, mandando retornar os pratos quase intactos.

— Dize ao José que hoje não recebo mais ninguém, a não ser o Cavalheiro Sulfiéri, caso apareça... ouviu?

— Sim, minha senhora — disse Lucrécia repondo os pratos na bandeja, e, quando ia transpor a porta, murmurou:

— Bem me pareceram esquisitos os seus modos

de hoje... Aqui há coisa... Meu amo também almoçou só... Que quererá dizer essa visita do Cavalheiro Sulfiéri hoje, quando ainda ontem aqui esteve? — Hei-de descobrir este mistério.

Chegando ao salão de banquetes, entregou a bandeja ao copeiro e foi transmitir as ordens ao porteiro que, também, por sua vez, não deixou de estranhar a recomendação.

Novamente só, a Duquesa entregou-se aos seus devaneios e, de vez em quando, olhava o relógio, como se quisesse acelerar os ponteiros; cada minuto parecia-lhe um século e já começava a impacientar-se — pois para quem espera é sempre assim — por mais pontual que seja a pessoa a chegar, parece sempre demorar, tornando-se um suplício qualquer atraso. Era o que ocorria com a Duquesa, nesse momento; parecia-lhe que Sulfiéri tardava, que se esquecera do compromisso e, por momentos, a sua imagem tomou um outro aspecto, o de um homem sem palavra, sem honra, sem dignidade... Erguendo-se do divã, pôs-se a passear pelo gabinete, agitada, nervosa.

De quando em vez chegava à janela, a espiar para fora e, nada vendo, murmurava frases incompletas e continuava a vagar pelo gabinete.

Quando já se desesperava, veio a criada dizer que o Cavalheiro Sulfiéri pedia para ser introduzido.

— Ah! o Cavalheiro! — disse, dando um suspiro que não passou despercebido à serva. — Faze-o entrar para o salão e dize-lhe que tenha a bondade de esperar um momento. — Logo que a criada se afastou, pôs a mão sobre o coração que parecia saltar-lhe do peito e foi até ao toucador, onde se examinou ao espelho, compondo a fisionomia, pondo em ordem alguns fios do sedoso cabelo que lhe esvoaçavam na testa. Dir-se-ia ser agora ela quem deliberava a demora.

Sulfiéri fora introduzido no salão e, uma vez ali, começou a reparar na ornamentação. Seus olhos de artista detiveram-se, de preferência, nos quadros a óleo que pendiam nas paredes, pois, na véspera, não tivera tempo de o fazer. Quando a Duquesa apareceu, estava ele de pé, admirando uma paisagem que representava uma camponesa sentada debaixo de frondosa árvore, amamentando o filhinho e tendo ao lado o campônio que, deitado de bruços na relva, entretinha-se a fazer cócegas nos pezinhos do filhinho, enquanto este, abandonando o seio materno, olhava risonho para o pai.

Tão embevecido estava o poeta na contemplação da pintura, que não deu pela entrada da Duquesa. Esta, vendo-o distraído, veio colocar-se por detrás dele para ver o que tanto o interessava. Em aproximando-se, recordou-se da conversa da véspera e disse com toda a meiguice:

— Não há como ser poeta! Está o Cavalheiro enamorado da minha tela...

— Oh! Senhora Duquesa — disse Sulfiéri, voltando-se — queira perdoar-me, eu estava tão distraído que não lhe ouvi os passos.

— Bela distração! Boa tarde! e estendeu-lhe a mão, que ele beijou respeitosa e gentilmente.

— Boa tarde Exma.; mais uma vez peço perdão. Bem sabe o que sou e, por isso, relevará a minha distração.

— Mas não há o que perdoar. Que me diz deste quadro?

— Magnífico! encantador! O artista que o produziu teria, certo, uma alma nobre e generosa, porque o executou com muito sentimento e naturalidade. Se eu fôsse pintor, todos os meus quadros seriam como este, cada um representando os diferentes aspectos da vida humana, mas, principalmente, os mais laboriosos e humildes.

— Então, aprecia a vida bucólica?

— Oh! muito... pois creio que só entre essa gente do campo podemos encontrar a verdadeira felicidade.

— Porque lá e não aqui?

— Porque, porque... não lhe posso dizer.

— Sempre assim... sempre a ocultar seus íntimos pensamentos. Porque não conclui o que ia dizer? Tantas vezes já lhe tenho pedido que fale essa linguagem e, no entanto, obstina-se em dissimular... Vamos, sentemo-nos e conversemos.

Uma vez sentados, perguntou:

— Então não lhe mereço confiança?

— Confiança... disse Sulfiéri — mas... Duquesa, não é desconfiança e sim receio de desagradar.

— Pois o que desagrada é ver que não me fala com franqueza.

— Se assim é, continuo: dizia-lhe que só no campo, entre essa gente rústica, podemos encontrar a verdadeira felicidade e V. Ex. perguntou porque lá, e não aqui... Eu lhe digo: aqui, no ambiente que respiramos, tudo é fictício; o casamento, união de dois seres para a perpetuação da família, não passa de mero simulacro, porque o elemento principal — o amor — não existe. Como, pois, existir felicidade onde não existe o legítimo amor?

— Diz muito bem: quantas vezes tenho refletido assim. Deixou pender a cabeça como um condenado ante o cutelo do algoz, as palavras de Sulfiéri feriram-na profundamente. Ele compreendeu e, compadecendo-se, disse:

— Aí tem, Senhora, o que eu temia.

— Quê?

— Vê-la assim, triste, pois minhas palavras magoaram-na; não é assim?

— Não, pois sinto que elas exprimem uma verdade que eu mesma exemplifico.

— Como? Não a compreendo...

— Compreender-me-á quando souber a minha história... quando lhe houver confessado a minha fraqueza.

— Oh! perdão, Senhora, não vim aqui para esse fim... Quem sou eu para merecer tal confidência?

— Quem é? Oh! deixe-me também, por minha vez, falar-lhe a linguagem da razão. O Senhor é o homem a quem mais prezo e quer saber porquê?

— Se quiser dar-me essa honra...

— Porque foi o Senhor quem despertou em mim os bons sentimentos e é ainda quem me faz conhecer a verdade; desvendando-me os olhos ante o quadro da vida, fazendo-me ver as coisas por um prisma diferente. Sim, eu lhe disse há pouco que era o exemplo do que acabava de dizer e efetivamente falei a verdade... porque não me casei por amor. Quando o Duque me conheceu, eu era ainda uma criança, chamavam-me simplesmente Natércia; ele era nobre e rico, ofereceu-me a mão de esposo e com ela o título e a fortuna; eu pertencia a uma família oriunda dos antigos Doges, mas, completamente arruinada; nosso palácio ia-se esboroando aos poucos, de modo que fiquei deslumbrada com a perspectiva do que me oferecia e a vaidade entrou-me no coração; desejei o fausto, entrar na alta sociedade, frequentar os salões aristocráticos e gozar a vida... esses inúmeros prazeres que nos proporcionam a fortuna e a posição... Mas essa febre de prazeres não podia durar muito... a criança fêz-se mulher, à idade do prazer sucedeu a do pensar e do sentir; — comecei a considerar quanto fora leviana, porém, era tarde.

Calou-se temendo viessem a flux seus íntimos pensamentos.

— Nunca é tarde para reparar uma falta.

— Que diz?

— Digo que não é tarde, que pode ainda amar seu marido e tornar-se feliz.

— E' tarde, Cavalheiro...

— Porquê? Permita-me que lhe faça essa pergunta.

— Porque... porque... Desculpe, mas não posso dizê-lo. E do peito escapou-se-lhe fundo e prolongado suspiro.

— Não é preciso dizer-mo, Duquesa; conheço,

infelizmente, as fraquezas humanas e é por isso que, ainda há pouco, lhe dizia que só entre o povo do campo, isto é, entre os que vivem laboriosamente, se encontra a verdadeira felicidade; repare na simplicidade deste quadro. Levantando-se e apontando a paisagem, disse: — quanta beleza! Quanta poesia nesta mulher amamentando o filhinho, fruto de seus amores! E' isso que lhe falta, Duquesa; se tivesse casado por amor com um homem pobre, embora, mas trabalhador e honesto, teria, talvez, hoje um filhinho que, nas horas de tristeza, lhe amenizaria as agruras da vida; que a alegraria com o seu sorriso, e o tédio não se lançaria de asas negras sobre a sua pessoa. E a Senhora é mais infeliz ainda, porque o amor nasce em seu coração justamente agora quando já não pode libertar-se dos laços que a prendem e esse amor é, talvez, dedicado a um ente que não lho pode corresponder. Não é isso, Duquesa?

— Sim... efetivamente... Mas, como pode assim perscrutar o recôndito de meu ser? Porque, quanto acaba de dizer é uma verdade... falou como se minha alma lhe fôsse um livro aberto!

— Não sei, talvez falasse demasiado, desculpe-me. Às vezes, sinto por tal forma borbulhar a imaginação, que falo não sei como e, por isso, já tenho adquirido algumas inimizades.

— Pois em mim terá sempre uma amiga; jamais me esquecerei deste dia. Agora que sabe o meu segredo, diga-me também o seu. Nunca amou?

— Nunca, Senhora Duquesa.

— Como, se tem uma alma tão sensível?

— Porque não encontrei, ainda, o meu ideal.

— Desculpe-me a indiscrição; poderei saber qual seja esse ideal?

— V. Ex. põe-me em tal contingência que não sei como responder-lhe.

— Ora, com a mesma fraqueza de há pouco.

— O meu ideal é a virtude e por isso apreciei o seu quadro, vendo nele a simplicidade, a modéstia e a candura... é isso que eu desejo — é encontrar uma mulher que, embora pobre, possua esses predicados a fazerem dela uma legítima companheira que me compreenda; porque entendo que não há nada pior na vida conjugal do que a desinteligência, origem de todas as desarmonias em premissas de infelicidade.

Natércia — já agora, tratemo-la pelo seu nome de batismo — ouvindo-o pronunciar-se de tal modo, sentiu fugirem-lhe as últimas esperanças e curvou a cabeça ao seu destino. Mas, a mulher que ama, dificilmente se deixa vencer, e ela, qual jogador consumado, teve ainda um raio de esperança e jogou a última cartada:

— Cavalheiro — disse — acredito que não tenha amado ainda e que o seu ideal seja esse, mas, se soubesse que era amado loucamente por alguém que nunca tivesse amado também e que lhe desse todo o seu coração, toda a sua vida, renunciaria a essa pessoa?

— Não sei, Sra. Duquesa: em primeiro lugar, fora preciso que tal pessoa existisse, de fato; em segundo, que eu pudesse apreciá-la, antes de lhe aceitar o amor.

— E se eu lhe disser que essa pessoa existe, duvidará?

— Não posso duvidar da sua palavra, mas, antes preciso me diga uma coisa.

— Estou às suas ordens.

— Crê que uma pessoa possa regenerar-se ao contacto de outra?

— Porque não?

— Porque essa pessoa, de quem lhe falo, não é de todo virtuosa, como o seu ideal, mas creio que, ao seu contacto, se regenerará completamente.

— E é livre? — perguntou Sulfiéri — fixando-lhe o rosto.

— Não, não é livre e por isso não lhe declinei logo o nome.

— Pois minha Senhora, diga a essa pessoa que

Sulfiéri jamais fará a outrem o que não deseja que lhe façam.

— E' a sua única resposta?

— Única e irrevogável.

— E se a sua recusa ocasionar a queda dessa pessoa, não terá remorsos?

— Remorsos? — exclamou surpreso.

— Remorsos como e de quê?

— Sim, porque depende do Senhor a sua salvação, e mesmo a de sua alma.

— Mesmo assim, Senhora Duquesa, acho preferível a morte à desonra.

— Oh! o Senhor é cruel — exclamou Natércia no auge do desespero.

— Cumpro o meu dever seguindo os preceitos do Cristo, que disse: «Não faças a outrem o que não queres que te façam, e, a cada um segundo suas obras».

Natércia calou-se, estava lívida, tinha perdido a última cartada.

Sulfiéri aproveitou o silêncio para encerrar a visita.

— Penso termos conversado bastante — disse — consinta que me retire.

— Já?

— Acha cedo?

— Ora, é tão agradável a sua conversação que eu desejaria permanecer mais tempo nessa intimidade. Depois, tão cedo não teremos uma ocasião como esta.

— Porque não? estou sempre ao seu dispor.

— Prouvera a Deus que assim fôsse, disse Natércia — suspirando.

Sulfiéri sentiu quanto sangrava aquele coração, mas fêz um esforço dissimulando não compreender o sentido daquelas palavras.

— Então, até breve — disse, estendendo-lhe a mão.

— Até à volta.

— Até à volta? Tenciona, então, viajar?

— Sim, vou dar um passeio ao campo, a fim de ver de perto as cenas que tanto o têm inspirado, e quero ver se por minha vez me inspiro nessa radiosa poesia.

— Faz bem, Duquesa. Até à volta, portanto.

Cumprimentando-a, retirou-se.

Natércia acompanhou-o até à porta do salão, seguindo-o com a vista enquanto descia as escadas; depois, voltou para o quarto banhada em lágrimas.

Quando Lucrécia foi chamá-la para o jantar, encontrou-a desfalecida.

PARTE SEGUNDA

I

Manhã nevoenta.

O astro-rei parece ocultar-se por trás das cortinas, os montes envoltos em mantos de arminho semelham velhos curvados com as cãs descendo até o dorso.

O Sol é o grande vivificador da Natureza!

Quem há que não se alegre ao despertar por uma manhã límpida, em que o astro do dia, penetrando pela fímbria da janela, parece convidar-nos a um passeio, com essa satisfação dalma,. essa euforia que nos faz esboçar um sorriso e erguer-nos mais depressa do leito! No entanto, se esse astro nos falta, se ao despertar vemos a atmosfera carregada e densas nuvens percorrem o espaço, levadas pelo vento, uma tristeza inexplicável se apodera de nós e indizível melancolia nos invade a alma, apetecendo-nos reafundar no leito e entregarmo-nos novamente ao sono.

Era isso, talvez, o que se passava com a mor parte dos habitantes de Nápoles, que apresentava naquele dia um aspecto triste, infundindo nas criaturas nervosas uma profunda melancolia, pois as ruas principais, sempre tão concorridas nos dias claros, achavam-se quase desertas.

Em seu percurso viam-se sòmente aqueles que, acossados pela necessidade, não tinham remédio senão afrontar o rigor do tempo, a fim de ganhar o pão cotidiano.

Na modesta vivenda da rua de Santa Clara, que nos dias anteriores estivera completamente silenciosa, via-se um movimento desusado; a porta, habitualmente fechada, abria-se de par em par e de quando em vez cruzavam-na pessoas que entravam e saíam.

A fisionomia dos visitantes denotava que algo triste se passava lá dentro.

E' que o pobre Chiapparélli havia terminado suas provações na Terra, entregando a alma ao Criador.

O leitor deve lembrar-se de quanto era melindroso o seu estado; três dias após os acontecimentos que vimos de narrar, ele piorou de tal forma que a mulher perdera a esperança. Revezando-se com a filha, noite e dia não saíam de junto do leito, até que, depois de prolongada agonia, a morte (do corpo) pusera fim aos sofrimentos do velho sapateiro.

Joana, que já esperava o desenlace, não se deixou vencer pela dor; espírito forte e crente, orou, elevando-se por esse meio aos pés do Criador, a pedir por aquele que até então lhe fora companheiro de provas e pedindo forças para, daí por diante, velar pela filha — único bem que lhe restava e por quem sua vida era ainda necessária.

Eleonora, ao contrário, de natureza mais delicada e nervosa, ficou profundamente abatida. O golpe era assaz forte para o seu coração sensível e, por isso, o espírito vergou ao peso da dor e transfundiu-se em lágrimas e exclamações, pois parecia-lhe impossível a separação.

E assim é, com efeito. Quem, tendo já passado por esta prova, não se sentiu esmorecer? Por mais forte que seja a criatura, não havendo a crença na sobrevivência da alma, na realidade de um mundo melhor, o espírito verga ao peso da dor que o esmaga pela separação do ente querido, e só encontra consolo nas lágrimas.

Contudo, a morte não é mais que uma transição, uma passagem desta para outra vida melhor, onde a alma vai retemperar as forças, para voltar outra vez, pois essa é a grande lei: «Nascer, morrer, renascer ainda, progredir sempre» — e assim merecer um mundo melhor do que este em que habitamos, pois o Senhor Jesus disse: «Há muitas moradas na casa de meu Pai».

O Espírito não morre, é eterno, ou antes, podemos afirmar que nada morre, nada se perde na Natureza, tudo evolve, tudo progride.

Espírito e Matéria seguem ambos essa escala ascendente ao infinito. Enquanto um progride moralmente, intelectualmente, passando pelas múltiplas existências, a outra evolve também, passando por constantes transformações.

A matéria serve de veículo ao progresso do Espírito.

Assim, Chiapparélli, passando pela **morte** do corpo, foi para o espaço a fim de retemperar-se para uma nova encarnação, animando um outro corpo.

Eleonora, religiosa, educada em colégio de freiras, estava imbuída dos prejuízos da religião católica; sabia que a alma era imortal, mas ensinaram-lhe que essa alma ia para o céu, quando boa; e para o purgatório ou para o inferno, quando má; portanto, desses lugares não poderia voltar a comunicar-se com os homens, nem com os entes que lhe foram caros neste mundo. Tal perspectiva fazia que a pobre moça chorasse copiosamente, vendo ali inanimado aquele que lhe fora pai amantíssimo e trabalhara por lhe dar uma educação melhor, sem que lhe faltasse nunca o necessário.

Sentada junto ao leito, onde pouco antes repousava o corpo do pai, dir-se-ia a imagem da dor em mármore esculpida, a cabeça pendida, os olhos vermelhos de pranto, os lábios ressequidos e os cabelos em desalinho, tinha um aspecto triste e desolador, de causar piedade a quantos se acercavam.

Junto dela se achava um menino de seus dez anos, que muitas vezes a acompanhava às compras.

Era filho de uma vizinha e viera com a irmã assistir ao ato fúnebre. Chamava-se Fernando.

Essa criança, diante do acabrunhamento de Eleonora, fitava-a de tal modo que, dir-se-ia, compartilhava da dor que a lanceava no momento.

Do outro lado, procurando confortá-la, estava Maria, irmã do pequeno, moça de vinte anos presumíveis, cabelos e olhos pretos, cheia de corpo. Trazia um vestido preto que lhe fazia sobressair a alvura da pele. Dotada de uma coragem e força de vontade inauditas, havia já experimentado os embates da vida e passado pelo mesmo golpe que ora pungia a vizinha, e por isso apiedava-se e lhe prodigalizava carinho e palavras de conforto.

De resto, sentia-se atraída para aquela criatura, por esse laço misterioso que nos liga nos transes cruciantes da vida, visto não haver nada que mais aproxime as criaturas do que a dor. Se sofremos e ao mesmo tempo vemos outrem sofrer, sentimo-nos atraídos por essa afinidade de sentimento e nos esquecemos da nossa para só lembrar a dor alheia; e é quando o orgulho e o egoismo cedem lugar à piedade e à caridade.

Assim, essas duas moças, que até então eram apenas conhecidas, tornaram-se amigas daí por diante, irmanadas pela dor.

Alguns colegas e amigos de Chiapparélli haviam-se cotizado para custear o enterro. — Na classe laboriosa, vemos desses exemplos de abnegação. Muitos, às vezes, lutam com a falta de meios para a própria subsistência; mas, se um amigo não tem com que enterrar um filho, correm a oferecer o pouco que possuem e foi isso que aconteceu a Chiapparélli. Seus amigos, logo que tiveram notícia do trespasse, vieram oferecer à viúva os meios para fazer-lhe o enterro.

Chegado o momento, a rua, em frente à casa, encheu-se de gente: uns cheios de piedade, a enxugarem lágrimas de comoção; outros, simples curiosos, pareciam impassíveis ante o quadro que se lhes deparava.

Entre estes, achava-se uma pessoa já nossa conhecida: era Francisco, o criado de Fernando, que, portador de uma segunda carta, chegara no momento e, diante do acontecimento, ali ficara de observação, a ver se acharia ocasião azada ao desempenho da incumbência.

Não havendo, nesse tempo, carros funerários, como existem hoje, os defuntos eram colocados num esquife e levados a mão, acompanhados por amigos e parentes, que se revezavam, tal como acontece ainda hoje em nossas cidades do interior. O cortejo, em coro, entoava preces, enquanto os sinos da igreja próxima dobravam lúgubres. Se o morto era criança, os sinos repicavam, como para diferençar a classe do enterramento. Se pertencia a qualquer irmandade, ou ordem religiosa, os irmãos acompanhavam paramentados, levando opas ou insígnias do culto.

Chiapparélli pertencia à Irmandade de Santa Clara, era por isso acompanhado pelos irmãos dessa Irmandade.

Quando os sinos começaram a dobrar anunciando o saimento do corpo, os espectadores tiveram ocasião de apreciar uma cena das mais emocionantes e dolorosas. Eleonora e sua mãe, ao despedirem-se daquele que até ali compartilhara de suas alegrias e aflições e fora um mártir do trabalho, para evitar que elas passassem privações, abraçaram-se ao corpo inanimado como se quisessem disputá-lo à terra que o ia tragar. Foi necessária a intervenção de outras pessoas para arrancá-las de sobre o cadáver e, então, Joana, levando as mãos à cabeça, caíra para trás, desamparada; as forças, que até então a mantiveram, faltaram-lhe nesse momento.

Eleonora, arrancando os cabelos, dava gritos dilacerantes, completamente desvairada.

Maria, com os olhos rasos de lágrimas, abraçava-a carinhosamente procurando confortá-la, enquanto sua mãe socorria Joana, auxiliada por outras mulheres, que a depuseram no leito.

A esse tempo, já o esquife levado pelos confrades e amigos seguia entre alas e ao som do sino, que continuava no seu dobre fúnebre e entristecedor.

A Natureza, como dissemos, parecia co-participar da tristeza e dos sentimentos dessas criaturas.

Francisco, que observara toda a cena sem poder desempenhar o encargo, voltou para casa a fim de informar o amo do que se passava.

Fernando, conquanto soubesse do estado de Chiapparélli, não deixou de ficar surpreendido com a sua morte e, lembrando-se de Eleonora, sentiu-se penalizado; num momento perpassou-lhe pela mente toda a cena que Francisco acabava de descrever. Calculando o grau de sofrimento da pobre moça, pensou chegado o momento de dar uma prova evidente do seu amor, mediante um ato que o atestasse mais evidente e, tomando a carta das mãos do criado, inutilizou-a.

Era necessário escrever outra, que exprimisse os seus sentimentos de pesar, a fim de dar-lhe a perceber que ele se associava à sua provação e, neste sentido, escreveu outra carta.

Ao terminá-la, considerou: — Sou rico, ela é pobre; e quem sabe o que estará necessitando? Importa socorrê-la, sim, mas de que forma?

Se começo já a oferecer-lhe dinheiro, pode ofender-se e depois duvidar da sinceridade do meu amor... Não; preciso obrar com prudência, auxiliá-la sem que saiba de onde parte o auxílio. Mais tarde, se o souber, ficará então reconhecida. Mas, como hei-de arranjar isso?... — e ficou pensativo, algum tempo; depois, batendo na testa, disse: — achei! — e chamando o criado, deu-lhe novas instruções. Quando o criado se retirou, tomou o chapéu e a espada e dirigiu-se à casa de Luís.

II

O Conde Dinásti, desde o sarau da Duquesa de Ferrara, fora para casa das amantes, despeitado pela derrota, e não voltara a penates.

Marta, a esposa, acostumada já a essas ausências, estava em casa só, com o filho e os criados.

Morava num pequeno palacete que herdara dos pais e que fazia parte do dote já esbanjado grandemente pelo marido.

E' nesse palacete que vamos penetrar com Fernando.

Subindo uns seis degraus de mármore, chegava-se a um baldaquim suspenso na parede por hastes de ferro bronzeadas e rodeado de lambrequins; daí se passava à sala de espera, onde um criado de libré azul estava postado, para introduzir os visitantes no salão ricamente mobilado.

Logo que o criado avistou Fernando, correu à porta do salão, abrindo-a e o nomeou à Condessa, que ali se encontrava.

Fernando ao entrar perguntou pelo tio, e, sabendo pelo criado que ele ainda não havia chegado, preparou-se para ouvir as queixas da tia.

Ao penetrar o salão, viu-a sentada numa poltrona, ao lado do filho, uma criança linda, dos seus cinco anos e cuja inteligência começava a aflorar, o que a mãe aproveitava para lhe ir incutindo ideias religiosas e a compreensão dos deveres de humanidade.

Fernando, depois de entregar o chapéu ao criado, dirigiu-se para o local em que estava a tia, beijando-lhe a mão e acolhendo com meiguice as carícias do menino, que, enlaçando-o pelo pescoço, cobriu-lhe a face de beijos.

A Condessa Marta era alta, pouco cheia de corpo, ombros largos, cintura delgada, cabelos louros, rosto oval e pálido, olhos azuis, claros.

Fisionomia serena, mas, de expressiva, profunda melancolia.

Ao vê-la, qualquer pessoa se sentia empolgada de viva simpatia, pois percebia a bondade do seu coração e adivinhava os sofrimentos morais que lhe iam nalma.

Contava, então, vinte e seis anos, mas, quem nela reparasse, dar-lhe-ia muito mais, pois nos seis anos de casada havia envelhecido dez.

Depois de ter indicado uma cadeira ao sobrinho, para que este se sentasse a seu lado, disse ao filho:

— Luís, vai brincar no jardim.

— Ora mamãe, eu queria ficar com o primo.

— Tens muito tempo, meu filho, pois ele não vai já.

Fernando compreendeu que a tia queria ficar a sós com ele e ajuntou:

— Sim, Luisinho, vai brincar que eu ainda me demoro.

— O primo almoça com a mamãe?

— Almoço sim — respondeu Fernando, que, conquanto não fôsse essa a sua intenção, decidiu contemporizar para melhor induzir o menino a retirar-se.

— Ah! então eu vou — e saiu a correr para o jardim.

Marta procurava afastar o filho, muito carinhoso, todas as vezes que tinha de falar do pai, para não dar ocasião a que soubesse do seu procedimento. Logo que o viu sair, disse:

— Então, Fernando, você por aqui hoje é novidade...

— Novidade nenhuma, vim apenas visitá-la.

— Deveras?

— Porque duvida?

— Porque andas tão preocupado agora, que não sei como te lembraste de mim.

— Quem lhe disse que ando preocupado?

— Tua cunhada.

— Ela esteve aqui?

— Não, mas ontem lá fui a ver se te encontrava e ela me disse que agora já quase não paras em casa; que te levantas muito cedo, deitando-te sempre tarde; enfim, que vives muito preocupado.

— Na verdade — disse Fernando cofiando o bigode —, não lhe mentiram, mas eu estou, ao meu tempo, divertindo-me e nada mais.

— Bom divertimento esse, Senhor meu sobrinho, que lhe faz perder as noites estragando a saúde.

— Qual, minha tia, isso não me faz mal algum.

— Se não fizer ao físico, faz ao moral. Olha, Fernando, receio bem que venhas a ficar como teu tio...

— Porque, tia Marta?

— Porque sei que andam sempre juntos e os maus exemplos aprendem-se com facilidade.

— Mas, nem sempre andamos juntos e a prova é que há uns quatro dias não nos vemos.

— Acredito que não o tenhas visto, mas deves saber por onde ele anda.

— Então, ele não tem vindo a casa?!!

— Não, desde o dia do sarau da Duquesa de Ferrara. Não estiveste lá?

— Estive, sim Senhora — respondeu um tanto embaraçado.

— E não saíram juntos?

A esta pergunta, Fernando hesitou em responder afirmativamente; depois, tomando uma resolução, disse:

— Não Senhora, eu saí primeiro.

— Ah! ele ainda ficou? Compreendo...

Fernando respirou, supondo-se exonerado de dar informações sobre o tio. Enganou-se, porém, porque Marta continuou:

— Que tal a Duquesa de Ferrara? Dizem que é muito bonita; é verdade?

— Bonita, mas não tanto como dizem.

— Oh! com tantos adoradores!...

— E' isto que a faz julgar-se mais bonita do que é.

— Havia lá muita gente?

— Muita; os salões estavam repletos, mas, havia muita mescla...

— Mescla de quê?

— Ora, minha tia; muita gente que, descendente da burguesia, quer passar por nobre.

— Não é de admirar isso em casa dela, que, como sabes, se não fôsse o marido tirá-la de Veneza, não sabemos se encontraria um bom casamento... mas isso não é defeito, Fernando, porque se pode ser nobre de sentimentos...

— Ah!... perguntou Fernando interrompendo-a — minha tia também é desse parecer?

— Por certo que sou e hei-de ser; não se têm visto tantos exemplos de nobreza na burguesia e tanta vilania na nobreza?

O rapaz, compreendendo onde a tia queria chegar, não respondeu; respeitava-a bastante para travar com ela uma discussão nesse terreno, que era o seu fraco, e procurava desviar a conversa.

— Mas, lembro que minha tia dissera no começo ter ido procurar-me. Para quê?

— Para ver se davas notícias do teu tio... Ouvi dizer que a Duquesa se havia retirado para o campo e, como ele não aparecia, supus que a tivesse acompanhado.

— Não sei porque o supor...

— Ora, porque... ele podia ter ficado fascinado por sua beleza, e...

— Não pense nisso, minha tia, a Duquesa, não obstante o que se diz, é virtuosa; e meu tio já não é uma criança para cometer tal leviandade.

— Não duvido das virtudes da Duquesa, mas, de teu tio tenho sobejas provas para crer que fôsse capaz de tal fazer. Ah! — disse, soltando um suspiro — não conheces ainda o homem que tens por tio, Fernando, por isso falas assim. — E as lágrimas deslizaram-lhe pelas faces.

— Bem — disse Fernando enternecido —, aí começa a Senhora a incomodar-se.

Não falemos mais nisso.

— Sim, dizes bem... Se soubesses quanto tenho sofrido nestes últimos dias, ouvindo a cada instante meu filho perguntar pelo pai e eu sem saber o que responder, então poderias avaliar se tenho razão...

— Mas, quem lhe diz que não tem razão? Eu? Ao contrário, acho que a tem, e muita; mas não quero vê-la assim. Tranquilize-se que eu, quando estiver com ele, hei-de falar a este respeito.

— Não, Fernando, peço nada dizeres, façamos de conta que não estiveste aqui e que nada te disse.

— Se esta é a sua vontade, nada direi.

Nesse momento, a porta do salão abriu-se e Luís entrou, trazendo o filho pela mão.

Marta, vendo-o, esqueceu-se logo do que acabava de dizer e teve ímpetos de correr ao seu encontro, de o abraçar; mas a dignidade ofendida fê-la conter-se, esperando-o de pé.

Fernando ergueu-se também, olhando o tio com curiosidade e dizendo para consigo: — terá ouvido o que dizíamos?

Mas, Luís estava afeito a essas estroinices e por isso não se alterou diante da mulher, que o fitava com os olhos ainda marejados de lágrimas. Dir-se-ia ter saído de casa horas antes. Cumprimentou Fernando e, aproximando-se da condessa, beijou-a na testa, sentando-se, depois, muito tranquilamente, numa cadeira, como um homem cumpridor de seus deveres.

Uma vez sentado, trocou um olhar de inteligência com Fernando, que olhava de soslaio para a tia. Esta, ainda tinha os olhos fitos no marido e seu olhar estava radiante de alegria; seus lábios não se haviam aberto para exprimir uma queixa, uma censura.

— Que coisa extraordinária! — pensou Fernando — não parece a mesma de ainda há pouco.

O pequeno Luís, entre os joelhos do pai, não cessava de olhar, ora para este, ora para a mãe, como que a interrogá-los com o olhar, esperando uma palavra, um gesto que explicasse a ausência do pai, pois, como sua mãe acabava de dizer, todos os dias fazia-lhe perguntas nesse sentido.

O Conde compreendeu que era necessário dizer alguma coisa para terminar aquela cena muda, que já principiava a alterar-lhe os nervos e, dirigindo-se a Fernando, disse:

— Vieste hoje almoçar conosco?

— E' verdade — respondeu o sobrinho, admirado do cinismo do tio.

— Pois então vamos a isso, porque ainda hoje tenho que ultimar um negócio — e, levantando-se, dirigiu-se ao gabinete, onde se desfez da espada.

Marta levantou-se também, indo para o interior, a fim de dar suas ordens.

O pequeno Luís acompanhou-a.

O Conde, vendo-o sair, voltou para junto de Fernando e perguntou-lhe à meia voz:

— Então... disseste alguma coisa?

— Nada: cheguei ainda há pouco e não tivemos tempo de conversar — respondeu, lembrando-se da promessa feita à tia.

—Ah! pensei que estivesses aqui há muito tempo.

— Não. Porque mo perguntas?

— Porque há uns três dias não venho a casa.

— Deveras!!...

— Sim.

— E onde estiveste?

— Caluda — disse Luís, pondo o indicador na ponta do nariz.

Um criado anunciou que o almoço estava servido e os dois amigos passaram para o interior.

Detivemo-nos na descrição dessas cenas tão comuns, ainda hoje, em nossa sociedade, como para demonstrar que a Humanidade pouco tem adiantado e patentear que não comungamos com as ideias de certos homens, quanto aos deveres matrimoniais.

No final desta obra, pretendemos fazer algumas considerações sobre as personagens desta narrativa, que, reencarnadas na época atual, já apresentam sensíveis modificações para melhor, demonstrando que progrediram passando pelo cadinho de outras existências.

Dissemos que Marta, ao ver entrar o marido, ficara radiante de alegria, sem que seus lábios proferissem uma recriminação nem censura: é que ela, alma já evolvida, coração votado à piedade e ao perdão, já compreendia, por intuição do seu guia espiritual, que viera ao mundo para sofrer, amando com sincero amor o marido. Vendo-o junto de si, esquecia-se dos dias que ele passava fora de casa.

O amor é a emanação do infinito amor de Deus; é o sentimento que nos sobreleva ao nível ordinário da vida, neste planeta de provações, purificando nossas almas para merecermos as graças do Eterno Pai e, por isso, Marta, diante dos sofrimentos morais, tornava-se resignada, nessa atitude sublime da mulher superior que se impõe ao respeito e à veneração. Os homens, porém, são difíceis de contentar e Luís Dinásti estava neste número.

Quantos não há, ainda hoje, como ele, casados com verdadeiros anjos e que saem a procurar longe do lar as venturas que deixam perto de si; desprezam as que lhe estão ao alcance e são sinceras, para correrem em busca de verdadeiras quimeras.

Era o que acontecia com o Conde Dinásti que, não compreendendo o anjo que Deus colocara a seu lado para o auxiliar no progresso, corria em busca de aventuras, mergulhando no lodaçal dos vícios, deixando-se prender nos braços de criaturas fementidas que só lhe concediam algum prazer levadas pelo interesse de estorquir-lhe a bolsa.

III

Fernando, ao entrar em casa, à noite, já encontrou Francisco de volta.

— Fizeste o que te recomendei?

— Sim, Senhor.

— Entregaste a carta e o dinheiro?

— A carta, não senhor, o dinheiro sim.

— Então fizeste efetivamente o contrário do que te recomendei?

— Não, Senhor.

— Então, explica-te.

— Eu lhe conto, meu amo: o Senhor me recomendou que trocasse de roupa para não ser conhecido.

— Sim... sim... continua.

— Que entregasse a carta e que visse meios de deixar também a bolsa com o dinheiro...

— Isso mesmo.

Depois que meu amo saiu, estive a pensar no melhor meio de arranjar as coisas e achei que o que meu amo queria era efetivamente o contrário.

— O contrário! Vê lá o que fizeste, pedaço dasno...

Vamos, acaba com as reticências.

— Sim Senhor, já lhe digo: Logo que anoiteceu, fui à casa de um sapateiro meu conhecido, que, mediante alguns cobres, me emprestou a roupa e o chapéu. Vesti-me e assim me apresentei em casa da viúva Joana, dizendo-me antigo colega do seu defunto marido.

— E depois?

— Depois de cumprimentá-la, dando-lhe os pêsames pelo falecimento do colega, disse que, tendo chegado de Gênova, ontem, andei a indagar onde morava Chiapparélli, sabendo de sua morte; e como vinha mesmo procurá-lo para pagar-lhe uma dívida antiga — dinheiro que me havia emprestado numa grande apertura, então, ia entregar-lhe esse dinheiro, que lhe pertencia, visto o marido já não existir.

— E que disse ela?

— No primeiro momento, não quis aceitar, alegando que o marido nunca lhe falara nisso; mas eu contei-lhe de que maneira me tinha ele emprestado o dinheiro e...

— O quê? — disse Fernando interrompendo-o — Que história arranjaste para te justificares?

— Contei-lhe uma história lá de Florença, onde Chiapparélli residiu quando solteiro.

— E onde foste arranjar essa história?

— Com o sapateiro que me alugou a roupa. Então meu amo pensa que não tomei minhas precauções? Soube por ele, até, que foi lá que se casou e que a pequena nasceu lá.

— E depois? Que te disse ela?... recebeu o dinheiro?

— Ficou assim um tanto indecisa, mas eu afirmei-lhe que o dinheiro lhe pertencia e que, se não o quisesse receber como paga de uma dívida, consentisse ao menos que eu o desse como presente à filha; foi então que, fitando a pequena, toda lacrimosa, junto de uma mesa ao fundo da sala, disse baixinho: — Diz bem, Senhor, recebo como uma esmola para minha pobre filha. E aceitou.

— E a carta, que fizeste dela?

— Ah! a carta foi mais difícil.

— Não a entregaste?

— Não Senhor, deixei-a lá.

— Mas, acaba de uma vez, que estás a impacientar-me.

— Eu lhe explico, meu amo: tendo-me apresentado como amigo e colega do tio Chiapparélli, procurei conversar com a viúva sobre o passado, quando me encontrei com o marido, falando-lhe nas circunstâncias em que ele me havia auxiliado e, assim, fui ganhando confiança e, enquanto conversava, fui chegando a cadeira para junto da porta do quarto da pequena, que é o da frente e, uma vez ali, tive sede e, enquanto a velha foi buscar água, atirei com a carta para cima da cama da filha que, a chorar debruçada na mesa, nada viu.

— E ela não te reconheceu quando entraste?

— Não senhor, cumprimentou-me do lugar onde estava e lá ficou a chorar.

— Muito bem — disse Fernando, satisfeito —, és um servo inteligente; toma lá pelo teu serviço de hoje — e atirou-lhe com a bolsa.

O esperto criado agarrou-a no ar e guardou-a com volúpia.

— Meu amo precisa de mais alguma coisa?

— Não. Vai-te.

O criado saiu.

O jovem fidalgo reclinou-se na poltrona e começou a monologar:

«Bem, o Francisco agiu melhor do que eu esperava; — a esta hora, ela já deve ter achado e lido a carta. Agora, esperemos pelo resultado... Será possível que ainda desta vez não me responda?!... Talvez demore um pouco, por causa da tristeza em que se acha, mas, há-de responder. Pobre Eleonora!... não sei porque lhe voto tanta afeição... nem me lembro mais da Dulce (a última amante). Depois de uma pausa, continuou: o diabo é que me está custando muito esta conquista; mas não importa, redobrarei de esforços, irei à missa do 7º dia se preciso for e procurarei ocasião de falar-lhe. Na igreja, não, pois... não irá só, a mãe há-de lá estar... depois, meus trajos mo impossibilitariam... só se confiasse isso ao Francisco... Sim, será melhor, porque ele com mais facilidade pode disfarçar-se, enquanto que eu... (esboçou um sorriso) — tinha graça... que diriam os antepassados se me vissem com trajes burgueses? — fugiriam espavoridos... E' preciso não descer da minha dignidade...

Assim falava o homem que planejava uma infâmia... mas, tais eram os nobres desse tempo: dotados desses nobres sentimentos, praticavam, todavia, as mais baixas torpitudes.

Assim monologando, o Marquês mudava de vestuário, passando depois ao quarto de dormir.

Voltaremos a encontrá-lo.

IV

Haviam decorrido os seis dias do passamento de Chiapparélli, e, na manhã do sétimo, os moradores da vizinhança foram despertados pelos sinos do Convento das Clarisses, chamando os fiéis à oração.

Davam oito horas no relógio da torre, quando começaram a afluir ao templo os amigos, colegas e conhecidos do morto, que iam assistir à missa e elevar preces a Deus em sufrágio de sua alma.

Chegará o dia de a Humanidade compreender que não tem necessidade de pagar a um sacerdote para orar pelos amigos e parentes e que mais vale uma prece dita de coração, no recôndito do seu quarto, do que essas missas (ditas por dinheiro); mas, é cedo ainda... Continuemos:

Viam-se, aqui e ali, próximo aos altares, formando grupos, os homens do trabalho, com vestes domingueiras, a comentarem o lutuoso acontecimento e, de vez em quando, olhavam para a porta principal, esperando ver entrar a cada momento as figuras de Joana e Eleonora. Não tardou chegassem, acompanhadas de suas vizinhas Maria e sua mãe.

Logo que entraram, três badaladas fizeram-se ouvir na torre da igreja, e que foram para mãe e filha como três pancadas em seus corações machucados pela saudade.

As quatro mulheres, cabisbaixas e mudas, seguiram juntas até ao altar-mor, onde se ajoelharam, ao mesmo tempo que o sacerdote, rompendo de uma porta lateral, subia para o altar, precedido do sacristão.

Ao ajoelhar-se naquele local, Eleonora sentiu um quer que fôsse abalar-lhe o corpo; lembrou-se de que fora precisamente ali, que, dias antes, pedira pela saúde do pai e sentira as emoções até então desconhecidas, ao ver aquele homem que encontrara à porta da igreja e que a fitava com tanta insistência. Lembrou-se da confidência materna, que traduzira por amor o que lhe aflorava no coração.

Todas as cenas daquele dia lhe vinham à mente, e, das duas esperanças que então concebera, apenas uma lhe restava agora, porque a outra se havia aniquilado.

No entanto, o sacerdote celebrava o ofício e de todos os corações partiam súplicas ao Senhor pela alma de Chiapparélli.

Que se passava no íntimo da pobre viúva? Não sabemos. Prostrada de joelhos, com a cabeça curvada, só de quando em vez lhe arfava o seio e profundo suspiro se lhe escapava do peito angustiado. Sua alma era um misto de dor, de amargura, de temores e esperanças ao mesmo tempo.

Terminado o ato religioso, cada um dos fiéis se aproximou para apresentar as condolências; as amigas e colegas de Eleonora abraçavam-na lacrimosas, enquanto os homens apenas lhe apertavam a mão, sem terem o que dizer. Dentre eles, porém, houve um que, adiantando-se um pouco, lhe disse ao ouvido: O Sr. Fernando espera a vossa resposta.

A esse nome, Eleonora estremeceu, ergueu os olhos e não pôde de pronto reconhecer o homem que lhe falava, mas aquele nome era tudo para ela e por isso respondeu, quase imperceptìvelmente: amanhã... — e como Maria se aproximasse, acrescentou, alteando a voz — Obrigada, senhor, pelo conforto de suas palavras.

Esta frase, proferida naquele momento, tinha duas significações: — para Maria, que de nada suspeitava, prendia-se ao ato religioso; e para Francisco, a quem era dirigida, tinha uma outra significação, qual a de dizer ao amo que ela não se esquecera dele, que era agora a sua única esperança.

Assim o compreendeu o criado, que, presto, se esgueirou sem se dirigir à viúva.

Eleonora, vendo-o afastar-se, teve ímpetos de o chamar, de o reter a fim de saber se quem o enviara era o que ela amava do fundo dalma; mas, conteve-se e as lágrimas rebentaram-lhe em desafogo.

Maria acercou-se com a ternura própria de uma verdadeira amiga, ou irmã, conchegando-a ao seio e dizendo-lhe ao ouvido palavras de conforto e animação, ao mesmo tempo que sua mãe, dando o braço a Joana, procurava conduzi-la para fora do templo.

Quando transpunham a porta, um homem, que passava do lado oposto, parou, fitando-as com interesse.

Maria, vendo-o, chamou a atenção da companheira e esta, com os olhos ainda rasos de lágrimas, levantou a fronte e a seus olhos deparou-se um elegante cavalheiro, que lhe fêz lembrar a figura que lhe não saía da imaginação; mas o que ali estava, embora bonito também, era em tudo diferente do outro; por isso, baixou os olhos e prosseguiu no caminho sem olhar para trás.

Maria, porém, havia-se impressionado com a atitude do moço e, de quando em vez, voltava-se para fitá-lo.

O cavalheiro permanecia imóvel no lugar, fitando-as também.

Quando um tanto distanciado, Maria disse: — Não sei porque, sinto o coração bater-me descompassadamente.

— E' talvez por teres demasiado compartilhado dos nossos pesares — respondeu Eleonora.

— Talvez, murmurou Maria já pensativa — e, voltando-se de novo: — olha, ainda lá está parado, a nos mirar.

— Então, minha amiga, é que gostou de ti.

— De mim?... — volveu fitando o rosto de Eleonora.

— Sim. Porque te admiras?

— Porque reparei não ser para mim que ele olhava.

— Então queres dizer que era para mim?

— Se era...

— Talvez não reparasse bem. Quem poderá olhar com interesse para uma pobre órfã como eu?

— Falas sem te lembrares que também o sou e que se não foi para ti, que és moça e bonita, muito menos o seria para mim...

— Está bem, mas o melhor é deixarmos essas coisas que nos não interessam. Hoje só quero lembrar-me daquele que nunca mais tornarei a ver. E prorrompeu em novo pranto.

— Aí está — disse Maria — era para evitar isso que eu procurava distrair-te; agora não há remédio senão te conformares com o destino.

Essa conversação passara-se entre as duas moças, sem que as mães algo percebessem, pois caminhavam mais distanciadas.

Ao chegarem a casa, um dos colegas de Chiapparélli, que as vinha acompanhando, adiantou-se perguntando à viúva se desejaria alguma coisa, e esta, lembrando-se do auxílio recebido do pretenso devedor do marido, agradeceu o oferecimento, dizendo:

— Obrigada, Sr. Giuseppe, por enquanto ainda temos algumas economias, mas, não me esquecerei do seu oferecimento.

— Então, com licença; Deus lhe ajude.

— Amém, Sr. Giuseppe, e obrigada... Deus é quem lhe há-de recompensar o que fêz por meu marido.

— Oh! Sra. Joana, não falemos nisso, não fiz mais que o meu dever. Passe muito bem. — E, cumprimentando a todos, afastou-se.

Os demais fizeram o mesmo, bem como as mulheres, que as abraçaram e beijaram emocionadas.

Ficaram sòmente Maria e sua mãe, que eram, agora, as pessoas de sua intimidade, bem como o pequeno Fernando.

V

O moço, que parara no momento em que saíam

da igreja, era Sulfiéri, que, dotado de gênio artístico, ficara deslumbrado ante a efígie de Eleonora; aos seus olhos afigurou-se ver, saindo do templo, uma imagem de santa! Seu estro poético idealizou logo um poema, que compôs mais tarde, e que o imortalizou.

O acaso, ou antes, a coincidência, porque o acaso não existe, tinha-o encaminhado para aquele lado da cidade. Gostava de apreciar as classes laboriosas e, por isso, dirigiu-se para aquele bairro, ao tempo habitado por artistas e operários, deparando-se-lhe ao passar pelo templo aquele quadro triste, da órfã e sua genitora, cobertas de luto, ao saírem da igreja após a missa. Sentira-se impressionado com aquele semblante de mulher, velado pelo pranto e pela tristeza.

Seria o ideal que tanto procurava?

E' o que havemos de ver no curso desta narrativa.

Depois de acompanhá-la com a vista, seguiu-lhe os passos a distância, até ver onde morava, retomando depois o seu caminho. Andou por espaço de um quarto de hora, sem destino certo; quando deu por si, estava próximo da casa de Natálio.

Essa personagem, com quem os leitores já travaram conhecimento, morava numa casa modesta, artìsticamente decorada e onde instalara o seu atelier de pintura.

Sulfiéri, chegando-se ao porteiro, perguntou pelo amo e, ao saber que estava em casa, subiu sem esperar que o anunciassem. Eram íntimos, de sorte que não havia entre eles nenhuma cerimônia.

Natálio estava no atelier, defronte de uma tela e, empunhando a palheta e o pincel, esboçava um quadro em que se viam dois amantes sentados num jardim, de mãos enlaçadas e olhar embevecido.

— Quanta poesia! exclamou Sulfiéri ao entrar.

— Ah! és tu? — Ah! disse Natálio, depondo a palheta e os pincéis — Tu, aqui, a estas horas?!

— Então, de que te admiras?

— E' que não costumas andar por estes lados.

— Sim, é verdade, mas hoje me deu na telha e não podes imaginar quanto estou satisfeito.

— Porquê?

— Porque encontrei uma jovem de beleza admirável!

— Deveras? tu que és tão difícil de contentar!

— Pois é, mas desta vez encontrei o meu ideal.

— Olha que me aguças a curiosidade... Onde encontraste essa beldade?

— Ao sair da igreja de Santa Clara.

— Da igreja de Santa Clara? Então é alguma pobretã... Nesse bairro...

— Efetivamente.

— Deveria tê-lo adivinhado... sempre a tua mania.

— Que queres? são gostos...

— Mas, em que condições a encontraste, para te despertar tamanha impressão?

— Passava por ali, muito despreocupado, quando ouvi uns soluços partidos do templo; parei a olhar a porta, no momento mesmo em que ela saía pelo braço de uma outra moreninha, que parecia mais velha do que ela; um pouco atrás, vinha uma velha com um véu no rosto e pelo braço de outra mulher da mesma idade; todas vestiam de preto. Percebi logo uma viúva com a filha, que acabavam de ouvir missa por alma do esposo e pai. Ah! mas não imaginas como estava bela! parecia uma santa, assim vestida de preto, com os cabelos castanhos, quase louros, caídos pelas espáduas e presos apenas por uma fita de veludo no alto da cabeça; os olhos vermelhos de chorar e rodeados de uns círculos arroxeados; as faces pálidas... oh! que encanto meu amigo... que deslumbramento!

— Por essa tua descrição...

— Mas, não é tudo, sabes o que me está dando que pensar?

— Que é?

— Uma emoção que experimentei ao ouvir-lhe

os soluços!... Nunca mulher alguma me causou tal emoção.

— Que diria a Duquesa se te ouvisse? — Cuidado, meu amigo, cuidado... não vá essa deusa avassalar-te com seus encantamentos... E sabes onde ela mora? Acompanhaste-a?

— Sim, de longe; mora na rua mesma de Santa Clara, um pouco além da igreja.

— Homem, quem sabe se ela não serviria de modelo para o meu quadro?

— Este? — disse apontando para a tela que Natálio acabava de esboçar.

— Sim.

— E que quer dizer esse quadro?

— Tasso e Eleonora.

— Oh! se ela quisesse prestar-se, aposto em como farias o quadro mais belo, até agora produzido no gênero.

— Estão-me cossegando desejos de ver a tua deusa; ela é pobre e lá irei oferecer-lhe alguns florins, a ver se consigo.

— Perfeitamente, iremos juntos e assim terei ensejo de vê-la mais de perto.

— E se conseguirmos o nosso intento, has-de vê-la todos os dias.

— Oh! seria muita ventura para um pobre mortal.

— Ora, **meu poeta,** sê franco; não desejarias tê-la todos os dias ao alcance da vista?

— Sim, mas pressinto que será impraticável o nosso projeto.

— Porquê?

— Porque talvez não aceite a proposta.

— Qual, não penses nisso, a necessidade tem cara de herege e o ouro comove até as entranhas de quem tem fome.

— Mas, estará ela neste caso?

— E' o que veremos.

— Quando?

— Hoje mesmo, se o quiseres.

— Não; hoje não. Está ainda muito chorosa e não convém perturbar as suas recordações: depois, há necessidade de sondar antes o terreno; hoje mesmo darei os primeiros passos e amanhã talvez já te possa dizer alguma coisa.

— Seja; já agora, fica de lado o meu quadro, esperando o modelo.

— Não perderás por esperar, pois terás o mais belo modelo que tua imaginação poderia conceber.

— Deus queira que assim seja, porque só assim farei um quadro digno da minha concepção.

— Então, até amanhã.

— Como assim? já?

— E então?

— E' que temos que conversar e já agora não te deixo sair sem almoçares.

— Se fazes empenho, fico.

— Ora muito bem; fico-te agradecido e vou dar ordens para isso. Tocou a campainha.

Aparecendo a criada, disse-lhe:

— Chamei-te, Catarina, para dizer que o Cavalheiro Sulfiéri almoça hoje comigo.

— Sim, Senhor — e retirou-se.

— Podemos começar já a nossa conversa, não é assim? De que se trata?

— Trata-se da Duquesa de Ferrara; soubeste da sua partida para o campo?

— Ela mesma mo disse no dia que lá estive.

— E que pensas a respeito? Dizem por aí tanta coisa...

— Não sei o que se possa dizer, meu amigo, mas penso que ela fêz o que devia fazer.

— Mas, não vês que, com sua retirada, perdemos a rainha?

— A rainha!... Como assim?

— Pois não era ela a rainha da nossa sociedade?

— Ah! sim, não tinha compreendido o sentido da frase.

— Deves saber o motivo que a levou a retirar-

-se, assim, tão repentinamente, uma vez que lá estiveste na véspera da partida.

— Sim... presumo... infelizmente era exato o que dissera a tua Condessinha.

— E recusaste-lhe o teu amor?

— Boa dúvida.

— Ah! então está explicada a sua retirada, é que está deveras apaixonada, e, como não foi correspondida, trata de espairecer longe da cidade.

— Deve ter sido isso.

— Mas, **diavolo**! és um homem incompreensível.

— Porquê?

— Porque rejeitas aquilo que outros andam sequiosos pelo obter.

— Que queres, meu amigo, jamais farei coisas que a minha razão reprova.

— E disseste-lho de cara?

— Disse, ou antes, mandei que ela o disesse à pessoa que estava apaixonada por mim.

— Não compreendo... Então havia uma outra pessoa apaixonada por ti?

— Não, meu Natálio, ela fêz-se intérprete de si mesma, como se o fôsse de outra.

— Ah! agora compreendo.

— Nesse momento, a criada entrou, anunciando que o almoço estava na mesa.

— Vamos, lá continuaremos a conversa — e, dando o braço ao amigo, Natálio levou-o para o interior, onde se sentaram, e Sulfiéri contou ao amigo o que o leitor já sabe.

Deixemos os dois e vejamos o que se passou entre Maria e Eleonora.

VI

Ao chegarem a casa, Eleonora encaminhou-se ao quarto e Maria acompanhou-a, a fim de ajudá-la a trocar as vestes.

Maria estava pensativa, a dúvida atormentava-a cruelmente.

Eleonora, toda entregue aos seus devaneios, lembrando o que prometera lá na igreja, nem suspeitava do sofrimento da amiga.

Foi esta quem rompeu o silêncio.

— Não sei o que sinto, bate-me o coração de um modo inexplicável, como se alguma coisa estivesse para acontecer.

Que poderá significar tudo isso?

Eleonora, que já havia sentido o mesmo quando vira Fernando pela primeira vez, reparou na amiga com mais interesse, e, notando-lhe a fisionomia alterada, tomou-lhe das mãos, perguntando:

— E' a primeira vez que sentes isso, Maria?

— Se é...

— Não amaste alguém?

— Já gostei de um rapaz... Mas, porque mo perguntas?

— Porquê... — volveu Eleonora baixando os olhos — porque eu também já senti o que dizes estar sentindo.

— Já sentiste!... Quando? — perguntou Maria, fitando o rosto da amiga.

— Há muito tempo — respondeu um tanto inquieta pela atitude da outra.

— Ah!... disse Maria suspirando — pensei que fôsse agora.

— Não; tranquiliza-te, eu compreendo a tua pergunta: o que senti foi por outro; sofro também do mesmo mal.

— Sofres do mesmo mal? não te compreendo...

— Já vais compreender... Isto que sentes hoje, eu já senti um dia, também, e disseram-me ser amor; portanto, tu amas esse cavalheiro que viste ainda há pouco.

— Impossível, minha amiga. Como se pode amar assim tão repentinamente?

— Não sei, Maria, para mim o amor é um

sentimento que nos brota do coração como brota na rocha a linfa pura; ao princípio, apenas se distingue por um filete cristalino, mas, de um momento para outro, se torna em formidável torrente. Esse sentimento é tanto mais sincero quanto menos o compreendemos. Escuta: disseste já ter gostado de alguém, mas, não sentiste o que agora sentes. Eu te disse sofrer do mesmo mal, porque amo também; amo como se ama a primeira vez na vida, com toda a veemência, com todas as forças de minhalma e... tudo daria para ser amada assim.

— E não o és?

— Não sei... a pessoa a quem amo já me escreveu, mas...

— Já te escreveu!... E ainda duvidas?

— Ah! estou a ver que não tens mais experiência do mundo do que eu. Escuta, és minha amiga e quero provar-te que também o sou, abrindo-te meu coração. No dia em que senti, pela primeira vez, o que sentes, eu mesma não saberia explicar o que em mim se passava; entrei a chorar e fui surpreendida pela mamãe, que, estranhando a minha comoção, interrogou-me e tudo lhe contei. Ela, então, cheia de carinho, me disse que era amor o que eu sentia. Deu-me os mais salutares conselhos, abrindo-me os olhos a respeito dos perigos a que me expunha, se me entregasse de corpo e alma a esse sentimento.

A dúvida entrou-me no coração e por isso te disse: — não sei... e, na verdade, não sei se deva acreditar no que ele me escreveu... No entanto, eu o amo e este amor será a minha vida, a minha felicidade, ou a minha desgraça.

— Não fales assim, Eleonora, és jovem e formosa; porque não hás-de ser feliz? — Eu, sim, é que não tenho esperança.

— Porquê? Não és tão boa de coração? não se lê em teus olhos a nobreza de tua alma?

— Tu é que vês tudo isso, minha amiga, porque, por tua bondade, me emprestas dons que não tenho. A prova está em que esse rapaz que acabámos de ver, e por quem sinto pular o coração, não encontrou em mim nada que o atraísse e seus olhos só a ti viram...

— Talvez não reparasses bem, Maria, não é bom julgar assim um primeiro encontro; aguarda uma outra vez, certifica-te bem e depois, então, farás o teu juízo.

— Aceito o conselho — disse Maria apegando-se às palavras da companheira, como o náufrago à tábua de salvamento — Deus queira que eu esteja enganada.

— Acalma-te, espera mais uns dias e, se fores infeliz, crê que terás em mim uma amiga dedicada.

— Obrigada!... muito obrigada Eleonora! — exclamou Maria, abraçando fortemente a amiga, que, por sua vez, retribuiu, a derramarem ambas copiosas lágrimas.

Assim abraçadas, dir-se-iam duas irmãs ligadas por elos do sangue; no entanto, só a dor e as provações as haviam ligado assim com esse verdadeiro laço, único indissolúvel, o amor espiritual.

Quantas irmãs germanas que se odeiam, às vezes, por questões insignificantes? A verdadeira amizade é a que nasce espontâneamente e se consolida pela comunhão dos bons sentimentos, que são os dons do espírito, inalteráveis pelas convenções sociais. Assim, essas duas criaturas achavam-se ligadas por esse verdadeiro elo, e seriam capazes de tudo arrostar com intrepidez, auxiliando-se mùtuamente, pois que neste mundo, isoladamente, nada somos; por muito forte que seja o espírito, sente um belo dia o tédio, e, quando por um resto de orgulho não procura um ser humano para companheiro, vai procurar um pássaro ou um animal qualquer, cuja companhia lhe amenize a existência.

Há necessidade de amor fraterno e, por isso, sentimos horror ao insulamento, procurando alguém que nos compreenda, com quem possamos trocar ideias e repartir sentimentos, julgando-nos felizes quando encontramos esse alguém, que, terna e meigamente, nos conforte na aflição, nos alente na dúvida e a quem possamos confiar nossos receios, nossas mágoas, servindo, enfim, de cofre dos nossos mais íntimos sentimentos.

As duas amigas, depois de assim permanecerem algum tempo abraçadas, sentiram-se confortadas e separaram-se confiantes no futuro, saindo Maria para sua casa, onde a mãe a esperava.

VII

No dia seguinte, achava-se Natálio no seu atelier a aparelhar uma outra tela, quando o porteiro entrou, trazendo-lhe duas cartas. Ao recebê-las, o pintor reconheceu que uma era de Aristeia e a outra de Sulfiéri; abriu logo a que mais lhe interessava e leu o seguinte:

«Natálio:

«Depois do nosso encontro em casa da Duquesa de Ferrara, tenho passado os dias tristemente; como minha mãe se achasse um pouco adoentada, retirámo-nos para o Castelo, a fim de passar o verão fora da Cidade.

«Tenho-lhe falado a teu respeito e, por último, ela manifestou desejos de conhecer-te, autorizando-me a convidar-te para jantar conosco, amanhã.

«A De Ferrara acha-se aqui há uns três dias e muito tem concorrido para essa mudança de ideias: agradece-lhe quando chegares; mas, farias melhor se convidasses o teu amigo a vir contigo, pois seria um bálsamo a seus sofrimentos... Coitada! nem podes imaginar como está mudada; parece ter envelhecido dez anos nestes últimos dias.

«Espero, pois, não faltes; estou com muitas saudades tuas.

«Da que muito te ama

Aristeia».

Muito bem — disse Natálio ao terminar a leitura — parece que as coisas tomam outro caminho. Vejamos agora o que diz o amigo — e abriu a outra carta, murmurando: — Querem ver que ele também recebeu o mesmo convite? — mas logo às primeiras linhas verificou que se enganara.

A carta assim dizia:

«Meu amigo.

«Fiel ao que prometi, logo que saí de tua casa passei pela rua de Santa Clara para colher informações e pouco pude saber que nos adiantasse no concernente à tua pretensão; estou porém na pista de algo que muito me interessa e por isso peço-te desculpa de não ir hoje a tua casa.

«Quero ver se descubro quem é um indivíduo embuçado, que, ontem à noite, vi aproximar-se da janela da casa, afastando-se ràpidamente depois de ter recebido alguma coisa de alguém, que, no escuro, não pude divisar.

«Do teu

Sulfiéri».

P.S. Esquecia-me de uma coisa importante — A jovem chama-se Eleonora. Não te parece de bom augúrio esta coincidência?

«Bem, amanhã talvez possa dizer-te mais alguma coisa.

«À tarde estarei contigo. Adeus, até amanhã.

Sulfiéri.

Natálio pôs a carta em cima da mesa, dizendo com seus botões: — Na verdade é uma coincidência singular... pretender um modelo para minha «Eleonora» e achar um com esse nome!... E' admirável!...

Como satisfazer o pedido de minha Aristeia? Pelo que me escreve o meu amigo, ele está na pista de um rival e, com certeza, não quererá sair agora de Nápoles. Em todo o caso, cumpro o meu dever, convidando-o. Sentou-se à secretaria e escreveu:

«Acabo de receber, juntamente com a tua carta, outra de Aristeia, convidando-nos a jantar com ela; espero, pois, que adies a tua descoberta, a fim de não faltares ao convite da minha amada, que me recomendou não deixasse de levar-te comigo.

«Vem, pois, de manhã; almoçaremos e seguiremos logo após.

«Vou mandar aprontar as montarias.

«Do teu

Natálio».

Dobrou o papel, meteu-o no envoltório, lacrou, apôs-lhe o sinete e tocou o tímpano.

A criada apareceu.

— Entrega esta carta ao porteiro para que a envie quanto antes ao destino — disse, depois de sobrescritá-la a Sulfiéri. Que esperem a resposta — acrescentou.

— Sim Senhor — respondeu a criada, recebendo a carta e retirando-se.

Como acabámos de ver, Natálio havia omitido a verdadeira causa do convite, e bem assim a parte referente à Duquesa de Ferrara.

E' que tencionava causar surpresa ao amigo, quando chegassem ao castelo.

Meia hora depois, entrava o porteiro, dizendo:

— Senhor, o Cavalheiro Sulfiéri não foi encontrado em casa e o portador, sabendo que tinha resposta, voltou com a carta.

— Pois manda que vá novamente e deixe-a ficar.

— O porteiro saiu.

— Preciso encontrá-lo — disse consigo Natálio —, mas, quem sabe ficará contrariado quando souber? — Enfim, seja como for... Aristeia assim o quer e um seu desejo é uma ordem para mim. Irei eu mesmo à sua procura. Tocou de novo o tímpano e, quando a criada apareceu, ordenou que fôssem encomendar os cavalos para o dia seguinte e, mudando de fato, saiu.

Na rua, refletiu na direção que deveria tomar e, lembrando-se da conversa da véspera, encaminhou-se para os lados da rua de Santa Clara, prevendo ser por ali que deveria encontrar o amigo.

Pelo caminho, ia pensando: — Se eu, ao menos, tivesse a felicidade de vê-la... mas, qual, está ainda anojada e não aparecerá assim, a estas horas. Quem será o tal embuçado? Com certeza algum cavalheiro de indústria, ou algum lazarone... Também poderá ser algum fidalgo... Neste caso, temos duelo com toda a certeza... Havia de ter graça: Sulfiéri, que tem rejeitado tantos amores graúdos, bater-se agora por causa de uma órfã de sapateiro!...

Assim conjeturando, Natálio havia seguido o mesmo itinerário que Sulfiéri, na véspera, e passava junto diante da casa de Eleonora, quando ergueu a cabeça a olhar para as casas, a ver se descobria alguma coisa e murmurou: — A rua é esta, mas a casa?

Nesse momento, Maria apareceu à janela e, vendo o rapaz, teve um sobressalto, tomando-o pelo Cavalheiro da véspera; mas quase logo reconheceu o engano e começou a olhar para o outro lado.

Natálio, vendo-a, disse com os seus botões: — Esta não é, com certeza: mas quem sabe se não é a que a acompanhava? — Se ela tivesse a ideia de chamar a outra, mas... qual; decididamente, tenho que desistir de vê-la tão cedo. E seguindo pela rua de Santa Clara, foi dar na Praça de Jesus, fazendo o mesmo percurso de Fernando, dias antes, e indo parar naquele estabelecimento já nosso conhecido.

Aí chegando, encontrou-se com o Visconde de Santa Clara, que saía na ocasião.

— Oh! Visconde!

— Cavalheiro... como vai?

— Bem... Vim à procura de Sulfiéri: viu-o?

— Esteve aqui ainda há pouco.

— Sabe a direção que tomou?

— Não, não sei; ele pouco se demorou e, quando saiu, não fiz reparo.

— Diavolo! precisava tanto encontrá-lo. O Visconde quererá fazer-me um favor?

— Porque não?

— É, se o vir novamente, dizer-lhe que preciso falar-lhe e o espero amanhã, pela manhã, em minha casa.

— Pois sim, se o encontrar, fique descansado que transmitirei o recado.

— Muito lhe agradeço — disse estendendo-lhe a mão — disponha de mim.

— Nada há-de agradecer, respondeu o Visconde, apertando a mão que Natálio lhe estendia, e afastando-se em seguida.

Este, entrando na tasca, fêz a mesma recomendação ao proprietário e saiu... Na rua, pensou ir procurá-lo a casa. Talvez lá estivesse e, tomando pela rua Forcela, atravessou a de Toledo, seguindo em direção à casa de Sulfiéri, que ficava em Pozzofalcone.

Com efeito, Sulfiéri, depois de fazer as investigações que havia referido na carta ao amigo, voltara a casa e, tendo recebido a carta, já se dispunha a procurar Natálio, quando o criado o anunciou.

— Que entre — disse.

Natálio foi introduzido no salão, ao mesmo tempo que Sulfiéri lhe vinha ao encontro.

— Ah! meu amigo, ia agora mesmo a tua casa.

— Pois eu, na incerteza de que recebesses minha carta, saí à tua procura passando pelos lugares em que havia probabilidade de encontrar-te; estando com o Visconde de Santa Clara, pedi-lhe te transmitisse o meu recado.

— E eu cheguei ainda há pouco e, lendo tua carta, ia dizer-te que não posso, de modo algum, aceder ao convite da Condessa.

— Mas, porquê? Estás assim tão ocupado amanhã, que não possas dispor ao menos da tarde?

— Estou, sim, meu amigo; nem podes imaginar quanto sofro de ontem para cá. Agora, digo-te que estou deveras apaixonado...

— Falas sério?...

— Muito sério...

— Ah! bem te dizia eu que essa deusa te havia tocado o coração...

— Não digas brincando, meu amigo, que o que sinto é realmente sério. O que vi ontem me abalou de tal forma o coração, que eu mesmo não o sei explicar.

— Mas, que viste? Conta-me, porque, em tua carta, apenas me disseste estar na pista de um embuçado, que mal lobrigaste junto à janela da jovem. E que tal? Descobriste mais alguma coisa?

— Penso estar na pista do sujeito, mas, por enquanto, nada posso dizer; o que importa saber é se o embuçado era o amo ou o criado.

— O amo ou o criado?! Viste onde entrou?

— Sim, porque o acompanhei e, embora ele caminhasse muito apressado, pude segui-lo até ver onde entrou.

— Onde? Será indiscrição perguntar?

— Para ti não tenho reservas: foi no Palácio de Lombardia.

— Lombardia!!!

— Sim, sim... Calcula agora quanto sofro, de ontem para cá, só em pensar nisso.

— Na verdade, é caso para recear, porque dali não pode sair boa coisa...

— Ah! és também da minha opinião?

— Sem dúvida, a não ser que se trate de algum criado movido de boas intenções.

Sabemos de quanto é capaz o marquês, que, graças ao tio, tem praticado as maiores libertinagens.

— Pois é o que me tem dado que pensar... Só esta incerteza me mata...

Desde que vi o tal sujeito lá entrar, fiquei sobressaltado e, desde logo, me tomei de cuidados por essa jovem que apenas vi uma vez, mas por quem sinto já uma grande afeição, um tal interesse, que só penso no perigo que a ameaça e, então, cogito dos meios de salvá-la.

— Mas, não será por certo de hoje para amanhã que hás-de descobrir quem seja o tal indivíduo; precisas ter um pouco de paciência e esperar outra ocasião; precisas, sobretudo, obrar com muita prudência.

— Tens razão, esquecia-me desta virtude essencial em todos os empreendimentos da vida.

— Ora graças a Deus que já raciocinas um pouco! Vamos, pois, jantar amanhã com a Condessa e depois ter-me-ás à tua disposição, seremos dois em vez de um a trabalhar para o mesmo fim.

— Queres então associar-te à minha obra?

— Porque não?

— E se sobrevierem consequências desagradáveis?

— Hei-de suportá-las com todo o prazer.

— Oh! obrigado... obrigado, meu amigo — disse Sulfiéri, apertando a mão de Natálio, com efusão. Agora, sinto-me com forças para o meu empreendimento... E, se formos mal sucedidos, restará o consolo de havermos defendido a virtude.

— Então, até amanhã...

E Natálio despediu-se do amigo.

VIII

Fernando, ao chegar a casa, recebeu das mãos de Francisco a resposta que tanto ambicionava. Ela, porém, longe de o tranquilizar, dando-lhe a certeza da posse, apenas lhe agradecia o interesse que tomara pela signatária, acrescentando que não poderia acreditar que um fidalgo da linhagem dos Lombardia se dignasse lançar suas vistas para uma pobre órfã e muito menos amá-la, como dissera em sua carta.

Via-se bem que os conselhos de Joana haviam calado no espírito da filha.

O amor próprio do fidalgo revoltou-se com aquela resistência e, depois de refletir no que cumpria fazer, decidiu procurar o tio, a fim de lhe tomar conselhos.

Nesse propósito, deitou-se, esperando o dia seguinte.

Francisco que, como portador da missiva, estava ansioso por saber o que a mesma continha, espreitava pela fechadura a fisionomia do amo e, pela sua expressão, compreendeu que a resposta não fora satisfatória; por isso, contra os seus hábitos, ao invés de entrar para saber se ele precisava de alguma coisa, retirou-se para o seu quarto, pé ante pé, a fim de não ser pressentido e evitando, assim, atrair as iras do amo.

Enquanto se despia, fazia as seguintes reflexões: — Que diabo lhe teria escrito a pequena? Hum... parece não ter sido boa coisa, porque o Senhor Marquês tinha uma cara de quem tomou purgante... Quanto mais se eu lhe dissesse que fui seguido até aqui... Então é que ficaria mesmo furioso... — Fêz uma pausa e prosseguiu: — Mas, quem será aquele tipo que me seguiu? Algum rival? Mas neste caso, vendo-me entrar aqui, já deve saber com quem tem de se explicar... O pior é se ele me tomou pelo próprio Marquês... Como descalçarei esta bota?... Estou em maus lençóis... principalmente se o dito é algum fidalgo... Não, Francisquinho, isto não vai bem; precisas abrir os olhos... O Senhor Marquês que se avenha com o tal gajo.

No dia seguinte, muito cedo, já Fernando estava de pé. O próprio criado se admirou de vê-lo acordado tão cedo; mas, temendo ainda uma explosão de cólera, nada disse, limitando-se a arrumar o quarto e, de vez em quando, lançava olhares perscrutadores ao amo, para ver se descobria alguma coisa. Acabou por convencer-se de que a fisionomia estava pior que na véspera, parecendo que o amo não tinha dormido.

Terminada a arrumação, já se dispunha a sair, quando Fernando lhe disse:

— Vou sair e, se meu pai perguntar por mim, diga-lhe que não me espere para almoçar.

— Sim Senhor.

Fernando, já vestido, tomou da espada e do chapéu e saiu.

Todos no palácio ainda dormiam.

Francisco acompanhou-o com a vista, dizendo com os seus botões: Aonde irá a estas horas?

Fernando se dirigiu à casa de Luís, sem ter, no entanto, esperança de o encontrar; e, sendo ainda muito cedo, pervagou sem saber o que fazer, nem que destino tomar. Lembrando-se que fora a essa hora que vira Eleonora pela primeira vez, resolveu passar-lhe pela porta, embora se sentisse ainda ferido no seu orgulho. Havia uma coisa que o arrastava para ali.

À proporção que caminhava, ia pensando: — quem sabe se, como naquele dia, não irá hoje às compras e não terei o prazer de vê-la e mesmo falar-lhe? Talvez pudesse obter uma palavra, qualquer coisa saída de seus lábios...

Na verdade, assim é; tanto mais difícil uma coisa, mais a desejamos e, assim, nos atiramos contra os maiores obstáculos. Se é a mulher que cobiçamos, o desdém e o desprezo só servem para mais aguçar nosso desejo. E isso acontecia a Fernando, o despeito aguçava-lhe o desejo de tornar a ver aquela que lhe parecia não corresponder, como devia, aos seus galanteios.

Assim, foi-se encaminhando em direção à moradia dela.

Com efeito, Eleonora, tendo na véspera combinado com Maria irem juntas às compras, saía no momento exato em que Fernando passava diante de sua casa; vendo-o, sentiu um calafrio percorrer-lhe todo o corpo e, tomando a mão da amiga, apertou-a com força. Maria, compreendendo haver algo de anormal, voltou-se e Eleonora lhe indicou com os olhos o moço que passava; a companheira logo compreendeu que era a pessoa de quem lhe havia falado.

Sofrendo do mesmo mal, elas se compreendiam perfeitamente.

O fidalgo passara por elas e caminhava um pouco à frente, sem no entanto ver o que elas faziam; ao defrontar a igreja de Santa Clara, entrou, a fim de permitir que passassem, pois preferia acompanhar, antes que ser acompanhado.

As duas amigas, ao invés de seguirem, entraram também no templo e deram com ele perfilado junto à porta, a olhar para a rua. Maria fitou-o com curiosidade, enquanto Eleonora, de olhos baixos, fingiu não o conhecer.

Fernando, a quem a curiosidade de Maria não passara despercebida, não se conteve e perguntou:

— Então, Senhorinha, duvida da sinceridade do meu amor?

Eleonora não pôde responder, tal a comoção que experimentava. Aproximou-se da pia de água-benta, mergulhou os dedos maquinalmente e persignou-se.

— Uma palavra ao menos — insistiu Fernando —; não vê que se não fôsse sincero não estaria aqui neste momento?

— Senhor!... — disse Maria, que julgou necessário intervir, atento o embaraço da amiga — não vê que ela está comovida e por isso não lhe pode responder?

Eleonora sentiu-se reanimada com as palavras da amiga e, erguendo a fronte, lançou a Maria um olhar de agradecimento; depois, voltando-se para Fernando, disse quase imperceptìvelmente.

— Desculpai-me, mas não posso crer no seu

amor... bem vê que uma distância enorme nos separa...

— Que importa isso? — o amor não mede distâncias e eu amo-a, creia.

— Quisera acreditar, mas...

— Mas... conclua...

— Já disse o que tinha a dizer; peço-lhe, se é verdade o que diz, faça por esquecer-me, porque nada pode haver de comum entre nós.

— Porque, minha Senhora?

— Porque... porque o Senhor é rico e nobre e... eu plebeia e pobre... Já vencida pela comoção, Eleonora debulhou-se em lágrimas.

— Basta, Senhor — interveio Maria — não vê que a está torturando? Vamos, minha amiga — e tomando o braço de Eleonora, atraiu-a para si.

— Sim, dizes bem, vamos orar... Encaminhou-se para o interior do templo, ajoelhando junto ao altar mor e aí permaneceu em oração.

O seio do Criador é o refúgio dos que pecam e dos pobres deserdados da sorte; depois da prece, sentimo-nos reconfortados, como se um bálsamo suavíssimo descesse do alto a amenizar nossas aflições.

Fernando acompanhou-as com a vista: — Qual! esta comoção, estas lágrimas... exprimem alguma coisa... ama-me, com certeza, mas não quer ser minha amante... ah! — mas eu jurei que seria minha e há-de ser. — Um gesto de ameaça acompanhou essas palavras.

De modo que, nem a santidade do lugar, nem a modéstia e virtude daquelas duas criaturas imbeles o comoveram, fazendo-o desistir dos seus propósitos.

E' que a maldade havia já criado fundas raízes no seu coração, insensível à dor e às lágrimas.

As duas moças, após a prece, levantaram-se e caminharam para a rua. Eleonora, sentindo-se mais confortada, caminhava com firmeza. Ao passar por Fernando, baixou os olhos.

Este, que um só instante não tinha desviado dela o seu olhar, disse, fitando-a com mais intensidade:

— Fique certa, Senhorinha, que jamais a esquecerei.

Eleonora não respondeu e as duas seguiram, tomando a direção da feira.

O fidalgo acompanhou-as até à porta, onde parou, olhando-as pelas costas; depois, tomou rumo oposto.

Foi Maria que, após haverem caminhado um pouco, olhou para trás a ver se ele as seguia e, nesse momento, teve um sobressalto e, por sua vez, apertou o braço de Eleonora; esta, que também estava curiosa de saber se era seguida, olhou também e, vendo Maria extremamente pálida, inquiriu:

— Que tens? Estás tão pálida!

— E' ele. Não o viste?

— Quem? O Marquês?

— Não — disse, apertando-lhe o braço, com mais força —, ele...

Eleonora olhou de novo e foi então que viu alguém a falar com Fernando, reconhecendo o moço que haviam visto no dia da missa.

Era, com efeito, Sulfiéri que, à hora aprazada, dirigia-se à casa de Natálio, mas, lembrando-se de Eleonora, viera passar-lhe à porta, na esperança de a ver ainda uma vez. Encontrando-se com Fernando que caminhava em sentido contrário, cumprimentou-o. Este correspondeu friamente, seguindo cada qual o seu caminho.

Quando se haviam distanciado, Sulfiéri, que seguia na mesma direção delas, reparou nas duas moças que iam à sua frente, reconhecendo-as.

O encontro delas e de Fernando, naquelas proximidades, fêz que tudo se aclarasse em seu espírito; para ele, desde aquele momento, não houve mais dúvida de que Fernando fôsse o embuçado que vira na noite anterior, pois, àquela hora, nada o levaria a andar por aqueles sítios. No entanto, para este, todo entregue aos seus planos de sedução, o encontro não teve outra significação que a de um capricho do artista.

Satisfeito com a descoberta, mas com o coração opresso de angústia por ver confirmada a sua desconfiança, Sulfiéri apressou o passo, indo alcançar as duas jovens próximo à feira.

No momento em que se aproximavam da barraca da Conceta — já conhecida dos leitores —, enquanto Eleonora se dirigia à mercadora, Maria observava-o. Por sua vez, ele reparou no interesse com que ela o fitava, e, só então, demorou suas vistas nela, examinando-a com atenção.

Maria, como já tivemos ocasião de descrever, era uma organização robusta, tipo de mulher heróica; seu olhar denotava intrepidez; o rosto não tinha a expressão meiga e terna de Eleonora; serviria mais, como modelo, para representar Diana — a caçadora; com os cabelos negros caídos nas espáduas, sobrancelhas espessas, nariz grego, formava um tipo completamente diferente, simpático para quem fôsse apreciador desse gênero feminino. Para Sulfiéri, porém, poeta, admirador do belo angelical, o seu todo não lhe podia influenciar o espírito; por isso, não se demorou muito na análise, desviando dela os olhos, para mais uma vez fixá-los em Eleonora.

Maria, que começara a alegrar-se por estar sendo alvo dos seus olhares, tornou-se triste ao ver que ele pouco se demorara a contemplá-la e deixou escapar do peito um profundo suspiro.

O nosso poeta parara noutra barraca, próxima à de Conceta, e procurara matar o tempo examinando os objetos expostos, como se estivesse com a intenção de os comprar, e dali lançava, de quando em vez, suas vistas para Eleonora que, absorta também nos seus pensamentos, nem se apercebia que estava sendo alvo dos olhares do jovem. Foi Maria quem chamou a sua atenção para ele e, então, por sua vez, o fixou também, analisando-o.

Sulfiéri era um rapaz elegante, mas de compleição mais franzina que Fernando; nesse dia, estava um tanto pálido, pelas insônias das últimas noites; vestia um gibão cor de vinho com fofos de cetim azul, gravata de renda creme, bombaixas cor de vinho, com fofos azuis, e calças de meia também azul, sapatinhos de entrada baixa com laço de fivela.

O rosto era amorenado e oval; tinha bigodes e pera pretos, cabelos anelados e abundantes, enroscando-se em torno de um gorro cor de vinho, no qual tremulava linda pluma também azulada; seu olhar sereno e terno, deixando transparecer a beleza moral do seu espírito, seria atraente à própria Eleonora, se o seu espírito e o coração não estivessem já escravizados à pessoa do moço fidalgo; por isso, pouco se demorou na sua contemplação. Para ela já não havia outra criatura que preenchesse as qualidades que encontrara em Fernando, e seus olhares recaíram na amiga, que continuava a olhá-lo, mas com uma expressão de tristeza e melancolia indescritíveis.

Eleonora compreendeu quanto ela sofria por ver que toda a atenção do rapaz visava à sua pessoa e compreendeu que a amiga estava deveras enamorada, e esse amor, tão sincero e veemente, não era correspondido. Um sentimento de piedade encheu-lhe o coração e disse consigo mesma: popre Maria!... sou eu o móvel inconsciente de tudo isso. Como minorar-lhe os sofrimentos? Não o sabia, mas envidaria esforços para isso...

— Então não compras nada? — perguntou.

— Que hei-de comprar — respondeu Maria, como que despertando de um sonho.

— O que disseste precisar.

— Ah! sim, nem mais me lembrava.

— Como está essa cabeça!... Anda, que já se vai fazendo tarde.

— Sim, vamos — disse Maria — aqui não há o que eu quero.

— O que me parece é que já não sabes o que queres e, neste caso, é melhor mesmo regressarmos.

— Não; vamos dar uma volta, talvez encontre o que desejo — e, dando o braço à amiga, afastou-se da barraca, passando rente a Sulfiéri, que ouvira perfeitamente o curto diálogo e ficara deslumbrado com o timbre da voz de Eleonora, parecendo-lhe um canto de fada.

À proporção que se distanciavam, ele as seguia com a vista e, como tivesse escolhido algumas frutas, pagou-as e foi no encalço das duas moças.

Maria sentia algo que não sabia definir: ao mesmo tempo que queria voltar para casa, tinha vontade de ficar, a fim de, por mais tempo, contemplar o rosto de Sulfiéri. Era como essas pessoas que, gostando de uma fruta, a saboreiam mesmo sem estarem de todo sazonadas; ou como o alcoólatra que se delicia com a bebida que aos poucos lhe corrói as vísceras; sim, ela sentia o sabor agridoce de contemplar a criatura amada, embora sabendo que esta lhe não dava importância alguma.

Ao espírito observador de Sulfiéri, aquele estado de perturbação não passou despercebido, mas sua atenção estava toda voltada para Eleonora e não se deu ao trabalho de procurar-lhe a causa; seguiu-as de longe, parando a cada passo que elas o faziam, até que, ao se encaminharem para os lados onde moravam, ele retrocedeu em direção à casa de Natálio.

Este já o esperava ansioso e, quando o avistou, correu-lhe ao encontro, dizendo:

— Oh! sê benvindo, estava mesmo a pensar em ti.

— Pensando em mim?

— Sim, porque pensava na tua empresa e pensar nela é o mesmo que pensar em ti.

— Ah! a minha empresa!... já não há muito o que pensar.

— Porquê?

— Porque já sei o que queria saber.

— Já?... tão depressa! És um homem extraordinário!

— Não, meu amigo, foi o acaso que veio em meu auxílio.

— E' verdade que o acaso, às vezes, tem caprichos bem curiosos! Ora, conta-me lá como isso foi.

— Eu te conto: — Como bem podes imaginar, ainda esta noite não tive sossego; pouco pude dormir e, muito cedo, estava de pé; meu primeiro pensamento, já sabes, foi para a minha deusa. Como tinha de vir para aqui, lembrei-me de passar-lhe à porta e, meu amigo, que bela inspiração! pois, graças a isso, consegui o que queria.

— Mas, afinal, que foi e como foi que conseguiste? Descobriste alguém?

— De fato.

— O Marquês?

— O Marquês...

— Mas onde? Como?

— Muito perto da sua casa. O Marquês... Sem tirar nem pôr.

— Muito perto da sua casa.

— Que me dizes?

— A verdade, meu amigo; encontramo-nos no mesmo local e ela devia ter cruzado com ele, pois ia à feira juntamente com uma outra.

— Então já se vê que também foste à feira.

— Fui, mas... — disse suspirando — receio ter chegado tarde.

— Porquê?

— Porque ela não me ligou muita importância e até procurou esquivar-se.

— Mas é a segunda vez que a encontras e não há razão para desanimares.

— Não, não desanimo, tanto mais que é no sentido de a salvar que assim procedo.

— Sim, deves prosseguir, porque é meritória a tua ação. Agora, vamos almoçar e depois de descansar um pouco partiremos. E os dois amigos foram para a mesa.

IX

Como dissemos, Maria e Eleonora haviam seguido em direção a casa, cabisbaixas e mudas como duas peregrinas num deserto... e se não tinham, com efeito, o deserto em torno delas, tinham-no sem dúvida em seus corações.

Maria sentia fugir-lhe a esperança, enquanto Eleonora, sabendo-se a causadora de seus males, procurava, em vão, o meio de lhe minorar os sofrimentos.

Foi Maria quem quebrou o silêncio.

— De fato, tinhas e tens razão e não podes imaginar quanto me sinto pesarosa com isso... Sou muito infeliz...

— Então, minha querida, não tinha eu razão, outro dia, quando dizia que era para você que ele olhava e não para mim?

— Infeliz!... por seres amada por dois? Oh! não digas semelhante coisa.

— Repito: muito infeliz, por que tu amas sem esperança, enquanto que eu não posso amar dois ao mesmo tempo, e, ainda amando, um, concorro para a desgraça de dois.

— Como assim.

— Pois não sabes que amo o Marquês? Amando-o, é claro, não posso amar a outro. Se o outro com efeito me ama, não pode amar-te e és desgraçada porque o amas e, não o amando eu, faço-o também desgraçado. Que triste sorte a nossa, Maria!...

— Bem triste — balbuciou esta, quase sufocada pelos soluços.

— Mas, para que havemos de estar cuidando do futuro? — disse Eleonora — O futuro a Deus pertence!... Deixemos de parte estas coisas. Quem sabe o que nos reserva o dia de amanhã. As aparências iludem e o que dissemos até agora não passa de conjeturas. Confiemos na Divina Providência e esperemos.

Assim discorrendo, chegavam a casa e emudeceram, procurando cada qual dar à fisionomia uma aparência de tranquilidade, que estava longe da realidade.

À porta, separaram-se, indo cada uma para sua casa; ao entrar, porém, a mãe de Maria reparou que ela não trazia o que pretendia comprar e, notando-lhe a vermelhidão dos olhos, interpelou:

— E as compras, Maria?

— Esqueci-me...

— Esqueceste-as onde?

— Esqueci-me do que precisava comprar.

— Ora esta! — Então onde tens a cabeça?

— Nem sei, minha mãe.

— Estás doente? Aconteceu-te alguma coisa?

— Não senhora, nada; foi uma distração.

— Valha-me Deus!... E esses olhos vermelhos... Choraste?

— Não senhora, foi um cisco que me caiu nos olhos.

— Então, avia-te, vai ver o que é preciso e volta à feira.

— Sim, Senhora — disse, encaminhando-se para o interior da casa.

Sua mãe, depois de segui-la com a vista, disse consigo mesma: — Aqui anda coisa... há já uns dias que lhe noto uns modos esquisitos.

A seu turno, também Maria refletia: — Que será de mim, meu Deus? se assim continuo, perco a cabeça.

Eleonora, ao entrar em casa, não ia menos preocupada, mas conseguiu disfarçar, de modo que sua mãe nada percebeu. Logo porém que se viu só no seu quarto, deixou-se cair numa cadeira, completamente abatida, e assim monologava: «Que fazer? Como minorar os sofrimentos da Maria?... Agora, mais que nunca, era necessário ampará-la...

votar-se a ela, distribuindo-lhe um pouco dos seus cuidados... alentá-la com as suas palavras... prodigalizar-lhe carinhos... Pobre Maria! tão boa e tão infeliz!... Ah! se eu pudesse conseguir que ele me detestasse... talvez sentisse alguma simpatia por ela — deteve-se por algum tempo e depois prosseguiu: — sim, fá-lo-ei... Ele não me fêz mal algum, mas em benefício de Maria tudo farei... sim... Até hoje, tenho-me limitado a não ligar importância ao que me dizem; nunca respondi mal a ninguém, mas agora há necessidade, porque só assim ele me deixará... achar-me-á grosseira e má e suas atenções se voltarão para Maria; reconhecerá que ela é boa, terna e carinhosa, e, se com tudo isso nada conseguir, dir-lhe-ei francamente que ela o ama, enquanto que eu não o posso amar, que meu coração já não me pertence. — E seu pensamento voou logo para Fernando, permanecendo algum tempo numa espécie de êxtase, a revê-lo como ainda há pouco. Depois, disse: — sim, já não me pertenço, porque o amo, a ele... a ele só e, se é verdade o que hoje ouvi de seus lábios, oh! como serei feliz!... Sim, porque não assim? E eu que o tratei tão severamente!... mas, não, cumpri apenas um dever... Mamãe assim me aconselhou e, assim procedendo, sou-lhe obediente... Depois, é só ela que me resta nesta vida, que me ampara e me dá forças; portanto, não devo dar-lhe desgostos...

Depois, erguendo os olhos, disse com emoção: — «Oh! meu bom pai, tu que tanto sofreste neste mundo, deves por certo estar gozando da vida eterna... Pede a Deus por mim, pai, e, se algum dia eu tiver de dar um desgosto a minha mãe, leva-me para junto de ti...»

Triste ilusão de quantos, educados nos preceitos romanos, pensam que as almas, quando felizes, podem impedir as provações dos que ainda se acham imersos neste vale de lágrimas!... As leis de Deus — repetimos — são eternas e imutáveis: — aquele que veio a este mundo para sofrer as consequências de suas faltas, só pelos próprios esforços pode minorar esses sofrimentos; nenhum outro ser, por muito bem colocado que esteja no mundo espiritual, poderá embargar ou minorar as provações. Se assim não fora, onde estaria o mérito de cada um? Onde a Justiça Divina?

Não — «a cada um segundo suas obras» — disse o Senhor Jesus — e, por isso, se a filha tinha de passar por essas provações, não seria o espírito de Chiapparélli quem, do lugar onde se achava, poderia impedi-lo.

Todavia, Eleonora depois dessa invocação se sentiu reanimada e resoluta.

O dia correu sem nenhum acidente e à noite Maria veio fazer-lhe companhia.

Conversavam sentadas junto à janela do quarto, quando viram passar Fernando e o tio, que elas ainda não conheciam.

Fernando, tendo contado ao tio o episódio da manhã, fora por este concitado a redobrar de esforços, porque, dizia, a resistência da moça não era mais que um artifício para dar-se certa importância; que não devia deixar-se levar por fictícias virtudes. O rapaz, cuja índole era em tudo semelhante ao tio, acatou-lhe os conselhos e nessa disposição viera cruzar-lhe à porta.

Luís o acompanhava não só para conhecê-la como para animar o sobrinho com sua presença, pois receava não tivesse ele a precisa ousadia.

— Quem será aqueloutro que o acompanha? — disse Maria.

— E' a primeira vez que o vejo, respondeu Eleonora.

— Parece fidalgo também.

— Pelos trajos, com certeza — e Eleonora debruçou-se à janela para vê-los melhor.

Fernando havia-se voltado nessa ocasião e, vendo-a, chamou a atenção de Luís, que, por sua vez, voltou-se e ficou deslumbrado.

— Homem! é realmente uma beleza de mulher!

Mas que mania a tua de gostar das louras! Já a Dulce é loura também.

Dulce era a última amante de Fernando.

— E' uma mania como outra qualquer. E tu, porque gostas da de Ferrara? Não será por ser quase loura?

— Ah! a Duquesa é um tipo pouco comum, e, depois, por ser um tanto romântica a sua vida, eu quisera entrar no enredo da sua história, mas...

— Mas... o quê? Já perdeste a esperança?

— Não de todo; mas o último encontro me demonstrou que não é tão fácil entrar na cidadela.

— E não sabes porquê?

— Ora, dizem tanta coisa, que não sei o que deva acreditar.

— Mas, o que se não diz é que ela está apaixonada por Sulfiéri... isto é, por suas belas qualidades.

— Também já ouvi falar nisso, mas não dei muito crédito.

— Pois não viste, na noite do baile, como lhe prestava todas as atenções?

— Homem, tudo aquilo me pareceu muito natural: era a primeira vez que ele ia ao palácio e daí o dever de tratá-lo daquela forma.

— Quanto a isso não, porque havia lá outros nas mesmas condições e que não lograram o mesmo acolhimento.

— Então, será. Essas mulheres, às vezes, têm caprichos bem extravagantes.

— Pois posso afiançar-te que é verdade o que por aí se murmura.

E ele se fêz seu amante?

— Dizem que não e daí a retirada para o campo.

— Bem se vê que é um tolo, o tal Sulfiéri. Eis no que dão os estros poéticos! Na verdade, não vale a pena ser poeta.

— E eu que não o tenho visto!

— Pois olhe que ainda hoje o encontrei.

— Onde?

— Aqui mesmo onde nos achamos.

— Aqui, nesta rua? Também não admira, pois ele chega a perambular pelos campos, segundo dizem, à cata de inspiração.

Com certeza, hoje veio inspirar-se por estas bandas.

— Talvez.

— Toma sentido: se ele vê a tua odalisca e se apresenta candidato, hein?...

— Não, aqui não há-de ser como lá no palácio da Duquesa. Aqui eu tenho a primazia, e, se ele quiser disputar-me, há-de ser pelas armas... cruzaremos as espadas.

— Ora, aí está uma coisa que eu desejaria ver, só para valorizar a tua estreia.

— Pois olha que também não o desejo menos, acredita.

Assim discreteando, tio e sobrinho haviam caminhado até às proximidades da praça onde se realizava a feira, e Luís, fiel aos velhos preconceitos, parou, dizendo a Fernando:

— Realmente, viemos dar em sítios nada condignos da nossa classe.

— Na verdade, está bem escura a noite e isto por aqui é um tanto tenebroso. Se tens aonde ir, vai, porque eu quero ver se consigo falar à pequena.

— Tenho, sim; mas se te deixar és capaz de não acabares com isso ainda hoje.

— Não te aflijas que estou decidido a levar de vencida o baluarte.

— Bem, então até logo — disse Luís afastando-se.

— Até logo — respondeu Fernando.

O que se passou nessa noite os leitores terão ocasião de saber mais para diante.

X

O Castelo da Condessa de Palmieri era situado

próximo da Aldeia de Nola, quatro léguas distante de Nápoles. Rodeado de árvores seculares a cavaleiro de um promontório, suas torres elevam-se acima das copas do arvoredo, de modo que das janelas ogivais podia-se, a olho nu, descortinar a estrada numa grande extensão, bem como os povoados circunvizinhos.

Caía a tarde por toda a planura, as cravinas e gerânios abriam as corolas aos bafejos da brisa sussurante e nessa imensidade via-se ao longe, sob um fundo veronese, a curva enorme e desproporcionada dos cerros cortando o horizonte em debuxos poliformes, a formarem arquiteturas inverossímeis, de uma confusão onírica.

Os telhados avermelhados da aldeia coruscavam em revérberos de incêndio sob o esplendor moribundo do astro-rei!

As choças campesinas semelhavam blocos de mármore vermelho sob o prisma de uma lente de coral.

E nesse horizonte de fogo, a torre branca da igreja parecia uma coluna de fumo a espiralar de uma fogueira!

Aqui e ali, viam-se esvoaçar as pombas e as andorinhas, que, depois de adejarem, vinham pousar nas ameias do Castelo, onde, numa das ogivas, podia entrever-se um busto juvenil.

Era Aristeia, que, ansiosa pela chegada de Natálio, tomara a resolução de subir a uma das torres, a fim de ver se dali avistava o cavalheiro por quem lhe palpitava o coração.

À medida que as horas corriam, ela sentia mais e mais as ânsias da saudade arfarem-lhe o peito, e o olhar se estendia ao longo da estrada, abrangendo com o pensamento a distância que a separava do seu amado e que a vista não podia alcançar.

Como lhe parecia longa a expectativa! Cada minuto que passava era como se fora um século. Vendo escoar-se assim o tempo, sem lobrigar ao longe um cavalheiro que denunciasse na aparência o ente amado, sentia certa tristeza invadir-lhe a alma, e já começava a impacientar-se; então, para distrair, olhava os campos onde, por toda parte, se viam lavradores trabalhando a terra para lhe tirarem o pão da vida.

De repente, a fronte se desanuviou, dos lábios lhe aflorou um alegre sorriso, quando, ao longe, numa volta do caminho, viu surgirem dois cavaleiros envoltos num turbilhão de pó; e, conquanto não pudesse logo reconhecê-los, o coração lhe dizia serem os esperados.

As plumas dos gorros agitadas ao vento pareciam dizer aos habitantes do Castelo que eles não tardariam a chegar.

Aristeia volveu-se para o interior da torre e não tardou que um outro busto feminino aparecesse à mesma janela.

Era a Duquesa de Ferrara, que, chamada, vinha também apreciar o belo espetáculo.

Então Aristeia, com o braço estendido, apontava ao longe os dois cavalheiros que aproximavam.

Vendo dois, em vez de um, como esperava, de Ferrara perguntou:

— Quem será o outro que acompanha o Senhor Natálio?

— Ignoro-o — respondeu Aristeia, disfarçando —, contava que ele viesse só.

— Diz-me o coração que um deles é Natálio e não tardará que nos certifiquemos, pois, na disparada em que vêm, não levarão um quarto de hora a chegar.

Com efeito, decorrido esse tempo, os dois cavaleiros penetravam os domínios do Castelo.

De Ferrara, ao reconhecer o companheiro de Natálio, quase desmaiou; fechou os olhos, levando a mão ao coração, e teria caído se Aristeia não a amparasse. Passada, porém, a comoção, disse com voz sumida:

— Ele! ele aqui!... Oh! sinto-me sem forças...

— Mas, que é isto?! — que tens minha amiga?

Não te agrada a presença do Cavalheiro Sulfiéri?

— Oh!, sim, mas... Escuta... nunca te disse a verdadeira causa dos meus sofrimentos; mas agora que estamos sós eu te digo: amo-o... amo-o... mas de maneira que nunca pensei amar alguém... procurei esquecê-lo e não pude; o que fiz foi aumentar mais meus sofrimentos. Bem vês a que estado cheguei... mas, não posso, não devo amá-lo, porque sou casada e ele jamais me corresponderia.

— E' o único homem a quem amas?

— A ninguém, jamais, amei.

— E teu marido?

— Estimo-o e prezo-o como se fora meu pai, mas nunca o amei; casei-me por conveniência.

— Então, avalio os teus sofrimentos, minha amiga... deves ter padecido muito.

— Oh! tu nem podes imaginar.

— Pois eu jamais me casaria por conveniência. Se não me casar com o Cavalheiro Natálio, não me casarei com mais ninguém.

— Fazes bem. Louvo o teu procedimento, porque, se tivesse procedido assim, não estaria hoje sofrendo como sofro.

— Bem, desçamos que eles já aí estão.

— Não, eu fico ainda. Peço-te que não fales na minha pessoa, ouviste?

— Pois queres ficar aqui sòzinha? Não, não consinto... Depois, se o amas, deve ter prazer em vê-lo. Vamos, anda daí.

— Pois bem, vou, mas peço-te não reveles este segredo a ninguém.

— Descansa, saberei guardá-lo.

Nossos leitores já sabem que isso não era segredo para ninguém; mas quem ama fica de tal modo embevecido, a ponto de esquecer que o mundo existe; não repara que é observado pelos demais, e aquilo que se supõe estar ainda em sègredo, é já do domínio público.

As duas amigas, de mãos enlaçadas, desceram as escadas da torre.

Retrocedamos um pouco.

Natálio e Sulfiéri, depois do almoço, para matarem o tempo começaram a conversar e a conversa recaiu no ponto já sabido: Eleonora — Fernando. As horas passaram sem que o percebessem, de modo que já era duas horas quando foram interrompidos pela criada a perguntar se devia mandar levar os cavalos selados de manhã. Só então se lembraram do compromisso e, montando imediatamente, partiram a galope em direção ao Castelo.

Tinham de vencer a distância de quatro léguas e não queriam chegar à noite, pelo que se apressaram. Ao chegarem a certa distância e quando já avistavam as torres, divisaram os dois vultos femininos em uma das janelas e Sulfiéri perguntou quem poderia ser a companheira de Aristeia. Natálio, que sabia da presença da florentina no Castelo, mas fora prevenido para guardar segredo, respondeu evasivamente, dizendo que talvez fôsse alguma amiguinha da castelã.

Ao chegarem mais próximo e antes mesmo de transporem o parque, ele a reconheceu, mas, vendo o seu abatimento, compadeceu-se dela.

Logo que apearam, apresentou-se um palafreneiro que guiou os animais à cavalariça.

Os dois rapazes, ao transporem os umbrais viram caminhar-lhes ao encontro um velho criado que os convidou a subir, pois as senhoras já lá estavam à sua espera.

Subindo a larga escadaria de mármore, os nossos amigos acharam-se num vasto salão aclarado por oito janelas ogivais e todo atapetado. Os móveis eram dourados, com estofos de damasco azul e franjas douradas; galerias com sanefas da mesma cor guarneciam as janelas, de onde pendiam cortinas de renda finíssima; nos vãos das janelas viam-se retratos a óleo, em tamanho natural; eram todos antepassados de Aristeia.

Os recém-chegados não tiveram tempo de examinar os objetos que os rodeavam porque, quase logo, se abriu de par em par uma porta e apareceu Aristeia, sorridente, a dizer-lhes:

— Sejam muito benvindos.

— Boa tarde Senhorinha — responderam ao mesmo tempo.

— Queira desculpar-me o pequeno atraso, pois eu queria trazer este amigo e não foi fácil arrancá-lo à sua apatia para que viesse, certo de que com isto vos daria prazer.

Aristeia, estendendo a mão a Sulfiéri, disse:

— Então não queria dar-nos o prazer de sua visita? Bem sabe quanto o apreciamos. Depois, um passeio ao campo é sempre agradável, tanto mais a quem é devoto da Natureza. Por outro lado, se tem alguma coisa que o acabrunhe, creia que estes ares também lhe serão benéficos.

— Ao contrário — obtemperou Sulfiéri, inclinando-se — sinto imenso prazer em vir a este Castelo, onde, na paz das fragrâncias embriagadoras do ambiente que aqui se respira, se deve desfrutar uma paisagem magnífica. Natálio exagera, eu não estou assim tão apático como diz.

— Vossas feições, no entanto, denotam certo sofrimento moral, e demonstram ter razão o seu amigo.

Natálio sorriu...

Aristeia, sempre que falava ao namorado diante de outra pessoa, tratava-o cerimoniosamente. Vendo as feições abatidas de Sulfiéri, coligiu que seria por causa da Duquesa de Ferrara e alegrou-se pensando satisfazer aos desejos de ambos, quando pediu a Natálio que o trouxesse consigo.

Sabemos que o mal de Sulfiéri tinha outra causa e, portanto, não era esse o remédio que lhe convinha.

Depois dessa conversa, convidou-os a passarem aos aposentos da velha Condessa, pois queria apresentá-los.

A Duquesa de Ferrara achava-se junto da matrona e, vendo-os entrar, empalideceu, mas fêz um esforço e conseguiu disfarçar a emoção.

Depois dos cumprimentos, Aristeia disse:

— Minha mãe, apresento-lhe os Cavalheiros Natálio e Sulfiéri, que vieram hoje dar-nos o prazer de jantar conosco. — Voltando-se para eles: — Cavalheiros, apresento-lhes a Condessa de Palmiéri, minha mãe.

— Senhora Condessa — disseram ao mesmo tempo os dois cavalheiros inclinando-se — temos a honra de vos conhecer.

— Sejam benvindos a este solar — disse a Condessa — depois, voltando-se para a De Ferrara, disse, dirigindo-se a Natálio:

— Aqui a minha amiga já me havia falado a vosso respeito, Cavalheiro...

— Agradeço-vos Senhora Duquesa, o interesse que tomou por minha pessoa.

— Não tem de que agradecer-me, não fiz mais do que um dever, dizendo a verdade. Artistas como vós, recomendam-se pelo talento — e lançou a Sulfiéri um olhar cheio de amor.

Este compreendeu a alusão e retribuiu com um olhar compassivo.

Seu coração sensível apiedava-se dos sofrimentos da Duquesa, mas nada mais podia dizer-lhe, por estar sofrendo também do mesmo mal.

— Minha mãe — continuou Aristeia —, aqui o Cavalheiro (apontou Sulfiéri), além das qualidades morais que possui, cultiva também a música e a poesia.

— Ah! — disse a Condessa — então me alegra extremamente a visita, porque assim terei ocasião de me distrair um pouco, ouvindo-o recitar algumas de suas belas produções.

— Minhas produções não têm valor algum artístico, mas, para distrair V. Excia., procurarei revesti-las das pompas que encontro no seu lar, inspirando-me nas suas virtudes.

— Vejo que é **lisonjeiro**...

— Não, Senhora Condessa, primo antes no dizer a verdade.

— Sempre o conheci assim — aventurou-se Natércia a dizer.

— Minha filha, vai aqui com a nossa amiga mostrar-lhes o Castelo. Queiram desculpar não os acompanhar, estou velha e cheia de achaques; de Ferrara fará as minhas vezes.

— Oh! Sra. Condessa, com todo o gosto — respondeu Natércia, erguendo-se.

— Vai, minha filha, com a nossa amiga.

— Sim, minha mãe — e dirigindo-se a Natálio, ofereceu-lhe o braço, que ele aceitou gostosamente.

Ao mesmo tempo, Natércia se dirigia a Sulfiéri, convidando-o a fazer o mesmo; e assim os dois pares, um após outro, saíram dos aposentos da velha Condessa, que os acompanhou com a vista, dizendo consigo mesma: — Minha filha não teve mau gosto... depois, já estou às portas da morte e ela precisa do amparo de um homem que a ame e concorra para sua felicidade... Meu irmão é que lhe tem uma certa aversão, por ser pobre... um artista... mas, que importa se é nobre de sentimentos, segundo me disse Natércia? Depois de uma pausa, continuou: — o que eu desejo é a felicidade de minha filha; ela ama-o e é amada, portanto, que sejam felizes.

Chegados ao salão, Aristeia começou por apresentar a Natálio os seus antepassados, mostrando-lhe os retratos e contando mais ou menos o que sabia da vida de cada um, desde os mais remotos até o mais recente, que era o de seu pai; neste demorou-se mais, pois tinha presente na memória os dias felizes que passara a seu lado, as viagens que juntos fizeram, sendo ela ainda uma criança.

Essas recordações são sempre gratas àqueles que amam sinceramente e, por isso, Aristeia, ao rememorar os fatos ocorridos com ela, em companhia do genitor, sentiu-se sensibilizada e duas lágrimas furtivas vieram aljofrar-lhe as pálpebras.

Natálio viu-as e as compreendeu, porque disse:

— Amava-o muito, não é verdade?

— Sim, muito e era amada também... mas... ficamos aqui quando tanto temos ainda que ver? — e conduziu Natálio para outro salão.

Essas apreciações eram ouvidas também por Natércia e Sulfiéri, que, um pouco mais atrás, admiravam e comentavam aqueles espécimes da nobreza antiga que, com as suas couraças de aço, elmos à cabeça, dir-se-iam prontos a marchar para os combates.

Quando passavam a outro salão, Sulfiéri perguntou:

— Seu marido não está aqui também, Duquesa?

A esta pergunta inesperada, Natércia mordeu o lábio inferior, mas respondeu:

— Não, Cavalheiro, o Duque acompanhou-me até aqui, mas voltou para nossos domínios, a fim de concluir os contratos com os nossos rendeiros.

— Então é por isso que a vejo tão abatida...

— Talvez — disse, baixando os olhos.

— Ou está doente?

— Sim, de um mal incurável...

— Incurável... Ora, não diga isso. Porque não se trata?

— Impossível... não há remédio para o meu mal... E o Senhor que está também abatido, porque será? Terá também alguma enfermidade?

Sulfiéri, que ouvira de Aristeia essa alusão ao seu estado, ficou sem saber o que responder de pronto, porém disse:

— Enfermidade nenhuma, minha Senhora; é que tive estes dias um trabalho de imaginação, escrevendo até tarde da noite e, por isso, me vê assim, um pouco abatido; mas, com estes ares, amanhã estarei refeito, **no meu natural**.

— Deus queira que assim seja — respondeu Natércia um tanto pensativa.

Sempre conversando, percorreram todas as dependências do Castelo, passando depois ao parque e ao pomar, onde Aristeia mandou colher alguns frutos maduros, que iam saboreando pelo caminho.

De volta, sentaram-se num dos bancos de pedra do jardim que circundava o lago, onde, à sombra dos arvoredos, os dois namorados se entregaram a confabulações mais íntimas, revelando Natálio a paixão de Sulfiéri e as suas apreensões em relação a Fernando.

Sulfiéri, por sua vez, procurava distrair-se, conversando com a Duquesa, mas, de quando em vez, seu pensamento voava em busca de Eleonora e a fisionomia, a seu mau grado, tomava expressão melancólica, que ele procurava dissimular com esforço de vontade.

A Natércia, porém, que não se fartava de admirar-lhe o semblante, não passava despercebida aquela mudança de fisionomia e, espírito perspicaz, procurava traduzir os sofrimentos que o amarguravam.

Era quase noite quando tornaram ao Castelo. Aristeia, radiante de felicidade pelos momentos gozados ao lado de Natálio, que, por sua vez, se sentia jubiloso; Natércia com o coração cada vez mais ulcerado pela frieza com que Sulfiéri a tratava, e, mais ainda, pela suspeita que lhe trabalhava o espírito de ter uma rival.

Quando subiram, já a velha Condessa os esperava no salão. A seu pedido, Sulfiéri recitou uma de suas mais belas poesias, acompanhado na harpa por Aristeia, que, aliás, tocava admiràvelmente.

Ao terminar, foi efusivamente saudado pelas pessoas presentes, que bateram palmas; uma pessoa, porém, dir-se-ia sofrer, ouvindo-o recitar aqueles versos que não faziam alusão alguma à sua pessoa. Como se sentiria Natércia feliz, se ao menos ele volvesse os olhos para ela!... Mas, Sulfiéri nem de relance o fizera, seu olhar era vago, parecia embeber-se na imagem que tinha gravada no pensamento; e a Duquesa, que o amava, tinha ciúmes da criatura que não conhecia, mas que lhe roubara toda a entressonhada felicidade.

A Condessa também cantou e, com tal sentimento, que arrebatou o auditório, merecendo elogios de Sulfiéri e Natálio, que se sentiu transportado a outras regiões.

A velha Condessa ria-se de satisfação, vendo a filha elogiada por Sulfiéri, a quem considerava um ente superior.

Às sete horas, passaram-se para o salão de banquetes, onde lhes foi servido o jantar, que transcorreu alegremente, sendo servido vinho de Falerno e, por fim, um velho moscato, fazendo Sulfiéri a saudação à anfitriã, com os votos de completo restabelecimento.

Aristeia correspondeu à saudação e, por sua vez, saudou as belas artes, representadas ali nas pessoas dele e de Natálio.

Este saudou o Duque de Ferrara, ausente, na pessoa de sua esposa ali presente, o que esta, por sua vez, também agradeceu.

Por fim, Sulfiéri ergueu um brinde de honra à memória do Conde de Palmiéri e seus antepassados, enaltecendo suas virtudes cívicas e fazendo votos pela prosperidade daquele velho solar.

Terminado o jantar, foram-se novamente ao salão, onde se entretiveram em amistosa palestra até às dez horas, quando se despediram, indo para seus aposentos a velha Condessa, que os emprazou a repetirem a visita e assim alegrarem os seus dias de velhice e insulamento.

Os dois amigos foram acompanhados, até à entrada, pelas duas moças, trocando-se aí as despedidas.

Chegados à porta, já encontraram os animais, que montaram, voltando para Nápoles.

Quando já não ouviam mais o tropel dos animais, Natércia e Aristeia retornaram para junto da velha Condessa, e Natércia perguntou:

— Então, Condessa, que me diz destes Cavalheiros? Não gostou de Natálio?

— Gostei de ambos, são dois perfeitos Cavalheiros, não deixam nada a desejar; mas achei o Sulfiéri um tanto tristonho. Será o seu natural?

— Não, Condessa, é que em seu coração existe alguma coisa que o mortifica.

— Alguma paixão infeliz, talvez...

— Não sei bem, ao certo, mas desconfio... esses rapazes às vezes... — e Natércia soltou um suspiro.

— A Senhora acertou, mamãe — disse Aristeia — é isso mesmo; Natálio me contou.

— Ora, eu logo vi que havias de saber... estes namorados não têm segredos. — Revelam-se mùtuamente — disse Natércia, deixando escapar novo suspiro.

Aristeia compreendeu a alusão e apressou-se a responder.

— Nem sempre, minha amiga; há segredos de certa gravidade, que, nem mesmo àquele que amamos, é lícito revelar.

— Pensas muito bem, minha filha, assim deve ser e, se Natálio to revelou, é porque é uma coisa muito natural a paixão desse moço.

— Por certo, mamãe.

Aristeia pouco tinha dito, mas foi o bastante para aguçar a curiosidade de Natércia, que, após alguns instantes de conversação, chamou-a de parte, inquirindo do que se tratava; queria saber minuciosamente o que Natálio lhe confiara.

Aristeia contou-lhe tudo quanto sabia, sem nada omitir e, depois, cada qual se despediu e recolheu-se aos aposentos.

Que se passou no íntimo da Duquesa de Ferrara nessa noite? Que turbilhão de ideias lhe borbulharam na imaginação?

Não sabemos, a não ser que, manhã muito cedo, já estava de pé, a passear no jardim.

Não teria sequer dormido ainda?

Como sabê-lo? Todavia, instantes depois, um portador saía com uma carta para o Duque.

Aristeia levantou-se satisfeita, dir-se-ia haver sonhado toda a noite com a sua felicidade. Vendo já de pé a amiga, dirigiu-se a ela e, depois de a beijar, começaram a passear, conversando e aproveitando as primeiras horas da manhã, ali no jardim onde as flores desabrochavam aos raios do Sol.

XI

Algum dias após o que vimos de narrar, a Sociedade de Nápoles era surpreendida com a volta dos Duques de Ferrara, que abriam novamente os salões.

Não houve quem não comentasse essa volta súbita, pois todos supunham não rever tão cedo a sua rainha, como apelidavam a Duquesa.

Que teria ocasionado aquela tão brusca resolução?

Era a pergunta que se fazia em todas as rodas sociais, e cada qual procurava dar uma resposta a seu modo; mas todos se perdiam em conjeturas, porque a verdadeira causa só a conhecia a própria Duquesa.

Vimos com que curiosidade procurara identificar a paixão de Sulfiéri por essa mulher, cuja paixão para ele se tornara em sofrimento. Sabendo-o infeliz por ter um rival, concebeu a ideia de trabalhar para a sua felicidade!

— Mas... de que modo?

Seduzindo esse rival e, se fôsse preciso, perdendo-se mesmo, contanto que pudesse desviá-lo da mulher amada por Sulfiéri, para que este tivesse desbravado o caminho e lograsse, enfim, a felicidade almejada.

E, na sua ideia de sacrifício a favor do bem-amado, não avaliava o escárnio do mundo; só se lembrava do reconhecimento que poderia, talvez, receber de Sulfiéri.

Seria o sacrifício da sua própria felicidade, da sua própria vida, mas, pensava, a vida de nada lhe serviria sem ele, e, por isso, pensou imolar-se em seu benefício.

Foi nesse propósito que decidiu vir, quanto antes, para a cidade, a fim de abrir os seus salões e pôr em prática o plano de sedução que maquinara.

Mas, o elemento principal na mulher, para a sedução, é a beleza das formas e Natércia havia perdido, nos últimos dias, uma terça parte do corpo que antes possuía; o rosado do seu rosto fora substituído por uma palidez marmórea, e os olhos, de muito chorarem, já não tinham o mesmo brilho e vivacidade, eram agora amortecidos e tristes; o porte altivo e elegante cedera a uma ligeira curvatura no dorso, e os braços, torneados, de carnação rija, tornaram-se flácidos.

A mulher, entretanto, possui outros elementos de sedução de que, pela fertilidade de imaginação, sabe tirar partido: é a sua graça natural ou o «coquetismo», por isso Natércia, mirando-se ao espelho e vendo os estragos que a paixão lhe acarretara, resolveu tirar partido disso, e dizia: — Quem sabe se este meu estado doentio não influirá para o que eu quero? Há homens que mais depressa se deixam prender por essas fantasias e quem sabe se o Marquês não é desse número? Se bem me recordo, no último baile ele quis fazer-me a corte e não lhe dei entrada, senão... Ele é naturalmente devasso, como o tio, e por isso não me será difícil a conquista; mas não é só conquistá-lo; é necessário prendê-lo de tal forma que não se lembre da outra e, assim, deixe o campo livre ao meu Sulfiéri»... — Nesse ponto, Natércia parou; dir-se-ia que alguma coisa a impedia de continuar no monólogo.

Na verdade, deveria ser grande a luta travada no seu íntimo: — fingir gostar de um ente que se detesta, para que este não prejudique a felicidade de outro a quem se ama, quando essa felicidade consiste em amar a outra, é realmente extraordinário! e o leitor a si mesmo terá perguntado se tal coisa poderia ter-se dado.

Na verdade, são raros esses exemplos de abnegação, mas não são impossíveis de encontrar. Na vida de relação, isso se dá, porém nos passam despercebidos.

A Duquesa poderia não ter outras virtudes, mas **parecia** amar sinceramente a Sulfiéri e, só para gozar o seu reconhecimento, teve essa ideia de seduzir o seu rival, para deixar-lhe o campo livre.

Dizemos **parecia** amar, porque, pelos fatos que se vão desenrolar, veremos que a sua paixão não passava de um capricho que se exaltara por não ter sido correspondida.

Natércia, depois de estar algum tempo pensativa, abanou a cabeça, como a afugentar um sonho mau, murmurando em tom resoluto: — «Assim é preciso... seja». E dirigindo-se à escrivaninha, esteve algum tempo escrevendo; quando terminou, tocou o tímpano.

A criada apareceu:

— Faça chegar estas cartas a seus destinos — e entregou um maço de cartas à criada, que saiu imediatamente.

A quem eram elas dirigidas?

E' o que vamos saber.

No dia seguinte, o palácio se abria e a elite da Sociedade de Nápoles, fidalgos e artistas célebres desse tempo lá compareciam, à exceção de Sulfiéri, que não recebera convite.

Não houve quem se não admirasse da mudança operada na fisionomia da Duquesa.

— Esteve doente? — era a pergunta que todos lhe faziam, ao que ela respondia afirmativamente.

Fernando e Luís, que entraram juntos, também não deixaram de reparar na anomalia, e tanto mais surpresos pela maneira por que eram recebidos.

Natércia, seguindo à risca o plano traçado, começou a dispensar a Fernando todas as amabilidades, mas, vendo-o junto de Luís, pensou que não seria prudente distingui-los, a fim de melhor sair-se da comédia que ia representar.

Dinásti sentiu renascer-lhe a esperança, não podendo conter sua satisfação, mas não tardou a desmoronar-se todo o castelo que já arquitetava na imaginação, quando, depois de arriscar algumas frases alambicadas, recebeu respostas um tanto desagradáveis.

O mesmo não aconteceu a Fernando, que foi, nessa noite, o favorito, de modo que exultava de alegria, não sabendo a que atribuir tal procedimento. Reparando que Sulfiéri não se achava entre os convidados, pensou que seria por isso que ela assim procedia.

Necessário era sondar-lhe o coração a tal respeito, e foi o que fêz.

— Então, Duquesa, não sente aqui a falta de alguém?

— Absolutamente — respondeu ela, dissimulando — de quem quer falar?

— De Sulfiéri. Não o convidou?

— Sim, bem como ao Marquês e aos demais.

— Oh! então porque teria ele faltado, quando é figura obrigada?

— Pode ser que esteja doente ou ocupado...

— Só assim, porque, para assim proceder, só mesmo por motivos muitos fortes... Quem sabe se Natálio nos poderá dizer algo a respeito?

— Sim, talvez ele saiba — disse Natércia, indiferentemente.

Todas essas indiretas eram golpes que lhe iam certeiros ao coração, mas que ela aparava como hábil esgrimista.

Vou indagar — disse Fernando, afastando-se em direção a Natálio, que conversava, no momento, com Aristeia.

— E' inútil, Marquês — disse a Duquesa, intimamente, seguindo-o com o olhar — neste terreno, sei melhor do que tu brandir as armas; não possuis a argúcia de Sulfiéri, és muito inferior a ele e, portanto, fácil me será a conquista.

Nesse momento, acercaram-se dela o Visconde de Santa Clara e Dora Chierine, que vinham pelo seu braço.

— Então minha cara amiga — disse esta — o nosso poeta até agora, hein?

— E' verdade, ainda não tinha dado por isso.

— Pois todos nós estamos admirados da sua ausência.

O leitor deve lembrar-se que fora essa moça quem se propusera descobrir os amores de Natércia por Sulfiéri e inferirá daí a intenção da pergunta, mas, desta vez, a Duquesa estava prevenida e soube perfeitamente dissimular o ciúme, ouvindo falar de quem, nesse momento, quisera esquecer.

— Sim, glosou o Visconde — estamos admirados da ausência dele.

— Contudo, deveria ter recebido o convite.

— Há dias já que o não vejo... dar-se-á que esteja doente?

— Talvez — disse a Duquesa, afetando o maior indiferentismo.

Fernando voltou, dizendo que Natálio também não tinha notícias.

Sabemos que assim não era, mas, a Natálio, que havia estado com o amigo antes de vir ao sarau, convinha assim proceder, a pedido do próprio.

Vejamos, entretanto, o que fazia o poeta.

XII

Ansioso por prevenir Eleonora do perigo que a ameaçava e prevendo que Fernando não deixaria de ir ao baile da Duquesa, Sulfiéri quis aproveitar o tempo e ganhar terreno na missão que a si mesmo se impusera, sem saber que na véspera de sua visita ao Castelo dos Condes de Palmiére, Fernando conseguira falar com Eleonora, a qual, achando-se ao lado de Maria, não temera coisa alguma, ouvindo-o com atenção e persuadindo-se da sinceridade do fidalgo. Fernando, pois, o antecipara, de modo que todos os seus passos posteriores seriam perdidos.

Fiel, contudo, ao cumprimento do que considerava um dever, guiado pela nobreza de sentimentos que lhe era apanágio, e ignorante, ao demais, do que se havia passado, encaminhou-se para a casa de Eleonora, levando a esperança no coração.

A jovem, em companhia da amiga, entretinha-se a tecer meias, conversando, sentadas junto da janela, quando Sulfiéri se aproximou e, vendo-as assim juntas, compreendeu que não era tão fácil a empresa. O amor, porém, não conhece dificuldades e, por isso, depois de alguns momentos de reflexão, voltou nos calcanhares e veio de novo passar rente à porta.

Da primeira vez, estando elas de cabeça baixa, não o perceberam; desta, porém, viram-no e ergueram-se ao mesmo tempo, como se fôssem movidas pelo mesmo sentimento. Assim não era, entretanto.

Sulfiéri, parando, cortejou-as e, dirigindo-se a Eleonora, disse:

— Poderei merecer um pouco de sua atenção, Senhorinha?

— Não tenho a honra de o conhecer... não obstante, pode dizer o que deseja.

— É que estou incumbido, por um amigo, que deseja falar-lhe e quer saber se pode ser recebido.

— Um amigo que deseja falar-me? Mas, de quem se trata, Senhor? Talvez ignore que sou órfã e que tenho mãe, a quem deveria dirigir-se.

— Sei que é órfã, sei que tem mãe, mas, não a conhecendo, precisava que alguém me apresentasse; e como não encontrei quem pudesse prestar-me este obséquio, vim pessoalmente; peço, pois, se digne de participar à Senhora sua mãe e logo que eu tiver ensejo de falar-lhe saberá os motivos que aqui me trazem.

Eleonora, não obstante o protesto que fizera de disparatar às primeiras palavras do mancebo, ficou indecisa ante a sua linguagem e a si mesma perguntava se tinha direito de o fazer.

Passado esse minuto de reflexão, respondeu:

— Pois bem, Senhor, tenha a bondade de esperar um momento, enquanto vou chamar minha mãe.

— Perdão, Senhorinha, não tenho pressa; rogo apenas que a previna, e amanhã, se me permitir, trarei o amigo de quem acabo de falar.

— Farei o que me pede.

— Agradecido, e até amanhã.

Boa noite — disse — dirigindo-se a Maria, e afastou-se.

Esta apenas correspondeu com uma ligeira inclinação de cabeça: estava aturdida, um turbilhão de ideias lhe bailava no cérebro.

Eleonora viu-o afastar-se e, quando já ia distante, disse à amiga:

— Que diabo pretenderá ele?

— E' a mim que o perguntas? Não sei o que pensar de tudo isto.

— Nem eu. Estou deveras perplexa.

— Esperemos pelo dia de amanhã — disse Maria, mal sopitando um suspiro.

— Sim, mas vou prevenir mamãe...

— E, deixando a amiga, encaminhou-se ao interior da casa.

....

No dia seguinte, Sulfiéri e Natálio apresentavam-se em casa de Joana, que, prevenida pela filha, já os esperava.

Eleonora tinha-se levantado muito cedo e era com impaciência que lhes esperava a chegada.

Maria, que não dormira toda a noite, viera juntar-se a ela. Havia uma tal ou qual curiosidade misturada de inquietação a lhe trabalhar no espírito; ao mesmo tempo que desejava saber o motivo da visita de Sulfiéri, receava alguma coisa terrível para si, que viesse ferir ainda mais o seu coração já ulcerado.

Toda a manhã, passou-a numa contínua ansiedade. Por fim, chegou o momento: duas pancadas na porta anunciaram a chegada de alguém. Eleonora foi atender.

— Dá licença, Senhorinha?

Façam o favor de entrar — disse ela afastando-se.

— Venho cumprir minha promessa — disse Sulfiéri, entrando, seguido de Natálio.

— Bom dia — disseram ao mesmo tempo, tirando os gorros e inclinando-se.

— Bom dia Cavalheiros, queiram sentar-se — disse Joana, entrando na sala e indicando-lhes duas cadeiras.

— Permita antes, minha Senhora, que lhe apresente o meu amigo, Cavalheiro Natálio, de quem falei à Senhorinha sua filha. Eu sou Sulfiéri.

— Sulfiéri! — considerou Maria — que nome bonito!

Eleonora ocupava-se em examinar com certa curiosidade o cavalheiro Natálio, que via pela primeira vez e consigo mesma dizia: — Que pretenderá ele?

Uma vez sentados, Sulfiéri continuou:

— Estranhará por certo, minha Senhora, que, sem termos o menor conhecimento com V.V. E.E., aqui nos apresentemos.

Joana fêz sinal de assentimento.

— E' que, aqui o meu amigo, é pintor, e, como está elaborando uma tela que pretende expor, procurava em vão uma pessoa que se prestasse a servir-lhe de modelo. Já se desesperava de encontrá-la, quando o acaso me fêz deparar a Senhorinha sua filha, que possui os requisitos necessários a esse fim: Logo que a vi, lembrei-me dele e fui imediatamente procurá-lo, a fim de comunicar o meu achado. A Senhora não imagina a satisfação do meu amigo! Então, encarregou-me logo de vir suplicar a graça de lhe ser apresentado.

Joana não respondeu de pronto, olhou para a filha que se havia sentado um pouco afastada e parecia interrogá-la com os olhos.

A moça ficou estupefata, sem saber o que respondesse.

Natálio, desde que entrara, não cessava de admirar-lhe as linhas harmoniosas do rosto, pensando que era efetivamente o modelo que necessitava. Sua alma de artista expandia-se na contemplação daquele espécime raro e rejubilava-se, antecipadamente, pensando no efeito que aquele lindo rosto daria ao seu novo quadro.

— Então, minha Senhora — tornou Sulfiéri —, espero sua resposta.

Joana, vendo o silêncio da filha, respondeu:

— Senhor, eu nada posso resolver sem ouvir minha filha; não sou quem os Senhores desejam para modelo, e, assim, só a ela cabe decidir.

— Não, mamãe — disse Eleonora — eu não sei o que significa isso. O que pretendem estes senhores é novidade para mim; portanto, à mamãe é que compete resolver.

— Compreendo a sua indecisão, Senhorinha; primeiro, por não nos conhecer e, segundo, por ignorar a natureza do nosso pedido. E' muito natural...

— Senhor, disse Joana — apesar de não os conhecer, vejo que estou diante de dois cavalheiros incapazes de vir a esta casa com outras intenções que não as do bem.

— Perfeitamente — disse Natálio por sua vez —, faz-nos justiça, porque só o amor à arte e o sentimento do bem nos trazem à sua casa; não se arreceie Senhorinha — disse, dirigindo-se a Eleonora — do que venho pedir-lhe; não é um sacrifício e sim um pouco de boa vontade; conceda que eu reproduza na tela o seu lindo rosto e me dará a glória de apresentar ao mundo uma obra de Arte.

Natálio calou-se, havia falado em tom súplice e com o ardor de verdadeiro artista.

— Mas — disse Joana — os Senhores bem vêem que nós somos pobres e vivemos do nosso trabalho; minha filha é quem me ajuda e, por isso, ela não poderá prestar-se, visto que todos os minutos são preciosos para nós.

— Oh! minha Senhora, sabemos as suas condições e, se não tocámos nesse particular, foi por temermos escandalizá-las; todavia, estou pronto a indenizá-las tanto quanto estiver ao meu alcance, pelo tempo que perderem, porque também não sou rico e, depois, espero concluir o trabalho em poucos dias.

— Então que dizes, filha?

— Nada, mamãe, só farei o que a senhora quiser.

— Não, minha filha, tu é que hás-de decidir.

— Ah! se sou eu, então preciso primeiro refletir. — Dizendo-o, pensava em Fernando, temendo fazer coisa que lhe desagradasse.

— Oh! Senhorinha — disse Natálio suplicante —, não me prive dessa glória.

— Ainda não lhe respondi negativamente, Senhor; apenas, preciso refletir.

Sulfiéri, que a observava, viu que algo de extraordinário se travava no seu íntimo e a si mesmo perguntava se não teria chegado tarde.

Maria, que ficara a um canto da sala, parecia completamente alheia ao que se passava, absorvida na contemplação do rosto de Sulfiéri.

Joana, ouvindo a resposta da filha, não achou o que objetar e disse:

— Minha filha tem razão, ela precisa refletir antes de dar uma resposta definitiva, não só para não se arrepender mais tarde, como para não desagradá-lo; bem sabe quanto isto vai constrangê-la, porque terá de ir a sua casa...

— Para mim, é-me indiferente, minha senhora. Se quiser, virei trabalhar aqui.

Essa hipótese desfavorecia os planos de Sulfiéri, que desejava ter o ensejo de conversar com Eleonora, pelo que, julgou necessário intervir:

— Mas, Natálio, não pensas no inconveniente que isso pode acarretar, de vez que para vires trabalhar aqui é necessário trazer o teu cavalete e todo o material indispensável?

— E' verdade, não tinha pensado nisso.

— No entanto — continuou Sulfiéri — seria mais fácil ali a Senhora acompanhar sua filha nos dias designados.

— Sim, dizes muito bem — e dirigindo-se a Eleonora: será inconveniente para a Senhorinha?

— Não sei, nada posso dizer por enquanto.

— Oh! ao menos dê-nos uma esperança...

— Amanhã, talvez já lhe possa dizer alguma coisa; preciso refletir...

— Neste caso, virei amanhã saber a resposta — disse Natálio, erguendo-se.

Sulfiéri levantou-se também e despediram-se.

Joana acompanhou-os até à porta e voltou, dizendo:

— Como são simpáticos e atenciosos estes rapazes.

— Parece-lhe? Pois eu os acho simplesmente impertinentes e insuportáveis.

— Porque, minha filha? Não nos trataram tão bem?

— Ora, mamãe, que vem a ser isso de servir de modelo?

— E' uma coisa muito simples, nas condições em que eles desejam, porque é só o teu rosto que vai ser copiado; se fôsse o teu corpo, eu seria a primeira a me opor.

— Mesmo assim, mamãe, eu tenho vergonha...

— De quê, minha filha? De que tirem o teu

retrato? Ora, és muito tolinha!... Pois eu teria muito prazer em ver-te retratada.

— Ora, Eleonora — disse Maria, que até então se conservara calada — recusas uma coisa que outras se empenhariam por obter...

— Que dizes! tu serias capaz de te prestares a semelhante papel?

— Se fôsse bonita como tu, teria muito gosto em fazê-lo.

— Olha só a modéstia... Então não és bonita, Maria?

— Não, bem vês que nem olharam para mim.

Pronunciou esta frase com tanta amargura, que Eleonora e Joana se compadeceram. Aquela lhe compreendeu o sentido; esta, que de nada sabia, julgou existir apenas despeito. Com efeito, havia algo de despeito nas palavras de Maria, mas despeito por não ser apreciada por Sulfiéri e não por ser menos bonita que Eleonora, conforme julgava Joana.

— Não fales assim, Maria, que me entristeces — disse Eleonora, acercando-se.

— Ora, não é uma verdade o que digo?

— Bem, mudemos de conversa, que esta não convém... Sim?

— Sim, uma vez que o queres...

— Quero, sim — disse Eleonora, beijando-a —, porque não gosto de te ver triste.

— Obrigada — disse Maria, retribuindo-lhe os beijos —, não sabes o bem que me fazes e muito feliz me farias se...

— Se... o quê? Acaba.

— Se acedesses ao que te pedem.

— Serias feliz com isso, Maria?

— Muito!

Eleonora, admirada pelo que acabava de ouvir e não compreendendo bem o sentido das palavras da amiga, tomou-lhe das mãos e olhou-a fixamente como procurando ler-lhe no rosto o que lhe ia nalma.

Seus olhares se fundiram e, por momentos, aqueles dois espíritos se integraram nessa linguagem misteriosa e incompreensível que só os espíritos entendem, porque é a linguagem do sentimento. Então, Eleonora pôde compreender a que ponto chegava o sacrifício da amiga, o suplício que ela se impunha para satisfação do seu amor. Mas, se isso constituía a sua felicidade, como dizia, poderia ela acaso recusar-se? Não, por certo. Por isso, respondeu:

— Pois bem; farei o que me pedes.

— Oh! obrigada, minha amiga — disse Maria, erguendo-se e abraçando-a com ternura.

Esse diálogo não fora ouvido por Joana, que se retirara para o interior da casa.

No dia seguinte, quando Sulfiéri e Natálio se apresentaram, ficaram surpresos com a aquiescência de Eleonora.

Sulfiéri exultou de alegria por ver coroados de êxito os seus esforços, favoráveis ao fim que colimava.

Natálio, cujo sentimento não era inferior ao do amigo, e que lhe conhecia os projetos, compartilhava dessa alegria, ainda mais pelo ensejo de pintar um quadro digno dos louvores do mundo inteiro. Sua alma de artista vibrava, antegozando a glória póstuma de seu nome.

Combinado o dia em que deviam começar, retiraram-se cheios de alegria, agradecendo efusivamente.

XIII

Deixámos o baile da Duquesa de Ferrara para sabermos de Sulfiéri, voltemos a encontrar-nos com as mesmas personagens.

Ela, a Duquesa, continuara a representar perfeitamente o seu papel, de modo que às duas horas da manhã, quando os convidados começaram a retirar-se, levaram a convicção de que Sulfiéri havia sido substituído por Fernando.

Este, conquanto não tomasse a sério o procedimento de Natércia, não deixava de lisonjear-se por ser o preferido daquela noite.

Quando o último convidado se despediu, Natércia retirou-se para seus aposentos, satisfeita; havia iniciado a sua obra. Mas, essa satisfação não era bastante para dar-lhe a paz de espírito e, por isso, não pôde conciliar o sono; seu pensamento era arrastado para Sulfiéri de maneira irresistível, e, quando se lembrava que naquele momento talvez ele estivesse pensando em Eleonora, o ciúme mordia-lhe o coração e ela revoltava-se contra si mesma. — Porque — dizia — hei-de contribuir para a sua felicidade, que será o inferno do meu coração? Terei forças para suportar esta vida, vendo-o nos braços de outra? Não; aquela mulher, causa da minha infelicidade, há-de ser desgraçada também. Ela ama o Marquês e ele não ama ninguém, o que quer é desfrutar alguns instantes e nada mais; portanto, há-de seduzi-la, gozará alguns dias de prazer e depois abandoná-la-á, como tem feito às outras. Neste ponto, parou; dir-se-ia que a imaginativa fatigada quedava-se um instante para cobrar alento. Depois, continuou: Mas, se Sulfiéri a ama com efeito, que fará se as coisas chegarem a esse ponto? Terá forças bastantes para ver a mulher amada nos braços de outro? Morrerá, com certeza. — Meditou um momento, depois disse: — Não... não há-de morrer, porque eu não quero; eu amo-o e sou capaz de todos os sacrifícios para o salvar...

Assim passaram as horas, até que por fim, cheia de cansaço, adormeceu.

Pelas frestas da janela começavam a coar-se os primeiros albores da aurora.

Às dez da manhã, quando Lucrécia entrou no quarto, a Duquesa ainda dormia, mas o sono não era tranquilo, porque, a cada momento, o corpo era agitado por estremecimentos que inquietaram a criada. Aproximando-se pé ante pé, começou a mirá-la e, como visse que a ama continuava a dormir, tomou-lhe o pulso com todo o cuidado, observando-lhe o ritmo.

E, sentindo-o precipitado, quis despertá-la, mas refletiu: — ela poderia não gostar; pensou também em avisar o Duque, mas o que poderia resultar, dado o caso de não ser nada, era ficar mal vista e, por isso, resolveu esperar.

Dentro em pouco, os lábios de Natércia entreabriram-se num sorriso: à agitação sucedeu a calma, o colo deixou de arfar com tanta violência e as pálpebras entreabriram-se, deixando ver o brilho dos olhos, como se estivessem contemplando uma cena agradável, ou uma visão deleitosa.

— Que estará ela a sonhar? — disse consigo Lucrécia — se eu pudesse saber...

Não levou muito tempo em observação, porque a Duquesa, soltando um suspiro, pronunciou um nome. A criada aguçou o ouvido, debruçando-se sobre o leito e sustendo a respiração. Novo suspiro, acompanhado das palavras: — Que felicidade meu... Fernando...

— O Marquês!... disse Lucrécia erguendo-se espantada. — Qual! Não pode ser... Com certeza ouvi mal; não foi este o nome que ela pronunciou — e debruçou de novo.

A Duquesa, como se respondesse à sua pergunta, disse: — Sim...

Lucrécia ficou aturdida, era a afirmativa à pergunta que a si mesma acabava de fazer; então, uma suspeita passou-lhe pela mente: — Estará acordada e quererá zombar de mim?

— Voltando-se para o rosto da ama, procurou ler-lhe nas feições. Ela continuava a dormir e a sonhar: o sim que pronunciara era em resposta à pessoa que via em sonho, não à pergunta da criada, e, por isso, continuou: — Nunca pensei que viesse a gostar de ti... julgava-te cruel... vejo que me enganei... Como és bom... — e seus lábios comprimiram-se num terno e prolongado beijo.

— Então é verdade?! — exclamou consigo Lucrécia — Já não ama o Cavalheiro Sulfiéri! O diabo que entenda estas mulheres... — Depois de uma pausa, continuou: — Ora esta! era capaz de apostar em como estava apaixonada por ele... Fiem-se os homens nestas mulheres da alta sociedade!... Bem, agora preciso tirar partida desta descoberta... Deixa-me ficar por aqui... ela vai acordar e, quando der comigo... — Não pôde concluir, pois nesse momento Natércia abriu os olhos, passeando-os pelo quarto, como à procura de alguém. Não estava de todo desperta, parecendo ver ainda a mesma imagem impressa na retina espiritual; depois, pouco a pouco, a imagem foi-se diluindo e rarefazendo e os olhos tomaram outra expressão. E' que começava a ver os objetos materiais que se achavam no quarto, indo por fim pousar em Lucrécia que, colada ao toucador, fingia arrumá-lo, espreitando-lhe os movimentos por entre as rendas do cortinado.

— Que fazes aí, Lucrécia?

— Bem vê, Sra. Duquesa, estou arrumando o quarto.

— Estás aqui há muito tempo?

— Já há um pedaço e, como a Senhora ainda dormia, lembrei-me de aproveitar o tempo, pondo em ordem o toucador.

Natércia, lembrando-se do sonho, estremeceu e refletiu: — Terá ouvido alguma coisa?... Preciso sabê-lo — e alteando a voz:

— Então eu estava dormindo quando entraste?

— Estava, sim Senhora.

— Não falei? Não ouviste nada?... Tenho assim uma vaga lembrança de que sonhava.

Lucrécia, que só esperava por isso, respondeu: — Ouvi que a Senhora falava...

— Ah! — disse assustada a Duquesa. — E que dizia eu?

— Pareceu-me ouvir pronunciar um nome.

— Um nome? — exclamou, sentando-se na cama.

— Sim Senhora, mas... talvez não ouvisse bem.

— Mas, dize-me o que ouviste, ainda...

— Pareceu-me ouvir o nome do Sr. Marquês de Lombardia...

— Que mais? insistiu Natércia já encolerizada.

— Mais nada, Senhora Duquesa.

Natércia, qual leoa ferida, deu um pulo da cama até junto da criada, dizendo:

— Não mintas, tu ouviste tudo e procuras ocultar; mas vais confessar a verdade. — E, juntando o gesto às palavras, ameaçou-a.

A rapariga intimidou-se a princípio, mas logo serenou, pois tinha o segredo da fidalga e este seria uma arma poderosa contra ela; pensou que nada lhe poderia acontecer. Se a Duquesa a despedisse, ela iria ter com o Duque e tudo revelaria. Tomou, pois, a resolução de falar:

— Sim, Senhora Duquesa, perdoe-me, eu tudo ouvi...

Dize o que ouviste.

— Eu digo: quando aqui cheguei, a Senhora estava muito agitada, e eu, pensando que estivesse doente, aproximei-me do leito e tomei-lhe o pulso, ficando muito assustada porque batia descompassadamente; lembrei-me, então, de acordá-la ou prevenir o Sr. Duque, mas refleti que talvez a Senhora não ficasse satisfeita. Nessa indecisão, ouvi-a soltar um suspiro, pronunciando um nome, como já disse; depois a Sra. disse assim: «Que felicidade, meu Fernando!...»

— Eu disse isso? — interrompeu inquieta.

— Disse, sim Senhora. Eu até fiquei espantada.

— E depois? Que foi que eu disse mais?

— A Senhora Duquesa há-de me desculpar, mas eu não quis acreditar no que ouvi, supus ter ouvido mal, e quando a mim mesma interrogava se era esse o nome que ouvira, a Senhora respondeu: Sim... depois continuou assim: — «Nunca pensei que pudesse gostar tanto de ti, julgava-te cruel... agora vejo que me enganei... Como és bom»!

A Duquesa estava aterrada, eram as mesmas palavras que lembrava haver pronunciado em sonho, e que sua criada acabava de repetir... Que horror! o seu segredo era agora do domínio de outrem e logo de quem? uma criada talvez venal... Que fazer? Era forçoso tomar uma resolução e ela não era mulher que precisasse refletir muito para isso. Concentrou-se um momento e, tendo achado o meio, tratou de pô-lo em execução. Dirigiu-se bruscamente para a porta do quarto, que a criada deixara aberta, fechou-a à chave, vindo logo retomar o seu posto.

A criada, diante daquele gesto brusco, inesperado, ficou estarrecida, e, já agarrada pelos pulsos, ouviu-a dizer:

— Sabes o que acabas de fazer?

Lucrécia curvou a cabeça sem nada responder.

A Duquesa continuou:

— Acabas de surpreender um segredo que será a tua pena de morte.

A rapariga estremeceu e notou que os olhos da patroa flamejavam.

— Poderia agora mesmo gritar socorro e mandar prender-te como ladra, porque entraste aqui sem te haver chamado, mas eu prefiro matar-te.

— Que diz, Senhora Duquesa? — exclamou apavorada a pobre serva.

— Digo que te vou matar — e, juntando o gesto às palavras, lançou mão de um punhal de cabo de marfim encrustrado de ouro, que estava a um lado do toucador, apontando-o ameaçadoramente ao peito da criada, sempre segura pelo pulso.

— Perdão! — disse afinal, caindo de joelhos — eu nada direi a ninguém.

— Juras?

— Juro... por Deus!

— Vê lá: o dia que disseres uma palavra, nesse dia deixarás de existir...

— Oh! Senhora Duquesa, perdoe-me; não tive má intenção quando aqui entrei; bem vê que foi tudo um acaso; eu não direi nada a ninguém... sempre lhe fui tão dedicada...

— Bem — disse a Duquesa, abaixando a arma e soltando-lhe o pulso — estás perdoada, mas, nem uma palavra, ouviu?...

— Pode ficar descansada que nada direi... já sei o que me espera!

— Confio na tua palavra. Podes retirar-te.

Lucrécia ergueu-se, dizendo consigo mesma: — Safa! que desta escapei... mas eu farei as minhas contas e terei a minha desforra. Abriu a porta, saiu precipitadamente.

A Duquesa recolocou o punhal no seu lugar e deixou-se cair numa cadeira. Era tempo, porque a energia com que falara tinha-lhe esgotado as forças.

O leitor terá, por certo, perguntado como se poderia dar esse fato. Como é que Natércia, amando a Sulfiéri, sonhou com Fernando, qual o vimos.

Pela Doutrina Espírita, sabemos que o sono não é mais do que o desprendimento do espírito no espaço, onde se encontra com outros espíritos, antigos conhecidos. De modo que, muitas vezes, o espírito procura os lugares que já habitou em outras encarnações, que lhe são queridos, bem como os entes que estão em relação com o seu adiantamento moral.

Natércia era um espírito ainda preso às coisas da terra, sua índole a arrastava para os gozos mundanos; em estado de vigília ela aparentava ser uma pessoa de bons costumes, devido à posição social; mantinha-se ainda em certa reserva, pois não encontrara o ente que deveria precipitá-la à queda; uma vez, porém, desligada do corpo, ia em busca daqueles que lhe podiam proporcionar gozo; e, então, procurava aproveitar essas horas de liberdade, dando arras aos seus pendores viciosos.

Se os leitores tiverem bem analisado o seu caráter, verão que dizemos uma verdade, pois todas as suas inclinações eram as de mulher mundana, que, por milagre, se detém ante a sociedade que a cerca, mas, à noite, o espírito liberto retomava suas inclinações em busca dos meios onde pudesse expandir-se à vontade.

Casada por conveniência, não conheceu pelo matrimônio essa comunhão de sentimentos, só possível quando os nubentes se unem pelo amor mútuo. Saída da penumbra em que se encontrava, para a luz, era como a mariposa prestes a queimar as asas. Assim, ela ansiava pelos gozos mundanos, que não pudera ainda desfrutar. Orgulhosa da sua beleza, vendo a turba de adoradores que a rodeavam, pensou que aquele a quem preferisse se curvasse a seus caprichos e foi uma decepção a frieza de Sulfiéri. Parecendo amá-lo, não tinha mais que o desejo de posse, por lhe constar que era um homem incorruptível. E desejou ser amada por esse homem.

O coração humano tem necessidade de amor, porque é o sentimento purificador que abre caminho para o enternecimento, para a piedade e para a caridade que nos conduz à salvação. Encontrando resistência no primeiro a quem lançara as vistas, ficara desapontada, sua vaidade fora ferida de maneira acerba, e, mesmo desiludida, procurou, com sacrifício, mascarar uma segunda conquista, pensando proteger os amores daquele por quem fora desprezada. Isto pensava ela em estado de vigília, como se fôsse possível a um coração feminino sentir satisfação em ver o ente amado nos braços de outra.

Ao contacto de Fernando, ser completamente diferente de Sulfiéri, homem do mundo, já acostumado a essas conquistas, pensando nele com aquela predisposição de se lhe entregar, sonhou que realizava esse ato, e quem sabe mesmo se seus espíritos não se encontraram no espaço e não realizaram o que em vigília tanto ansiavam?

Natércia, passado um momento e já quando se sentia um pouco reanimada, deixou pender a cabeça sobre a mão, e, com o cotovelo apoiado no joelho, assim refletiu: — E' então verdade tudo isso? Sonhei com o Marquês!... testemunhei-lhe o meu amor!... Será crível? Eu que ainda ontem o detestava!... — Fêz uma pausa e depois continuou: — E como me parece vê-lo ainda, meigo, amoroso... Será verdade? Não, tudo isso não passa de fantasia do meu espírito... Pode-se lá acreditar em sonhos?!...

E' tudo ilusão... quimera... A Sulfiéri é que eu amo, só a ele e, embora não me ame, amá-lo-ei sempre.

Permaneceu algum tempo pensativa, como se estivesse em êxtase; depois, como se acordasse sùbitamente, continuou: — O amor!... quão incompreensível é esse sentimento!... E eu que julgava tê-lo compreendido... Não, não o compreendi ainda... Que coisa é o amor? Será esse concerto de decepções... de dores atrozes... o aviltamento do nosso caráter exposto sempre ao desprezo daquele a quem nos dedicamos?

Fêz uma pausa como a esperar alguém que lhe desse resposta satisfatória, e continuou:

— Não, o amor é o gozo!... a suprema ventura gozada num momento... o oásis encontrado em meio do deserto de nossa vida...

E que tenho eu gozado até hoje? Desgostos... sòmente desgostos... decepções a cada passo.

Pois acabemos com isso de uma vez, preciso libertar-me deste jugo, preciso desfrutar a vida.

Calou-se como a concentrar todos os pensamentos nessa ideia e, depois de alguns instantes, continuou:

— Sim, meu sonho há-de tornar-se em realidade... Farei esforços para cativar o Marquês e, então...

Sua fisionomia tomou uma expressão sinistra, dizendo depois:

— Vingar-me-ei do homem que não soube compreender-me.

Ao terminar esta frase, seus olhos brilharam de maneira estranha. A natureza indomável revelava-se em toda a sua pujança!... Qualquer homem que a visse naquele momento, teria renunciado à sua posse, por muito que se tivesse a ela dedicado.

Era a florentina educada ao léu, aos cuidados da natureza, e que voltava, por uma reversão atávica, aos seus antigos tempos... Era o ressurgir daquela raça aventureira nas suas conquistas, atacando os povos indefesos, roubando os objetos que eles possuíam de melhor e trazendo-os para seus palácios, riquezas essas que constituíram, por muito tempo, a opulência deslumbradora dos Doges de Veneza, de que nos falam a tradição e a História.

. . . .

Deixemos a Duquesa entregue aos seus lúbricos pensamentos e voltemos a encontrar as outras personagens.

XIV

Saindo da casa de Eleonora, os dois amigos Natálio e Sulfiéri foram pelo caminho felicitando-se mùtuamente pelo feliz resultado de seus objetivos e combinando ao mesmo tempo o meio de poder Sulfiéri assistir às poses.

Assim caminharam juntos até à rua Chiaja, onde Sulfiéri se despediu, voltando para casa.

Chegou, afinal, o dia combinado para a primeira pose.

Sulfiéri, que esperava com ansiedade esse dia, levantou-se cedo, preparou-se com certo apuro, apressando-se para chegar ao atelier um pouco antes da hora combinada. As horas passavam tão lentamente que os minutos se lhe afiguravam séculos.

Decidiu-se, então, a sair e, uma vez na rua, caminhou vagarosamente em direção à casa de Natálio.

Este também se levantara cedo, e, com a predisposição de espírito de todo artista ávido de glória, dispunha as coisas de modo a não faltar nada para a boa execução do seu quadro.

Colocou uma cadeira em lugar que a luz, vinda de fora, batesse em cheio no rosto de Eleonora; os seu petrechos de pintura, em posição fácil de apanhar todos os contornos do rosto do modelo para adaptar ao corpo de mulher que já havia esboçado na tela.

Sua alma de artista sonhara toda a noite com aquele modelo extraordinário, destinado a dar alma ao seu quadro e, assim, despertara com verdadeiro entusiasmo. Então, o elegante cavalheiro, naquele momento, cedia lugar ao artista. Envergara o avental, do qual sempre se munia no exercício de sua arte e ei-lo a cruzar o atelier em todas as direções, colocando uma coluna aqui, uma jarra com flores ali, endireitando almofadas no divã, pondo, enfim, tudo em ordem, de modo a causar boa impressão a Eleonora.

Sulfiéri veio encontrá-lo nessa faina.

— Então já por cá, meu apaixonado?

— E' verdade, desculpa-me se chego um tanto cedo, mas bem podes avaliar o que se passa comigo a imaginar minha impaciência.

— Sim, sim, faço uma ideia!...

— Não sei porque, estou um pouco apreensivo.

— Apreensivo?... Ora essa!... Mas, porquê?

— Não sei, receio algum contratempo.

— Mas, como?

— Não sei bem... tenho um vago pressentimento de alguma coisa imprevista.

— Ora deixa-te disso... havias de fraquear agora que tenho quase certeza de bom êxito?

— Ah! meu amigo, ainda nos falta o quase.

— Mas, não nos saímos tão bem, quando menos o esperávamos?

— Sim, é verdade... Mas, que queres? Sinto um aperto aqui no coração, de modo que não fico satisfeito quando isto se dá; afigura-se-me que se vai realizar algo desagradável.

— Ora, deixa-te de ideias tristes e vamos almoçar.

— Vamos, não obstante não ter nenhum apetite.

— Homem, diz o ditado que: — o comer e o coçar é só começar.

Lá se foram, um alegre e outro triste, para a mesa, junto da qual se sentaram.

Terminada a refeição, entretinham-se a conversar, quando o porteiro entrou, dizendo estarem à porta duas moças que desejavam falar ao Senhor Natálio.

Este se ergueu de um salto, dando ordem para fazê-las entrar para a sala, e, depois de fitar o amigo de um modo significativo, como a dizer: então, tinha ou não razão? — saiu ao encontro das recém-chegadas.

Sulfiéri, porém, ficou estatelado na cadeira.

Dir-se-ia não esperar pelas visitantes.

Que se passava no seu íntimo? Que estranhos embates lhe turbilhonavam na mente para ficar nesse estado, quando era natural se sentisse alegre e feliz com a chegada de Eleonora?!

Não nos é dado perscrutar o coração humano e, no decorrer desta narrativa, teremos ocasião de apreciar quais os pressentimentos de Sulfiéri.

Nesse tempo, tais fenômenos eram ainda desconhecidos; hoje, entretanto, com os conhecimentos da Nova-Revelação, sabemos que o que se passava com Sulfiéri era o pressentimento de algo já delineado e inelutável, mas que ele não saberia explicar nem definir.

Em todos os tempos existiram médiuns intuitivos e os Profetas da Bíblia não eram mais que médiuns; depois, os tempos passaram, essas mediunidades se foram vulgarizando, e hoje os médiuns pululam por toda parte, de tal forma que não se contam mais.

Uns são inconscientes e, portanto, não sabem explicar essa tristeza que lhes invade a alma, como intuição vaga de alguma coisa que se vai dar e que os vai ferir ou prejudicar.

Sulfiéri estava nesse caso, pressentia que algo de anormal ia acontecer, mas, médium inconsciente, não sabia a que atribuir.

Passado esse momento de turbação, procurou por esforço da vontade dominar a agitação que o empolgava, e, dando à fisionomia uma aparência de serenidade, foi juntar-se a Natálio.

Este já havia chegado à sala, lá encontrando Eleonora e Maria que, no momento, eram introduzidas pelo porteiro.

— Sejam bem vindas, Senhorinhas, muito bom dia!

— Bom dia Cavalheiro — disseram elas ao mesmo tempo.

Chegámos tarde? — perguntou Maria, percorrendo com os olhos o salão, em busca de Sulfiéri.

— Não, não é tarde; queiram sentar-se.

Quando iam fazê-lo, entrou Sulfiéri, cumprimentando-as.

O rosto de Maria purpurizou-se. Eleonora, porém, não obstante não se sentir muito à vontade, estava calma e correspondeu ao cumprimento de Sulfiéri. Este, que já havia readquirido maior calma, vendo Maria, não deixou de estranhar e perguntou:

— Então, a Senhora sua mãe não quis vir?

— Minha mãe, Senhor, tem os seus afazeres domésticos e, como esta minha amiga se ofereceu para acompanhar-me, ela concordou agradecida, e nós aqui estamos.

— Então são muito amigas, não? Tenho-as visto sempre juntas...

Era a primeira vez que Maria ouvia interessarem-se por sua pessoa e por isso sentiu uma viva satisfação.

— Efetivamente somos muito íntimas — respondeu Eleonora, olhando intencionalmente para a companheira.

— Se já descansaram, podemos começar — disse Natálio.

— Estou às suas ordens — respondeu Eleonora.

— Então, peço-lhes o obséquio de passarem ao atelier — e Natálio, erguendo-se, encaminhou-se para a oficina de trabalho, onde fêz sentar Eleonora na cadeira já disposta para esse fim, pedindo-lhe ficasse voltada para o lado da janela, a meio perfil, e, tomando dos pincéis, começou a esboçar na tela o rosto que Sulfiéri adorava.

Este se recostara no parapeito de uma outra janela e não cessava de contemplar o seu ídolo.

Maria escolhera um canto, na penumbra, de onde observava os olhares de Sulfiéri, numa atitude aliás indefinível, pois não revelava nem despeito nem ciúmes; havia como que um misto de adoração e respeito por aquele homem em quem tinha concentrado todo o seu amor e toda a sua vida.

Passada meia hora, Natálio, conhecendo que Eleonora já estava fatigada, pousou os pincéis e a palheta e deu por terminada a sessão.

Só então Sulfiéri e Maria despertaram do estado de êxtase em que se achavam.

— Sente-se cansada, Senhorinha? — perguntou Natálio.

— Um pouquinho, sim senhor.

— E' por ser a primeira vez; depois já não custará tanto.

Sulfiéri, saindo do seu posto, fora colocar-se em frente da tela, mirando e remirando o trabalho feito.

— Então, que tal? perguntou Natálio.

— Acho que vais ter um quadro encantador — respondeu intencionalmente Sulfiéri, olhando para Eleonora.

Esta ficou rubra de emoção e, cheia de curiosidade, aproximou-se por sua vez, mirando a tela.

Maria, movida pelo sentimento de curiosidade, chegou-se também para perto da amiga.

— Que me diz, Senhorinha? — perguntou Natálio a Maria.

— Por enquanto, nada posso dizer, porque seu trabalho está ainda em começo. O que vejo está ainda muito longe de exprimir a realidade.

— Em que sentido, Senhorinha?

— Falo dessa figura que o Senhor acaba de fazer, que está muito longe de ser o retrato de minha amiga.

— Diz muito bem — interrompeu Sulfiéri —, na verdade o que o meu amigo acaba de esboçar está longe ainda da realidade. A Senhorinha possui um rosto como bem poucos se encontram em nosso país.

— Oh! é muita lisonja, Cavalheiro — interrompeu Eleonora — que corara ouvindo Sulfiéri.

— Será lisonja dizer a verdade, Senhorinha? — Notando, porém, a perturbação visível das duas moças, disse: — Aqui o meu amigo é um artista consumado, tem copiado já muitos rostos, e ele mesmo dirá se já encontrou um igual ao seu.

— Confesso que não — respondeu Natálio.

— Ora, isto agora é os Senhores quererem convencer-me de que sou bonita, quando tenho a certeza do contrário.

— Estes Senhores dizem a verdade — atalhou Maria —, a modéstia é que te não deixa reconhecer a verdade do que eles afirmam, mas acabarás por te convenceres de que assim é, com efeito.

— Oh! Maria! até você?!

— Digo o que sinto, é uma verdade, e sempre hei-de a dizer.

— Bem — respondeu Eleonora, levantando-se, como a dar por finda a conversa —, vamos que minha mãe deve estar ansiosa pela nossa volta.

— Sim, vamos — disse Maria, suspirando.

— Então, amanhã continuaremos, não é, Senhorinha?

— Sim, até amanhã. — E Eleonora estendeu a mão a Natálio, que a apertou com satisfação. Depois, estendeu-a também a Sulfiéri que, a seu pesar, foi abalado por um estremecimento, que, digamos de passagem, não passou despercebido à jovem.

Maria limitou-se a fazer-lhe um cumprimento de cabeça, e, dando o braço à amiga, dirigiram-se para a rua.

Os dois amigos acompanharam-nas até à escada, onde de novo se despediram.

Na rua, Maria, que até então havia sustentado uma luta gigantesca, por aparentar uma serenidade que não tinha, disse a Eleonora:

— Vamos mais depressa que já é tarde — e juntando o gesto às palavras, estugou o passo, arrastando a outra.

Esta olhou-a e, notando-lhe a palidez, perguntou:

— Que tens? Sentes alguma coisa?

— Não, não tenho nada.

— Mas, estás pálida... Não seria melhor entrarmos em alguma casa próxima, ou irmos mais devagar?

— Não, prefiro ir para casa e andar mais depressa, talvez isso me faça bem.

— Então vamos.

E Eleonora, compreendendo o que se passava com a amiga, apressou o passo também, e não tardou chegassem a casa.

Ao entrarem, iam tão preocupadas que não repararam em Fernando, que, já de certa distância, as ia seguindo.

— De onde virão a esta hora? — a si mesmo perguntava. — Não sei porque pressinto alguma coisa de anormal e... daria uma perna ao diabo para saber de onde elas vêm.

Assim monologando, encaminhou-se para casa, onde, em breve, o iremos encontrar.

Entremos em casa de Eleonora.

Sua mãe já as esperava com impaciência; vendo-as entrar, mostrou-se satisfeita, mas, mudou imediatamente a expressão do rosto e perguntou.

— Então que é isto? Que aconteceu?

— Nada, mamãe, não aconteceu nada — respondeu Eleonora.

— Mas, que significa essa palidez de Maria?

— Ela disse-me, na rua, estar sentindo um mal-estar.

A esse tempo, Maria, faltando-lhe as forças, tinha-se deixado cair numa cadeira, mas, vendo que estava inspirando cuidados, reagiu à fraqueza que dela se apossava e procurou tranquilizá-las, dizendo:

— Não é nada, já passou.

— Mas, que foi que sentiste, minha filha? perguntou Joana carinhosamente.

— Não sei, não senhora, foi uma aflição que não sei explicar.

— Então, acho bom dizeres à tua mãe, para que ela te dê algum remédio.

— Não senhora, já passou...

Eleonora fitava-a, admirada.

Com efeito, o semblante de Maria retomava aos poucos a expressão serena que ela sempre admirava e, diante dessa mudança, não pôde deixar de reconhecer a superioridade moral da amiga, pela força de vontade que possuía.

— Vou mudar de roupa, queres vir até ao quarto? — disse, como a dar fim à conversa.

— Vou — respondeu Maria, acompanhando-a.

Uma vez no quarto, Eleonora tomou-lhe as mãos:

— Não disse que o que desejavas era superior às tuas forças?

— Não... Verás... hoje foi a primeira prova, mas hei-de conseguir vencer-me a mim mesma.

— Queres, então, continuar a acompanhar-me?

— Sim — respondeu com firmeza.

— Então, seja.

*
* *

Deixemos as duas conversarem à vontade e voltemos à casa de Natálio.

Quando as moças saíram, Sulfiéri foi para a janela, a fim de segui-las com os olhos, e deixou-se ali ficar embevecido, até que Natálio o fôsse arrancar do seu torpor.

Estás aí colado à janela?

Como se despertasse sobressaltado, Sulfiéri retrucou:

— Que dizes?

— Pergunto se ficaste colado à janela?

— Parece-me que estava a sonhar.

— Pois desperta, meu caro, que desta maneira não vais bem.

— Não sei, Natálio, mas esta paixão me devora e receio muito não poder ocultá-la por mais tempo.

— E quem te impede de o fazeres?

— As conveniências, porque, parece-me, no dia em que meus lábios se abrirem para confessá-la, nesse dia estarei desgraçado.

— Desgraçado!... Porquê?

— Porque serei repelido e, então, toda esta ventura que gozo em silêncio, contemplando-a a cada instante, falando-lhe sem que me despreze... tudo isso se desfará em nuvem e terei uma noite eterna em minhalma.

— Mas, porque assim pensas? Acaso ela já te tratou mal?

— Não.

— Porque, então, assim vês as coisas por um prisma tão escuro?

— Porque pressinto que não me ama e que jamais me amará.

— Ora, isso é apenas pressentimento, não é certeza... e como te certificares sem aventurar uma declaração formal do teu amor?

— Não, eu prefiro viver na ignorância a ter um desengano que me seria fatal.

— Bem, faze como entenderes; mas, no teu lugar, procederia mui diversamente. Olha, sabes qual o meu modo de ver? é que amanhã aproveites a oportunidade e lhe digas o que te vai nalma.

— E se for mal recebido?

— Persevera até o fim. Mulheres são assim: às vezes opõem uma certa resistência para experimentar se há constância da parte do homem que se diz apaixonado, e, depois, entregam-se de corpo e alma.

— E se isso redundasse em prejuízo para o meu amigo?

— Pouco se me dava, contanto que fôsses feliz.

— Então, achas que lhe devo falar amanhã?

— Sim, e que vejas logo definida a tua posição.

— Vou pensar e, conforme resolver, procederei. Até amanhã.

— Já?

— Já, tenho o que fazer.

— Então até amanhã, estimo que tua estrela te seja propícia.

— Obrigado.

E Sulfiéri, apertando a mão do amigo, retirou-se em direção de casa.

Escusado dizer por onde foi o poeta passar nesse momento.

XV

Fernando, como vimos, preocupara-se por ver Eleonora àquela hora na rua, e, chegando a casa, chamou o criado e o incumbiu de, no dia seguinte, rondar-lhe a porta e espreitar-lhe a saída, a fim de saber aonde se dirigiam.

Francisco, que era um argos no desempenho de incumbências que tais, recebeu alguns florins e logo pela manhã tratou de pôr em ordem o quarto do amo, tomou um traje diferente e dirigiu-se para a rua de Santa Clara.

Seguiu até à Praça de Jesus, voltando à direita, e daí caminhou até à feira, onde já o encontrámos.

Demorou-se junto às barracas, como a procurar alguma coisa e, de quando em vez, lançava olhares para a rua, a fim de ver se descobria as moças.

Não esperou muito, pois Eleonora não tardou a sair, acompanhada de Maria, cujas feições denotavam a vigília noturna.

Vendo-as caminhar na sua direção, tratou de ocultar-se por trás de uma barraca, pois não convinha fôsse visto.

Cedo ainda para chegarem ao atelier de Natálio, iam fazer algumas compras; de modo que atravessaram a praça, dirigindo-se às barracas e parando, por fim, junto a de Conceta, onde já as vimos outras vezes. Feitas as compras, voltaram para casa.

Francisco, que as observava, vendo-as tomar o caminho de casa, disse com os seus botões: — Meu amo não tem razão para desconfiar da pequena, porque ela é mesmo uma pombinha sem fel. Com certeza foi ontem fazer alguma visitinha e ele julgou outra coisa.

Assim monologando, já se dispunha a deixar o posto de observação, quando refletiu: — Não, não devo retirar-me por enquanto; vamos que a menina saia de novo e meu amo venha a sabê-lo? Lá se me vão os créditos. Nada, pelo sim pelo não, é melhor esperar mais um pouco... Não tenho outra coisa a fazer e, para matar o tempo, vou puxar pela língua daquela mulherzinha...

Encaminhou-se para uma barraca onde uma mulher de bojuda corpulência estava a vender frutas.

— Ora muito bom dia.

— Bom dia Senhor, deseja alguma coisa?

— Não, apenas espero aqui uma pessoa.

— Ah! bem me tinha parecido.

— Então já vendeu muito hoje?

— **Per-la-Madona,** que ainda nada fiz.

— Então, vou comprar alguma coisa — e pensou — é preciso contentá-la para que possa demorar-me um pouco mais. Alteando a voz, perguntou: — a como vende os figos? São bons?

— Excelentes!... Olhe, foram colhidos ainda esta manhã. Quantos quer?

— Aí uns dois ou três.

— Tão poucos... leve meia dúzia deles.

— Para que hei-de comprar meia dúzia?

— Para presentear a pessoa que espera — disse a quitandeira com ar malicioso.

— E' verdade; até já me ia esquecendo — e relanceou a vista pela rua em direção à casa de Eleonora.

— Muito depressa a esqueceu — disse a mulherzinha.

— Perto da sua pessoa, pudera — quem não se esqueceria de tudo?

— **Luzinghero!...** pensa que eu acredito no que está para aí a dizer?

— Por S. Francisco de Paula, que é a verdade.

Nesse momento, Eleonora e Maria saíam novamente.

Francisco, vendo-as, ficou atrapalhado; achava-se mesmo defronte da rua e poderia ser reconhecido. Que fazer? Decidiu-se a abandonar a barraca sob um pretexto qualquer e disse, relanceando a vista pela praça:

— Com a breca! Não é que a pessoa me escapou? — Com licença, vou ver se ainda a alcanço.

E antes que a mercadora tivesse tempo de

o reter, caminhou apressado por entre as barracas, indo postar-se num ponto de onde pudesse observar a direção que tomassem.

— **Diávolo**! — apostrofou a pobre mulher — deixei de vender os figos... E não é que ele vai por aí a correr como um doido? Daí pode ser que ainda volte...

Maria e Eleonora desembocaram na praça da feira e, tomando à direita, seguiam em direção à casa de Natálio.

O esperto criado acompanhou-as, guardando certa distância, e, vendo onde entraram, ficou perplexo.

— Que irão elas fazer em casa do pintor? Será que alguma lhe seja amante? E eu que fazia outro juízo dessa pequena!

Não há mesmo como desconfiar sempre das mulheres. Meu amo vai ficar fumando, quando souber!... Agora não devo retirar-me sem saber o que ali vão fazer.

E começou a passear de um lado para outro, na rua, de modo a não perder de vista a porta do pintor.

*

* *

Retrocedamos um pouco.

Sulfiéri recolhera-se a casa pensativo.

As ideias fervilhavam-lhe na mente como a água sob a ação do fogo; as palavras de Natálio repercutiam-lhe na alma, fazendo-o refletir, mas a dúvida, esse fantasma indefectível, vinha de quando em vez anuviar-lhe a fronte.

Assim passavam as horas, sem que se decidisse a tomar uma resolução definitiva.

O dia seguinte veio encontrá-lo no mesmo lugar, em luta com as mesmas ideias. Que fazer? Deverei seguir os conselhos de Natálio, a despeito da frieza com que ela me trata?

Decidiu-se, afinal, a ir para casa do amigo o mais cedo possível, pensando que lá talvez pudesse tomar uma resolução.

Pouco depois, ei-lo chegado.

O pintor o esperava, sabia que as suas palavras da véspera haviam de produzir algum efeito, germinando-lhe no cérebro como semente em terra boa.

Amante venturosamente correspondido, entristecia-se com a desventura do amigo e, por isso, empenhava-se em fazê-lo feliz, embora daí pudesse advir qualquer dissabor. Vendo-o entrar, correu para ele de braços abertos; mas, lendo em sua fisionomia a irresolução, esfriou no entusiasmo com que ia saudá-lo e a frase lhe expirou nos lábios. Olhou-o fixamente e, passado um momento, disse com voz repassada de emoção.

— Que é isto, meu caro?... quando esperava ver-te resolvido a pôr termo a esse estado de coisas, surges-me deste jeito?

— Que queres? trata-se, nada mais, nada menos, de uma questão de vida ou morte, e estas coisas não se resolvem de pé para a mão.

— Ora deixa-te disso; desenruga essa fronte, lança para longe a dúvida que tanto te acabrunha, causando essa palidez doentia que te está desfigurando.

— Estás poeta hoje, meu amigo... Queres então que eu não tenha dúvidas?

Tens, assim, tanta confiança no futuro?

— Se tenho!... Confia e espera... Olha, se fores mal sucedido, será até um bom prenúncio... deves perseverar, porque mais tarde serás indenizado em dobro.

És um verdadeiro mágico! Só tu poderias conseguir que a esperança renascesse em meu peito e a luz se acendesse nas trevas que me envolviam o espírito. Obrigado, meu amigo... Obrigado.

Apertou, comovido, a mão de Natálio e abraçou-o.

— Ora graças! Assim é que te quero ver — disse o pintor — correspondendo ao abraço.

Passada essa efusão de sentimentos, convencionaram: um procuraria distrair Maria, enquanto o outro aproveitasse o ensejo para declarar o seu amor.

Assim combinados, esperaram a chegada das duas moças.

Anunciadas pelo porteiro, foram imediatamente recebidas na sala, onde já as esperavam.

Ambos se ergueram e, trocados os cumprimentos e algumas palavras banais, passaram-se para o **atelier**.

Maria sentia que a luta continuava travada no seu íntimo, vendo-se perto de Sulfiéri.

Eleonora experimentava um vago pressentimento, o mesmo que, de princípio, embargara o assentimento e a resposta definitiva. Mas, que fazer? Agora, já dera o primeiro passo, não podia mais recuar.

Em tal estado de ânimo, sentou-se na mesma cadeira da véspera e procurou dominar-se a fim de não espelhar na fisionomia o que lhe ia na alma.

Natálio tomou dos pincéis e da palheta e começou a trabalhar.

Maria foi colocar-se no mesmo lugar onde ficara na véspera, e Sulfiéri, tendo a cabeça a escaldar num vesúvio de ideias, passeava de um lado para outro, como um general em chefe, em véspera de grande batalha.

Na verdade, o passo que ia dar era bastante arriscado; poderia, à semelhança do general, ganhar ou perder a partida. Se ganhasse, considerar-se-ia feliz; se perdesse, seria um desgraçado e, por isso, vacilava, temendo o insucesso.

Chegou, porém, o momento decisivo.

Natálio depusera os pincéis, era portanto chegada a ocasião.

O pintor, compreendendo o embaraço do amigo,

tratou de dar começo ao plano e encaminhou-se para junto de Maria, dizendo:

— Agora, Senhorinha, já poderá julgar e dar a sua opinião; tenha a bondade de vir examinar...

Maria levantou-se, foi admirar o esboço.

Sulfiéri, compreendendo a intenção do amigo, aproximou-se de Eleonora, mas, tão trêmulo e confuso, que dir-se-ia um colegial em prova de exame; contudo, para dizer alguma coisa, balbuciou:

— Sente-se cansada, Senhorinha?

— Não Senhor, sinto-me bem; o Senhor é que parece sentir alguma coisa; está tão pálido...

Estas palavras foram para o poeta uma tábua de salvação, restituindo-lhe o ânimo, dando-lhe um pouco da presença de espírito de que necessitava.

— Sinto, na verdade, um sofrimento atroz.

— Porque não se trata?

— Desejo-o, de coração, mas... o meu mal é dos que só se curam com a morte.

— Com a morte?!... Não diga semelhante coisa. Como o Senhor está lúgubre hoje!...

— Sim, é a verdade...

— E qual é o seu mal? Desculpe-me a indiscrição.

— E' daqui — disse Sulfiéri levando a mão ao coração e fitando-a insistentemente.

— O Senhor, tão moço, e já sofrendo do coração?

— E' verdade, e... sem esperança de cura.

— Porquê? Na sua idade...

— E' que amo — disse baixando a voz, de tal forma que Eleonora mais adivinhou do que ouviu, e toda estremeceu antevendo a declaração iminente.

Sulfiéri, vendo-a estremecer, no estado de perturbação em que estava, tomou a nuvem por Juno e prosseguiu:

— Amo, Senhorinha, com todas as forças de minhalma... como é possível amar-se santa... loucamente...

— E não é correspondido? Animou-se Eleonora a perguntar.

— Não... isto é, não sei...

— E porque não procura saber?

— Quererá a Senhorinha interceder por mim?

— Se a pessoa for minha conhecida...

— Sim... Senhorinha... é a senhorinha mesma a quem amo... Dê-me a resposta que almejo e... me fará feliz ou desgraçado.

Não pôde continuar. Eleonora erguera-se de um salto (como se fora picada por uma víbora), mas conteve a explosão de cólera prestes a irromper de seus lábios, lembrando-se do lugar onde se achava. Instintivamente olhou para Maria que, a dois passos dela, tudo ouvira, tudo presenciara e veio-lhe à mente o quanto ela deveria estar sofrendo e sofreria, ainda mais, se respondesse acremente a Sulfiéri; por isso, foi cheia de comiseração que respondeu:

— Sinto se vou magoá-lo, Senhor, mas não posso corresponder ao seu amor.

— Já vos achais comprometida a tal ponto que não possais, ao menos, dar-me uma esperança?

— Sim — disse erguendo a fronte — amo a outro e com amor tão grande, tão puro e veemente qual o seu.

— Ah! — suspirou Sulfiéri, levando a mão ao coração e sentindo as pernas lhe fraquearem — Estou, então, condenado — balbuciou.

— Eleonora não lhe respondeu; já se havia encaminhado para junto de Maria, que, extática, contemplava toda a cena, e disse-lhe aveludando a voz:

— Vamo-nos embora.

— Vamos — respondeu Maria, deixando escapar do peito um profundo suspiro.

— Até amanhã, não é, Senhorinha? — perguntou Natálio, fingindo nada ter percebido.

— Não sei, Senhor, talvez não volte mais.

— Oh! por quem é, não diga semelhante coisa; então quer que fique em meio o meu trabalho?

— O Senhor poderá muito bem terminá-lo sem mim.

— Não é tanto assim, falta-me ainda alguma coisa; é de extrema necessidade a sua presença; consinta que a veja, ao menos uma vez mais.

— Aqui, é impossível.

— Então, se me permite, irei a sua casa.

— Sim, lá, talvez.

— Então até amanhã — e estendeu-lhe a mão.

— Até amanhã, Senhor. E tomando o braço da amiga, encaminhou-se para a porta.

Maria apenas fêz um ligeiro movimento de cabeça, tal a comoção que experimentava.

Sulfiéri acompanhou-as com a vista, sem ânimo de arredar-se do lugar em que se achava; estarrecido, esmagado ao peso da sua desdita. Nem pôde pronunciar uma palavra.

Chegando à rua, Maria quase caiu! Eleonora amparou-a encorajando-a e quase a arrastando dali.

Assim cambaleante, seguiu pelo braço da amiga na direção de casa. Parecia sofrer imensamente.

*
* *

Francisco, vendo-as sair, aproximou-se da porta e, metendo um florim na mão do porteiro, perguntou: — Poderás dizer quem são essas duas moças que acabam de sair daqui?

— São conhecidas de meu amo, e uma delas está servindo de modelo a um quadro dele.

— Qual delas? Com certeza a mais bonita, não?

— Ora, isso nem se pergunta.

— E há muito tempo, hein?

— Apenas há uns três dias.

— E onde foi ele descobrir tal beldade?

— Homem, não sei, parece que quem a descobriu foi o Cavalheiro Sulfiéri.

— O Cavalheiro Sulfiéri?!... Como assim?

— Porque foi ele quem convidou meu amo a visitá-las.

— Ah... foi ele?... Então são suas conhecidas.

— Parece que sim.

— E não sabes onde elas moram?

— Não.

— Bem, toma lá mais isto para beberes à minha saúde e muito obrigado pelas informações.

Afastou-se em sentido contrário ao que as moças haviam tomado.

O porteiro, à proporção que fazia desaparecer as moedas na algibeira do gibão, dizia consigo:
— Lá se avenha. E' algum marido, com certeza, que está à espreita da mulher... Nada tenho a ver com isso...

XVI

Sulfiéri viu confirmados seus pressentimentos; Fernando era amado por Eleonora e a ele competia renunciar ao seu amor, apesar dos prognósticos de Natálio, pois via que seriam baldados todos os esforços na conquista do coração dessa moça, cujo temperamento era daqueles que preferem morrer a renunciar.

Ficando só, deu expansão à sua mágoa e desespero; deixou-se cair numa cadeira, cobrindo o rosto com as mãos.

Natálio foi quem acudiu a revigorar-lhe o ânimo abatido, fazendo reacender em seu coração a chama da esperança.

— Eia!... Então, que significa isto — disse, abeirando-se do amigo: — Desanimas porque perdeste uma partida?

Ora, que diria a Duquesa de Ferrara se te visse neste estado?... rir-se-ia, com certeza. Não, meu amigo, tranquiliza-te porque ainda és verdadeiramente feliz.

— Feliz! eu? — Pois achas que o seja depois do que acabas de presenciar?

— Acho, sim. E... pode, porventura, considerar-se infeliz um homem amado por tantas mulheres?

— Por tantas mulheres!... Não sei o que queres dizer com isso... Fazes-me até perder a cabeça... Quais são elas?

— Ora... além das que já conheço, acabo de descobrir mais uma...

— De quem queres falar?

— Dessa moça que acaba de sair daqui, acompanhando a Eleonora.

— Essa moça!!!...

Sim, essa mesma...

— Gracejas, com certeza... talvez para me fazeres rir, e... realmente o caso é para isso.

— Pois não te rias que o caso é sério. Essa moça está louca de amor por ti... Ama-te com uma veneração extraordinária, e acaba de ser ferida no coração, ouvindo-te falar à outra do modo como o fizeste.

— Pois ela ouviu?

— Tudo... meu amigo. Como viste, chamei-a para apreciar o quadro; ela aproximou-se do cavalete e ali ficou como estátua, ouvindo a tua voz; seus olhos fitavam a tela, mas pareciam não vê-la, todos os seus sentidos estavam voltados para teu lado. Não reparaste no fulgor de seus olhos quando a outra se ergueu?

— Como queres que eu tenha reparado em semelhante coisa?!...

— Ah! é verdade, não estavas em condições de o fazer, mas eu reparei; ela parecia querer devorar-te com os olhos; seu colo arfava de modo tal que se diria um mar encapelado; compreendi então o que se passava no seu íntimo — era um sofrimento atroz!... Mas, queres que te diga? Não posso deixar de admirar-lhe a força de vontade em não deixar transparecer o que lhe ia na alma; outra qualquer teria sucumbido naquele transe.

— Que desgraça! — murmurou Sulfiéri — já o havia desconfiado... Somos ambos infelizes: ela amando-me por essa forma e eu sem poder corresponder-lhe.

— Tal como Eleonora — que também te disse o mesmo. Já vês, meu amigo, que o mundo está cheio destas contradições: — ela ama e não é amada, tu amas e não és amado; é o destino das criaturas... Ainda assim, não há um verdadeiro equilíbrio, porque tu és amado por ela e por outras, enquanto que ela...

— E' verdade, a situação dela é deveras lastimável.

— Depois, ainda não deves perder a esperança.

— Isso dizes para me consolar; no entanto, tenho a certeza do contrário.

— Bem, até logo, tenho necessidade de repouso.

— Então até logo ou até amanhã, se não nos vermos mais hoje. Espero que me acompanhes.

— Pois vais?

— Assim prometi.

— Pois eu não sei... depois do que acaba de suceder, não sei se deva ir.

— Deves, sim. Então queres que eu vá só?

— Pois bem, para te fazer a vontade, irei.

— Sim, é o que te cumpre fazer.

— Até amanhã.

— Até amanhã.

E os dois amigos se separaram.

*
* *

Maria e Eleonora, ao saírem da casa de Natálio, não trocaram palavra e assim se conservaram em todo o trajeto, até chegarem em casa. Ambas se sentiam ofendidas e não tinham coragem de minorar os sofrimentos recíprocos. Ao chegarem, separaram-se, entrando cada qual em seu lar, sem dizerem coisa alguma. Era como se houvesse um acordo tácito entre ambas.

As mães, porém, possuem um grau de penetração muito elevado e, por isso, Joana, logo que avistou o semblante da filha, pressentiu que algo de anormal se passara. Não quis logo interrogá-la e apenas perguntou por Maria, deixando que ela se acalmasse para depois a interrogar.

Com Maria deu-se justamente o contrário. Logo que entrou, a mãe, vendo-a alterada, exclamou:

— Que tens, filha?

— Nada, não senhora; é uma ligeira indisposição, não faça caso.

— Já anteontem notei que estavas indisposta; se sentes alguma coisa, dize, para que eu te trate.

— Não, não se aflija que não é nada de cuidado.

— Olha que não te quero ver doente.

À noite, quando as duas amigas se reuniram é que procuraram mùtuamente entornar o cálice de amarguras que lhes ia nalma.

As duas mães, por sua vez, contaram uma à outra as suas apreensões, concordando que havia um quer que fôsse entre as filhas e que lhes cumpria descobrir; ambas, porém, temiam magoá-las, avivando-lhes os desgostos.

A noite é o refúgio dos amantes. O sono é um terno conselheiro.

Sendo o sono o desprendimento do Espírito, este encontra sempre, enquanto o corpo repousa, almas caridosas que lhe prodigalizam conforto e salutares conselhos, mostrando-lhe que sofre consequências de um passado de agruras e que deve confiar no porvir; e o ente sofredor, que se deita desanimado, mas ora e pede forças, acorda, muitas vezes, mais confortado.

Outros, que têm algum mister a fazer e encontram-se indecisos, não sabendo que partido tomar, acordam com uma resolução definitiva.

E' que o espírito, ou por uma percepção própria do seu adiantamento, ou por lhe ser permitido o contacto com outros seres elevados que lhe ministram instruções, tem as ideias aclaradas e, conquanto não conserve reminiscência alguma do que se passou durante o sono, guarda a intuição do que lhe convém fazer e obra muitas vezes com uma energia tal, que, quantos lhes observaram a indecisão da véspera admiram-se da sua atitude no dia seguinte.

Assim, Eleonora, que na véspera não sabia o que fazer, acordou com uma resolução formada, de modo que, quando a mãe a interrogou, contou-lhe tudo o que se passara.

Joana ficou perplexa; parecia-lhe impossível semelhante coisa.

Haveria um mau intuito na declaração de Sulfiéri? A si mesma fêz esta pergunta, mas ao mesmo tempo concluiu: — Não, não pode ser... Ela havia reparado bem no rosto do Cavalheiro e, se o rosto é o espelho da alma, ele deveria ser leal, por força; seus olhos denotavam sinceridade, portanto não podia haver equívoco; a declaração era sincera, ele lhe amava a filha e que crime haveria nisso? Poder-se-ia, porventura, ditar condições ao coração humano? armar diques às paixões? Não, pelo que só lhe cabia lastimá-lo e, como mãe, aconselhar e velar pela filha. Eis porque lhe disse: — Fizeste bem em dizer que não voltavas; não o amas, mas, mesmo que o amasses, assim devias proceder.

*

* *

Sulfiéri passou uma noite agitadíssima, sem poder conciliar o sono.

Bem o podem avaliar aqueles que já amaram uma vez na vida, se, depois de tal desengano, a criatura, por mais forte que seja, pode ficar impassível.

Pela manhã, ergueu-se cambaleante e, quando se preparava para sair, foi surpreendido pelo porteiro que anunciou a visita do Marquês Fernando de Lombardia.

— O Marquês! — exclamou, admirado.

Faze-o entrar para a sala, que já vou.

O porteiro saiu.

Ficando só, disse consigo: — Que tem ele comigo? Acaso saberá alguma coisa?... Enfim, seja o que for, preciso mostrar-me impassível, pois com certeza não vem simplesmente visitar-me.

Terminando o vestuário, dirigiu-se para a sala.

— Então, por aqui? — disse, estendendo a mão ao visitante — a que devo a honra de sua visita?

Fernando, que se conservara de pé desde que entrara e ansioso o esperava, correspondeu friamente ao cumprimento, sem lhe estender a mão.

Sulfiéri notou-o e pôs-se em guarda.

— Engana-se Cavalheiro, não vim visitá-lo e sim decidir um negócio de máxima importância **para mim**... E frisou as últimas palavras.

— Mas, tenha a bondade de sentar e explicar-se.

— Trata-se — disse Fernando, sentando-se — de uma pessoa a quem amo.

— Ah!... veio procurar-me para fazer confidências?

— Não, enganou-se ainda uma vez.

— Desculpe-me... Queira então orientar-me do motivo de sua presença, porque, por mais que procure, não o encontro.

— Vai já saber; antes, porém, me responda às perguntas que vou fazer.

— Se o souber, com todo o gosto.

— Conhece uma jovem chamada Eleonora Chiapparélli, que há pouco tempo perdeu o pai?

— Conheço, sim.

— E' verdade que a induziu a servir de modelo para um quadro que o pintor Natálio está fazendo?

— Induziu, não é o termo próprio, Sr. Marquês; convidamo-la e ela aceitou. Mas, não sei com que direito me faz tais perguntas, visto não atinar com o que possa haver de comum entre vós, um Marquês, e essa pobre criatura órfã.

— Já lhe disse, de começo, que se tratava de pessoa a quem amo.

— Ah!!! ama-a... Não o sabia; do contrário... do contrário... não teria ousado...

— Pois é efetivamente por ter ousado, que venho pedir-lhe satisfação.

— Mas, perdão, Senhor Marquês, não lhe vejo direito para tanto: primeiro, porque ela não lhe pertence por laço algum; segundo, porque é livre de proceder como lhe convier; terceiro, porque tivemos autorização de sua própria mãe, com quem nos entendemos a respeito. Vê, pois, que o papel que veio aqui representar é incompatível com a sua posição e o seu nome.

— Cavalheiro! — bradou Fernando, arrogante.

— Não vale a pena zangar-se, Marquês, estamos conversando como bons amigos.

— Amigos?... jamais!... Não podemos ser amigos desde que me considero ofendido.

— Ofendido? Mas, quem o ofendeu?

— O Senhor, querendo fazer dessa moça sua amante.

— Seja comedido na sua linguagem, Senhor Marquês — disse Sulfiéri exaltando-se também, por sua vez. — Amo demasiado essa criatura para fazer dela minha amante.

— Ah!... enfim, confessa que a ama?

— Sem dúvida, porque me assiste o mesmo direito que ao Senhor, ou a qualquer outro.

— Pois, então, disputemo-la pelas armas.

— Nunca...

— Oh! pensei vir encontrar um Cavalheiro e encontro um covarde.

— Covarde? — bradou Sulfiéri erguendo-se e levando instintivamente a mão à ilharga esquerda, como se dela pendesse a espada.

— Enfim — disse Fernando, erguendo-se por sua vez. — Foi preciso que o insultasse... Agora, bater-se-á?

— Sim, bater-me-ei pelo insulto que acaba de me assacar e não pelo meu amor.

— Seja... Até à vista: mandar-lhe-ei minhas testemunhas. — E tomando o chapéu, saiu precipitadamente.

Sulfiéri deixou-se cair num divã completamente desvairado. Tinha sido levado a um extremo que procurara, em vão, evitar. Seu gênio, naturalmente pacífico, fora violentado àquele ponto.

— Insultado em minha própria casa! — dizia — passando a mão pelos cabelos. — E' o cúmulo!

Momentos depois, conseguiu dominar-se e, chamando a calma em seu auxílio, só então considerou:

— Bem me dizia o coração que alguma desgraça estava prestes a ferir-me... ontem o desengano... hoje o insulto... Um deveria vir após outro... era de esperar.

Agora, ponhamos as coisas em ordem para o que der e vier, porque, é preferível deixar-me matar, a fazê-lo a ele.

Depois... ele é o preferido... Se morresse, ela viria a sofrer muito e eu não quero que ela sofra.

Ergueu-se, cambaleante, e dirigiu-se ao gabinete; sentou-se à escrivaninha e, tomando da pena de ganso, aparou-a, aparou-a, escrevendo diversas cartas. Quando terminou, pôs-lhe o sinete e, chamando o criado, mandou que as levasse a seus destinos.

Uma delas era dirigida a Natálio e recomendou que o procurasse em primeiro lugar.

O criado saiu.

Sulfiéri estirou-se no divã e esperou pelo amigo. Este não se fêz esperar; logo que leu as poucas linhas, saiu imediatamente. Apenas chegou à casa de Sulfiéri, foi dizendo:

— Então, que significa isto? Esperava-te em minha casa e sou obrigado a vir à tua?

— Assim é, meu amigo, o homem põe e Deus dispõe.

— Então que há? Mudaste de resolução?

— Sim, as circunstâncias obrigam-me a isso. Escrevi-te lacônicamente para que não ficasses alarmado. Senta-te e ouve-me.

Natálio sentou-se cheio de curiosidade.

— O Marquês esteve aqui.

— Fernando?

— Em pessoa.

— E que veio cá fazer?

— Provocar-me para um duelo.

— Mas, porquê? Saberá alguma coisa?

— Está ciente de tudo.

— Quem lho revelaria?

— Não sei; o certo é que, pelas palavras que me dirigiu, nada ignora. — E Sulfiéri narrou a cena com o Marquês.

— De modo que não tardarão por aí as testemunhas? — perguntou Natálio.

— Assim o disse, e, por isso, pedi que viesses imediatamente.

— Para quê?

— Para me servires de testemunha.

— Estou às tuas ordens.

— Obrigado, meu amigo — disse estendendo-lhe a mão. — Entender-te-ás com as mesmas. Como sou o ofendido, tenho o direito de impor as condições.

— Perfeitamente.

— A arma — continuou Sulfiéri — será o florete, e o encontro às 5 da tarde, no bosque de Castelamare, terminará pela morte de um de nós.

— Então queres?!!

— Sim, para demonstrar a Fernando que não sou um covarde; não que tenha intenção de o matar, ao contrário... Se um de nós tem de morrer, seja eu.

— Tu? não, se morreres vingar-te-ei.

— Não, meu amigo, somos cristãos e a vingança foi condenada pelo Cristo; só aos bárbaros pertence.

Natálio não teve como replicar; a evocação do nome do Divino Mestre era para ele uma coisa sagrada; curvou-se resignado à resolução do amigo.

Sulfiéri ia continuar, quando foi interrompido pelo porteiro, anunciando:

— O Barão de Santa Clara e o Visconde Palermo.

— Vai tu recebê-los, Natálio, e expor-lhes o que acabo de dizer.

Natálio saiu ao encontro dos recém-chegados e, depois de os cumprimentar, cientificou-os das condições impostas por Sulfiéri, que foram aceitas, segundo estavam autorizados; contudo, não deixaram de admirar-se da última cláusula, pois não viram razões para tanto.

Retirando-se as testemunhas, o pintor voltou para junto de Sulfiéri.

— Então, que te disseram?

— Não fizeram oposição alguma, apenas se admiraram da última cláusula.

— Admiraram-se?! Pois é necessário que seja assim. Agora, quero que me faças um outro favor.

— Dize...

— Se eu ficar ferido, o que é mais que provável, mandarás conduzir-me à granja próxima, onde reside minha irmã e nada dirás a Eleonora; Mas, se morrer, dir-lhe-ás que meu último pensamento foi para ela; que morro abençoando-a e pedindo a Deus por ela, visto que pressinto a sua desdita.

À outra, se a vires, dirás que me perdoe o mal que lhe causei, involuntàriamente.

E' só o que desejas?

— Só. O mais já dispus por cartas que escrevi

hoje de manhã. Darás intruções ao meu criado, que deve chegar logo mais. Quero que ele ignore até o último instante o que se vai passar.

— Bem, então vou preparar as coisas para logo mais partirmos.

— Sim, manda preparar os cavalos, porque devemos sair lá de tua casa!

Natálio retirou-se.

XVII

A tarde morria lentamente. O Sol, avermelhado, parecia verter cascatas de luz sobre a Natureza e as frondes dos arvoredos vestiam-se de púrpura. Havia como que uma expectativa de borrasca, ou prenúncio de desgraça.

Pela estrada que vai de Nápoles à aldeia de Nola, seguem dois cavaleiros acompanhados de seus escudeiros; caminham taciturnos, podendo-se ler-lhes no semblante certa angústia e apreensão, como se fôssem ambos jungidos nos mesmos pensamentos.

Não havia dúvida de que ambos compartilhavam dos mesmos sentimentos religiosos e, para eles, o duelo não passava de um assassínio dissimulado, que a fidalguia cultuava para justificar-se do desforço a prol do seu orgulho ofendido.

O leitor terá já adivinhado, nesses dois cavaleiros, os nossos heróis Natálio e Sulfiéri, que, em obediência aos ditames do seu caráter, eram os primeiros a chegar ao **campo da honra,** como pomposamente denominavam o local desses recontros.

O bosque de Castelamare dista duas léguas da cidade de Nápoles, ficando a meio caminho da aldeia de Nola; de modo que, tendo eles saído às 4 horas, vindo a passo natural dos animais, às 5 já ali se encontravam.

Um quarto de hora após, chegava Fernando acompanhado de suas testemunhas e de um facultativo.

Depois dos cumprimentos e formalidades exigidas no caso, despiram os gibões e tomaram posição, esperando o sinal para caírem em guarda.

Sulfiéri estava visìvelmente pálido e Natálio, notando-o, acercou-se, dizendo:

— Coragem, tenha calma.

— Sim, terei; lembra-te do que te pedi.

— Serás satisfeito, fica descansado.

— Um momento, meus senhores — disse o Barão de Santa Clara — colocando-se entre os dois contendores.

Todos prestaram atenção.

— Estamos aqui — continuou: — para testemunhar um ato do qual está pendente a vida de um de vós; ora, pergunto a mim mesmo, se, para um ato desta ordem, haverá um motivo bastante forte que o justifique... Nós que nos achamos aqui reunidos neste momento, somos todos moços, devemos prezar a vida como a coisa mais preciosa deste mundo, pois que não temos certeza de outra melhor; por isso, não devemos pô-la em jogo por qualquer motivo fútil. Suponho que o que houve entre vós não é coisa assim tão grave que não possa ser decidida de outra forma, que não pela morte: proponho, portanto, que finalize o duelo com a primeira sangria.

— Senhor Barão — disse Fernando — eu coloco a honra acima da própria vida, e o que nos traz aqui é uma questão de honra; quem propôs a luta de morte foi o ofendido e eu aceitei as condições por ele impostas.

— Então, disse o «de Santa Clara» dirigindo-se a Sulfiéri —— cabe a vós decidir. Não acha razoável o que acabo de expor?

— Não tenho nada a acrescentar nem modificar ao que propus, Senhor Barão; a nossa questão é de vida ou morte e um de nós tem de morrer.

— E' a sua última palavra?

— E'.

— Seja, disse de Santa Clara, sensìvelmente

penalizado — e retirando-se para o lado, bateu três palmas.

Os contendores caíram em guarda, mas nenhum se animava a iniciar o ataque. Não podiam, porém, permanecer assim muito tempo, forçoso era sair daquela situação.

Foi Sulfiéri quem começou; Fernando aparou o golpe e, por sua vez, atacou. Sulfiéri passou a defender-se, sòmente. Fernando compreendeu e começou a esgrimar como se estivesse num simples exercício.

Havia meia hora que esse jogo durava, quando Sulfiéri, percebendo que, desse modo, nada ficaria decidido, feriu o contendor na mão.

Fernando, não esperando ser atacado daquele modo, recuou, mas vendo o sangue a escorrer-lhe e acossado pela dor, atacou também por sua vez, mas, sèriamente.

Era justamente o que Sulfiéri queria; descobriu-se, e Fernando, caindo a fundo, feriu-o no peito.

As testemunhas acorreram logo.

Natálio pôde ainda chegar a tempo de amparar o amigo; este, com os lábios lívidos, deixou cair o florete, amparando-se no ombro dele.

Naquele momento, três mulheres, acompanhadas de um homem vestido de preto, assomaram à entrada do bosque.

Eram a Duquesa de Ferrara, Eleonora e Maria. O homem era o Dr. Gervásio, que fora trazido pela Duquesa.

— Chegamos tarde, meu Deus! — disse esta vendo Sulfiéri nos braços de Natálio.

Um outro grito se ouviu, acompanhado do baque de um corpo; era Maria que, vendo ferido o seu amado, tombou fulminada.

— Eleonora aqui — exclamou Fernando, deixando cair o florete e cobrindo com o lenço a mão ensanguentada.

Logo que avistou o grupo, o primeiro olhar

de Eleonora fora para Fernando; vendo-o de pé, pensou não ter ainda começado o duelo; só depois reparou em Sulfieri e, ouvindo o grito de Maria, e vendo-a cair, correu em seu auxílio.

O leitor perguntará, por certo, como tiveram notícias do fato e como foram ter lá.

Foi a Duquesa de Ferrara que, conhecendo a rivalidade entre os dois, tratou de subornar os criados de Fernando e Sulfiéri e, por eles, soube do ocorrido; de modo que, nesse dia, tendo notícia do que se ia passar, e querendo evitar o mal, mandou chamar o seu médico e, acompanhada por ele, dirigiu-se pessoalmente a Eleonora e Maria, solicitando a presença de ambas no campo da luta.

Como bem se pode imaginar, ambas ficaram surpresas e alarmadas com a notícia, ainda mais por ser a Duquesa quem as fora procurar. Não sabiam explicar o que isso significava, mas a urgência do caso não lhes permitia reflexões. Joana foi a primeira a aconselhar a filha a que partisse imediatamente, pois conhecia o seu segredo, enquanto que Antônia, a mãe de Maria, quedou-se sem saber o que dissesse.

A Duquesa mandara preparar as liteiras e pôs-se a caminho.

*

* *

Vejamos o que se passou depois:

O Dr. Gervásio, auxiliado pelo outro cirurgião, que viera com Fernando, acercou-se do ferido e, abrindo-lhe a camisa, examinava-o com atenção.

— Então, Doutor? — perguntou a Duquesa.

— Nada posso dizer por enquanto, Sra. Duquesa; precisamos transportá-lo daqui, imediatamente; o ferimento é profundo e, conquanto não haja hemorragia externa, pode ter interessado algum órgão vital.

— Que fizestes, Marquês? — disse a Duquesa, dirigindo-se a Fernando.

Este não respondeu, tinha os olhos fitos em Eleonora, que, cheia de desvelos, cuidava da amiga.

O Barão de Santa Clara e o Visconde de Palermo haviam-se afastado do grupo e conferenciavam no que deviam fazer, caso Sulfiéri viesse a sucumbir.

Os escudeiros seguravam os cavalos, esperando ordens.

Tenho ali na estrada as liteiras, Doutor, transportemo-lo para uma delas.

— Sim, é o que devemos fazer e isto quanto antes, porque seu estado inspira cuidados.

— Mas, poderá resistir à viagem?

— Não sei, Senhora Duquesa, seria bom vermos se há alguma habitação, aqui próximo.

— Há, Doutor — disse Natálio, vencendo a comoção que o impedira, até então, de algo dizer, vendo o amigo naquele estado —, há a casa da irmã do meu amigo, para onde ele me pediu que o transportassem, caso fôsse ferido.

— Ah! então está bem, levemo-lo para lá.

— Sim, Doutor, vou mandar o seu criado na frente, para nos indicar o caminho.

O criado de Sulfiéri, subornado pela Duquesa, sabia do duelo e acompanhara-o no sentido de algo fazer pelo amo.

A esse tempo, Maria, voltando a si, perguntou: — Onde está ele? Está morto? Para onde o levaram?

— Sossegue — respondeu a Duquesa — está ali...

— Mas, vive ainda?

— Vive, sim, descanse.

— Oh! obrigada, meu Deus!

— Ama-o tanto assim? — perguntou a Duquesa com certo interesse.

— Se o amo?... sim, tanto quanto se pode amar nesta vida.

A fidalga estremeceu, a seu pesar; ignorava que Sulfiéri fôsse também amado por aquela rapariga.

Via-se, pelo interesse que tomara, que não se havia extinguido de todo o seu amor por Sulfiéri. Cravou um olhar ameaçador em Maria, mas, lembrando-se de que ela também não era correspondida, volveu-os imediatamente para Eleonora; esta, porém, estava tão preocupada, que não prestou atenção.

A Duquesa mandou aproximar uma das liteiras, e Natálio, auxiliado pelos médicos e criados, colocou dentro dela o corpo inanimado de Sulfiéri.

As três mulheres haviam-se aproximado também, e Maria, diante do estado do ferido, chorava copiosamente.

— Peço o favor de me deixarem a sós com estas senhoritas, disse Natálio, designando Maria e Eleonora.

A Duquesa, os médicos e os criados se afastaram.

Natálio, com os olhos rasos de lágrimas, disse, apontando para o ferido:

— O meu amigo está moribundo, talvez não chegue até à casa da irmã; por isso, vou fazer o que me pediu antes de se bater: — ele disse, que, se morresse, eu transmitisse à Senhorinha — dirigindo-se a Eleonora — que morreria abençoando-a e pedindo a Deus que fôsse feliz, por pressentir efetivamente o contrário. E à Senhorinha — dirigindo-se a Maria — que lhe perdoasse o mal que lhe causou involuntàriamente, pois não podia amar as duas, ao mesmo tempo.

Eleonora levou as mãos aos olhos e, não podendo mais conter as lágrimas, exclamou:

— Que infelicidade, meu Deus!

Maria, chorando sempre, não pôde articular palavra, os soluços embargaram-lhe a voz.

Natálio acenou aos criados, dizendo para consigo: cumpri um dos deveres, agora preciso cumprir o outro:

— A caminho!

Os criados sopesaram a liteira e o cortejo partiu:

Natálio e os médicos montaram a cavalo, acompanhando a liteira com o ferido.

Ficando a sós com as moças, a Duquesa dirigiu-se a Eleonora:

— Menina, esses dois homens acabaram de bater-se por sua causa; aquele está moribundo, veja agora se também quer perder o outro...

— Eu, perdê-lo, Senhora? Mas, meu Deus, que mal fiz eu para sofrer assim?

— Pois não sabes que a tua condição não permite erguer os olhos para tão alto?

Que não poderá casar contigo? E se pretendesse fazê-lo arriscaria a perder a posição e ser amaldiçoado pelos pais!

— Sei tudo isso, Senhora, e jamais contribuirei para tal desgraça.

— Quer dizer, então, que deixará de o amar?

— Não, isso nunca!...

— Então, quer tornar-se sua amante; não é assim?

— Oh! deixe-me Senhora Duquesa... deixe-me... não me torture mais... sofro já demasiado...

— Basta, Sra. Duquesa! — exclamou Fernando — que se aproximara sem que fôsse percebido e tudo ouvira.

A Duquesa voltou-se, admirada.

— Parece, minha Senhora — continuou Fernando — que não lhe dei autorização para advogar meus interesses.

De Ferrara mordeu os lábios e, encarando o Marquês, proferiu:

— Estou desconhecendo sua linguagem, Marquês.

— Também, Senhora, desconheci a sua ainda

há pouco, quando a ouvi falando com essa moça, a ponto de sentir-se ela torturada.

— Torturada? ah! ah! ah!... Será tortura abrir os olhos de uma pobre criatura prestes a cair no abismo?

— Senhora Duquesa!... — bradou Fernando, perdendo a calma.

— Sr. Marquês, a verdade é esta: o Senhor é nobre e quer ou enxovalhar a sua casta, casando-se com esta menina, o que não acredito, ou, então, desgraçá-la, fazendo-a sua amante, como tem feito às outras.

— E que lhe importa isso? Quem lhe deu o direito de tomar contas de meus atos?

— Não estou tomando conta de seus atos e sim abrindo os olhos desta pobre moça, confiada por sua mãe à minha guarda.

Cumpro um dever e fique sabendo o Marquês que me encontrará sempre no seu caminho.

— Não temo suas ameaças, Sra. Duquesa.

Nesse momento, o lenço que havia amarrado na mão, desatou-se, e o sangue irrompeu, gotejante da ferida.

— Ah! — gritou Eleonora — está ferido!...

— Não é nada, Senhorinha — disse Fernando tranquilizando-a —, uma simples arranhadura — e, abaixando-se, apanhou o lenço, envolvendo de pronto a mão ferida.

Eleonora, nesse momento, custou a dominar-se, seu desejo era correr e atar-lhe a ferida; a Duquesa ali estava e ela conteve-se, ficando mesmo arrependida da exclamação que proferira.

Fernando, no entanto, não deixou de ficar satisfeito com aquele grito, espontâneo, significante do pesar de o ver ferido, e, ìntimamente, disse: — Ama-me... será minha.

— Bem — disse a Duquesa — vamos, meninas, nada mais temos a fazer aqui.

— Perdão, Senhora Duquesa, deixe essa menina, eu me encarregarei de reconduzi-la à casa.

— Ainda lhe não pertence, meu caro Marquês; está sob a minha guarda, sua mãe foi quem ma confiou. A menos que...

— Tenha a bondade de concluir...

— Que queira fazer comigo o que fêz ao Cavalheiro Sulfiéri.

— Basta Sra. Duquesa!... Se não se tratasse de uma fidalga, era bem possível que...

— Felizmente... ah! ah! ah!... E por isso ficamos assim, meu caro Marquês.

Dirigindo-se às duas moças: Vamos, meninas.

Elas a acompanharam até à liteira, voltando para a cidade.

Fernando seguiu-as com a vista até desaparecerem, e depois voltou para junto dos amigos.

— Então, Marquês? — disse de Palermo.

— Ganhei a partida, meus amigos. Agora, para Nápoles.

Montaram e partiram.

Ao passarem pela liteira, Fernando não se conteve e mergulhou a vista no seu interior, no intuito de ver ainda a sua deidade. Esta, ouvindo o tropel dos animais, deitara um pouco a cabeça para fora da portinhola e, desse modo, seus olhos se encontraram novamente com os do Marquês.

XVIII

SACRIFÍCIO DE MARIA

Amanhecera! Febo, brilhante de galas, lançava por toda a parte seus raios de fogo, embelezando as relvas do campo que, orvalhadas, semelhavam miríades de brilhantes a matizarem o tapete viridente.

O ar embalsamava-se dos perfumes das flores e as auras repercutiam os cânticos alegres dos passarinhos!

Essa manifestação alegre e risonha da Natureza contrastava com o ambiente interior do Castelo de Verona.

Num leito de nogueira, encrustado de marfim e madrepérola, com docel de seda grená, jazia um homem quase moribundo: era Sulfiéri.

À sua cabeceira, com as feições desfiguradas pela insônia, olhos lacrimosos, estava um moço com a mão na fronte: — era Natálio.

De joelhos, à beira do leito, com os olhos postos no rosto do moribundo e as mãos entre as suas, uma mulher moça ainda, era Dólia, a irmã de Sulfiéri, esposa de Godofredo, Conde de Verona.

Sobre um aparador de mogno, viam-se vidros de remédios, panos de linho, pastas de algodão e outros objetos necessários ao tratamento do ferido.

Ao fundo, sobre uma cômoda também de nogueira e com incrustações de marfim e madrepérola, coberta por alva toalha guarnecida de larga renda e bordados, uma imagem da Virgem e um crucifixo de marfim alumiados por pequena lâmpada, que, quase esgotada, lançava pálidos reflexos na fronte suarenta do moribundo.

Por uma das janelas entreaberta, penetrava tênue claridade, que as cortinas de renda interceptavam.

De repente, entreabriu-se o reposteiro e o criado anunciou:

— O Dr. Gervásio.

Era o mesmo facultativo de que falámos por ocasião do duelo; médico particular da Duquesa de Ferrara, e que ficara assistindo o ferido.

Cumprimentou a Condessa e Natálio, aproximou-se do leito e começou por tomar o pulso do doente.

Sua irmã, que se levantara, ficou suspensa, quase não respirava, atenta nas feições do médico, a fim de surpreender um gesto, a mínima contração de músculos que lhe denunciasse o estado do irmão.

O médico demoradamente esteve a verificar as pulsações, olhando para o relógio.

Ao terminar, a Condessa perguntou:

— Então, Doutor, que diz?

— Acho-o melhor, Senhora Condessa; a febre está declinando e, se não sobrevierem complicações, entrará, breve, no período da convalescença.

— Tem administrado a poção que receitei?

— Dei-a toda a noite.

— Ele acordou alguma vez?

— Às vezes abria os olhos, mas tornava a fechá-los logo, pronunciando sempre um nome de mulher.

— E não a reconheceu?

Parece que não, Doutor, porque não me dirigia uma só palavra.

— Bem, não tenha cuidado, porque ele vai despertar de todo.

— Deus o queira, Doutor.

O médico sentou-se a uma secretária onde havia o necessário para escrever e, depois de receitar, disse:

— Mande aviar esta receita e vá-lhe ministrando uma colher de hora em hora, que ele voltará a si.

— Vou já mandar a Nola, para a aviar.

— E fique descansada, Sra. Condessa, que o perigo já passou. Até logo.

Dólia acompanhou-o até à porta.

O médico cumprimentou-a e saiu.

Quando ia montar a cavalo, viu duas mulheres que se dirigiam para ele e reconheceu-as logo, pois eram Eleonora e Maria.

Esta dirigiu-lhe a palavra:

— Bom dia, Doutor, desculpe se o detenho, mas, desejava saber notícias do doente.

— Está melhor, mas, podem sobrevir complicações.

— Corre ainda perigo? — perguntou Maria, assustada.

— Se sobrevier alguma complicação...

— Ah! meu Deus!...

— A Senhorinha como se chama?

— Maria, para o servir.

— Obrigado. E a sua companheira?

— Eleonora — respondeu esta.

— Eleonora?!...

— Sim, Doutor, é este o nome de minha amiga. Porque?

— Por nada. Farei ciente à Sra. Condessa, que vieram saber notícias do irmão.

— Não, Doutor — disse Eleonora —, acho bom não lhe dizer nada.

— Porquê? Ela ficaria satisfeita.

— Não, peço-lhe que o não faça.

— E ao doente, também não quer que o diga?

Foi Maria que respondeu a esta pergunta:

— Não, nada lhe diga; peço-lhe.

— Bem, então até à vista — cumprimentou sorridente e, montando a cavalo, deu de rédeas para a cidade.

— Adeus, Doutor, obrigada.

E as duas amigas se retiraram também.

O Dr. Gervásio soubera que o duelo fora motivado por uma delas, mas não sabia qual; por isso, procurava apurar o caso, agora que se oferecia ocasião... E pelo caminho ia conjeturando.

*
* *

Dólia voltara para junto do irmão, depois de mandar um portador a Nola, para aviar a receita. Chegando junto ao leito, contemplava-o, quando ele, abrindo os olhos, disse: — Eleonora... vem... vem... acariciar-me... Beija-me a fronte... Anda... Porque me foges? Vem... tua presença dá-me forças... dá-me esperança... Um só beijo teu dar-me-á vida!... Vem depressa que eu vou morrer...

— Não, disse a irmã, sentindo congelar-se-lhe o sangue nas veias, não morrerás, meu irmão.

— Ah! és tu, minha irmã? — disse Sulfiéri despertando.

— Sim, sou eu que aqui estou, pedindo a Deus pela tua saúde.

— E onde estão elas?

— Elas, quem?

— Eleonora e Maria. Não estavam aqui agora?

— Não, aqui não esteve ninguém, a não ser o Dr. Gervásio e o Sr. Natálio. O Doutor acaba de sair daqui, neste instante. Nem sei de quem queres falar.

— E' certo o que dizes? Elas não estavam aqui ainda há pouco?

— Digo-te que aqui não esteve ninguém mais.

— No entanto, eu as vi e, se não me engano, falavam com o Doutor, a meu respeito.

— Deliras, com certeza, meu irmão, afirmo-te que aqui não esteve ninguém mais.

— Não deliro tal, eu as vi.

— Mas, afinal, quem são essas pessoas de quem me falas?

— Quem são? Então não sabes?

— Saber o quê?

— O duelo... — e, insensìvelmente, olhou para Natálio. Este abaixou os olhos...

— Então, nada disseste, meu amigo?

— Não tinha autorização para o fazer, Sulfiéri.

— Ah! minha irmã!... pensei que estivesses informada.

— Não; só sei que te bateste em duelo com o Marquês de Lombardia e que foste trazido para aqui quase morto, mas ignoro o motivo que te levou a sair dos teus hábitos, olvidando os preceitos de nossa religião.

Dólia expressava-se com pesar; suas palavras tinham um tom de censura.

Sulfiéri compreendeu e entristeceu-se, lembrando o desgosto que estava causando à irmã. Mas, que fazer? Poderia, acaso, recusar-se? Não era preferível morrer a deslustrar o nome dos seus antepassados, tornando-se um covarde?

Foi o que fêz, preferiu a morte à desonra. Deus, porém, não permitiu assim, pois ele não sucumbira, mas pensava que, melhor fora ter morrido, porque não estaria dando tantos trabalhos, tanta amargura... e... não ouviria as recriminações da irmã.

Lembrando-se de tudo isso, sentiu tal comoção que desfaleceu.

A Condessa alarmou-se, pois o Doutor lhe recomendara toda a cautela com o enfermo e acrescentara que, se não sobreviesse qualquer complicação, ele entraria logo no período da convalescença... E fora ela a causadora da sua recaída e, quem sabe, talvez da sua morte. Arrependia-se, agora, de lhe ter falado daquele modo... Que fazer?

Aproximou-se da cabeceira, pôs-lhe a mão na testa, sentiu-a gelada e como um suor viscoso lhe escorria pelas fontes, gritou, então:

—Meu Deus! que fiz? Sulfiéri!... meu irmão, perdoa-me!... Fui inclemente contigo, mas, não me queiras mal... foi irrefletidamente que falei...

E a pobre Senhora, ao mesmo tempo que falava, sacudia-o, chamando-o e soluçando ao mesmo tempo.

Natálio procurava sossegá-la, dizendo ser apenas um delíquio.

Nesse momento, entrou o marido.

— Que é isto?... Que foi? Que aconteceu?

— Ah Godofredo!... sou uma desastrada: Sulfiéri havia já despertado e falado, embora dizendo coisas incoerentes a princípio; depois começou a expressar-se melhor e então... insensata que fui!... argui-o sobre o seu procedimento... por haver esquecido os preceitos da nossa religião, batendo-se em duelo.

E agora, ei-lo de novo desfalecido... a fronte banhada de suor frio... Não me responde... Meu Deus!... Manda chamar o médico, depressa, pois receio que fique pior... que venha a morrer... Oh! meu Deus! eu enlouqueceria se tal acontecesse.

— Sossega, cara esposa!... Isto passa com certeza... E' que ele está muito fraco em consequência do sangue perdido, tendo falado demasiado, talvez lhe fizesse mal.

O Doutor não esteve aqui?

— Sim, esteve...

— E que disse?

— Disse que a crise havia passado... que ele ia despertar e que, se não sobreviessem complicações, entraria no período da convalescença.

— Pois, então, não te assustes que isto há-de passar e ele voltará a si.

— Oh! não sossegarei enquanto isto não se der.

Nesse momento, entrou o criado, trazendo o remédio que o médico havia receitado. Dólia tomou-o e foi administrá-lo imediatamente, mas não ficou satisfeita enquanto não mandou à procura do médico, permanecendo à cabeceira do irmão.

Só à tarde é que o Dr. Gervásio voltou, pois não se achava em casa quando o criado o fora chamar. Dólia correu ao seu encontro.

— Ah! Doutor!... venha... venha depressa, meu irmão recaiu.

— Recaiu?... — disse o médico, admirado.

— Sim, ele havia voltado a si logo que o senhor saiu. Calou-se, indecisa se deveria ou não contar o ocorrido.

— E recaiu logo? — perguntou o médico, mostrando-se curioso de saber o que se havia passado.

— Sim... Doutor.

— Mas, no estado em que o deixei, só alguma comoção poderia ter produzido isto. Disseram-lhe alguma coisa? perguntou — lembrando-se das duas moças que encontrara pela manhã, e que, talvez, tivessem sido vistas por alguma pessoa da casa.

O marido, vendo sua indecisão, julgou oportuno intervir.

— Porque não contas ao Doutor Gervásio o que se passou?

— Sim, doutor, eu lhe conto: — eu estava aqui próximo do leito, quando ele começou a falar e, nesse momento, ele parecia delirar...

— E que dizia ele, Sra. Condessa?

— Se bem me recordo dizia: — Eleonora! vem acariciar-me... beija-me a fronte. Depois de alguns minutos continuou: — Porque me foges?... E outras coisas de que não me recordo agora, terminando por dizer que ia morrer. Eu, nesse momento, senti apertar-me o coração e o animei, dizendo: não, tu não morrerás. Seus olhos, que até ali estavam embaciados, tornaram ao natural e ele reconheceu-me, porque disse: — ah! és tu, minha irmã?

Mas, logo após, perguntou: — Onde estão elas? Vi que delirava novamente, porém perguntei: elas quem? Ele respondeu: — Eleonora e Maria não estavam aqui, agora? Respondi-lhe que não, que ninguém viera, a não ser o Senhor Natálio e o Doutor que se havia retirado. Ele, porém, retrucou: no entanto eu as vi, se não me engano, falavam até com o Dr. Gervásio a meu respeito.

— Ele disse isto?!... perguntou o médico, tomando interesse pelo caso.

— E' extraordinário!... — exclamou o Doutor. — E quando eu ia a sair, não entrou pessoa alguma aqui no quarto?

Ninguém mais se aproximou dele?

— Ninguém — respondeu Natálio, pois ainda não me afastei daqui.

— Ninguém — repetiu Dólia — e continuou: meu marido foi quem entrou, mas já depois do seu delíquio.

— Mas — inquiriu ainda o médico — foi logo após a essa espécie de delírio que ele desfaleceu?

— Não, Doutor, ele falou ainda e de modo que não parecia estar delirando; disse pensar que eu soubesse a causa do duelo e, voltando-se ali, para o Cavalheiro Natálio, perguntou-lhe se nada me havia dito. O Cavalheiro respondeu que não tinha sido autorizado a isso, e eu então o censurei pelo seu procedimento.

— Ah!... exclamou o médico — foi isso que determinou a recaída.

— Fiz mal Doutor? Perdoe-me!... Se soubesse que ele ia ficar outra vez assim, nada teria dito.

— Poderia ter deixado a recriminação para mais tarde; mas, sossegue, talvez não haja grande perigo. Quem sabe se não desmaiou devido à fraqueza?... — E o Dr. Gervásio, depois de, por esse modo, procurar acalmar a Condessa, aproximou-se do leito, tomando o pulso ao enfermo.

Este, ao ser tocado pelo médico, estremeceu.

— Sente alguma coisa? — perguntou o médico.

— Sinto a cabeça atordoada... arde-me o peito.

Dólia ficou surpresa, ouvindo o irmão responder às perguntas do médico, quando o julgava desfalecido.

De fato, Sulfiéri havia desfalecido, mas ficara numa espécie de sonambulismo, devido à fraqueza em que se achava pela perda do sangue. Médium inconsciente, desprendera-se, e o espírito, pairando no espaço, respondia com lucidez às perguntas do médico.

Foi nesse estado que ele assistiu à cena ocorrida entre o Dr. Gervásio e as visitantes da manhã.

Gervásio, que não tinha ainda conhecimento dessas coisas, ficara intrigado com a visão do doente, não sabendo explicar o fenômeno que um século mais tarde fazia sucesso entre as Religiosas de Loudum, na França, levando Urbano Grandier à fogueira, como feiticeiro.

Deixando a mão do enfermo, este caiu de novo no estado em que se achava.

E' que cessara a influência que o médico exercera inconscientemente.

Gervásio pensou: — se eu fizesse entrar a tal Eleonora aqui, como enfermeira, talvez a cura se realizasse com mais rapidez... E' possível que se recuse... em todo o caso, é bom tentar... e, alteando a voz, disse:

— Acho, Senhora Condessa, que a cura agora vai demorar e que V. Ex. não poderá continuar a tratá-lo, sem prejuízo de sua saúde.

— Não, Doutor, não me sinto fatigada... eu mesma o tratarei.

— Mas, não devo consentir, porque amanhã, em vez de um, teremos dois doentes e V. Ex. é quem precisará de enfermeira.

— Acha, Doutor?

— Sim, e é por isso que lhe proponho arranjar alguém que a substitua.

— Mas, quem há-de ser?

— Deixe isso por minha conta. Amanhã mesmo, quem sabe se não estará substituída?

Natálio sorriu, compreendendo-lhe a intenção.

O médico não se deu por achado, fingiu não ter visto o sorriso e continuou:

— Olhe, Senhora Condessa, vá administrando este mesmo remédio até amanhã, que não há perigo algum. Amanhã, voltarei cedo.

— Sim, mas peço que não falte.

— Fique descansada, não faltarei. Até amanhã.

— Até amanhã — disseram ao mesmo tempo Dólia, Godofredo e Natálio.

No dia seguinte, muito cedo, Gervásio batia à porta de Eleonora.

Joana, sua mãe, veio recebê-lo, reconhecendo logo o médico que acompanhara a Duquesa de Ferrara no dia do duelo.

— Oh! Doutor! por aqui? Tenha a bondade de entrar.

— E' verdade, minha senhora — disse Gervásio entrando —, venho ver se me podem servir em uma coisa de muita necessidade.

— Diga Doutor, se estiver ao nosso alcance...

— Sua filha não está?

— Saiu há pouco, mas não deve tardar.

— Pois enquanto ela não chega, conversemos — disse, sentando-se em uma cadeira que Joana lhe ofereceu — trata-se do rapaz que se bateu em duelo por causa de sua filha.

— Ah! Doutor!... que aconteceu?

— Nada de mau, por enquanto; contudo, seu estado inspira cuidados.

— Que desgraça, meu Deus! — exclamou Joana.

— Uma verdadeira desgraça, sim.

— E que podemos fazer?

— Tratar de remediar o mal, de alguma forma.

— Como, Doutor? De que maneira? Não o compreendo.

— Já vai compreender: o Cavalheiro foi levado moribundo para o castelo de uma irmá casada, onde ainda se encontra. Ora, ela tem-se desvelado em extremo, até hoje, mas, já está exausta, o que não é de admirar, depois de tantas vigílias... e eu receio que venha a ficar doente. Portanto, se sua filha quisesse, poderia substituí-la no lugar de enfermeira e... deste modo, resgataria o mal que causou.

— Mas, Doutor, ela não foi culpada.

— Minha Senhora, foi ou não ela a causa do duelo?

— Involuntàriamente, Doutor.

— Involuntàriamente ou não, o fato é que foi por causa dela que o rapaz se bateu e foi ferido.

— Mas, se minha filha recusar-se, eu não a posso obrigar.

— Se se recusar, paciência, irei bater a outra porta. O que desejo é que a Senhora não se oponha.

— Por mim, não.

No momento, a porta abriu-se e Eleonora entrou, seguida de Maria. Deparando-se-lhes o médico, estacaram, pensando ser portador de infausta notícia.

— Chegas a propósito, filha — disse Joana —, o Doutor está à tua espera.

— Bom dia, Doutor — disseram ambas.

— O Doutor deseja falar-me? perguntou Eleonora, admirada.

— Sim — respondeu Gervásio.

— Pois diga, Doutor, de que se trata?

— Trata-se do Cavalheiro Sulfiéri.

— Como assim? Morreu? perguntou Maria já assustada.

— Não, menina, mas seu estado inspira cuidados.

— Meu Deus! — balbuciou aflita.

A exclamação não passou despercebida ao médico, que continuou:

— Como a irmã é quem o está tratando e já se acha fatigada, lembrei-me de arranjar pessoa que a substituísse como enfermeira e vim ver se ali a menina Eleonora quer prestar-se a isso.

— Eu não posso — respondeu esta, com firmeza.

No entanto, foi por sua causa que ele se bateu e está em perigo de vida.

— Mas, que culpa tenho eu, Doutor?

— Não obstante não ter culpa alguma — disse Maria — prestar-me-ia de bom grado a servir-lhe de enfermeira.

— A Senhorinha? — perguntou o médico surpreso.

— Sim, vou comunicar a mamãe e voltarei para ficar à sua disposição. Encaminhou-se para a porta.

Gervásio, ignorando-lhe a paixão pelo poeta, ficou pasmo ante a espontaneidade do gesto.

Momentos após, entrava ela acompanhada da mãe.

Esta, não sabendo o que fazer ante o estado

de acabrunhamento que a filha vinha demonstrando dia a dia, ao ter conhecimento do duelo e sabendo que Eleonora fora a causa, mas ignorando o amor da filha por um dos combatentes, vendo-a resolvida a servir de enfermeira ao ferido, ficou atônita, sem saber como deliberar e, assim, acompanhou-a para saber o que significava aquela sua resolução.

O médico, em poucas palavras, explicou-lhe o que havia, falando da recusa de Eleonora.

— E tu é que queres ir, minha filha?

— Sim, respondeu Maria com firmeza.

— Então seja feita a tua vontade.

— Mandarei uma liteira buscá-la, disse o Doutor, erguendo-se para sair.

— Encontrar-me-á já pronta, Doutor.

Gervásio despediu-se agradecido e saiu.

Das pessoas presentes só uma conhecia o gransa sacrifício de Maria: — era Eleonora.

Quando, no dia seguinte, Sulfiéri despertou, vĩu Maria à sua cabeceira.

XIX

O ABUTRE E A PRESA

Fernando, ao chegar a Nápoles, levava a alma envenenada; acabava de vencer um rival, mas, ao mesmo tempo, recebera uma afronta humilhante de que não se pudera desagravar, por ter partido de uma mulher.

A Duquesa de Ferrara o havia humilhado, e por causa de quem? Eleonora, aquela que lhe acarretara o duelo, no qual poderia ter perdido a vida.

Seu orgulho ofendido necessitava de uma desforra, havia necessidade de receber o prêmio do risco que correra, e esse prêmio, pensou, era a posse de Eleonora para tirá-la da miséria, fazendo dela a primeira de suas amantes. E haveria de, com ela, passar à porta da Duquesa, a quem, já agora, votava o maior desprezo.

Foi assim pensando que entrou no seu palácio.

A velha Duquesa, sua mãe, já o esperava com ansiedade. Vendo-o entrar com a mão amarrada, correu para ele, exclamando:

— Ah! meu filho! que susto me pregaste! Estás ferido?

— Um simples arranhão, não faça caso, não se assuste.

— Não queres que me assuste, quando sei que te bateste em duelo?!

— Quem lho disse, minha mãe?

— Eu — disse a cunhada, entrando —, não te encontraste com Felipe?

— Não. Porquê?

— Pedi-lhe que fôsse à tua procura.

— Para quê?

— Para impedir que te batesses.

— Oh! Cecília, que loucura!... Pensas, acaso, que eu poderia escusar-me?

— Porque não?

— Porque era uma questão de honra.

— Questão de honra!... Dize antes, questão de mulheres...

— Como sabes?

— Ora, eu tudo sei... Felipe me contou.

— Quando é que tomarás juízo, meu filho? — disse Margarida.

— Descanse que ainda está longe, minha mãe. Não dizem que o juízo vem com a idade?

— Não, meu filho, não é com a idade e sim com o esforço próprio.

— Pois vou tratar disso, minha mãe.

— Deixa-me ver essa mão, para curá-la.

— Eu mesmo o farei com o Francisco.

— Já sei; é que não queres que eu a veja.

— Deixe, mamãe — disse Cecília —, Francisco, agora, é tudo para Fernando.

— Tudo como?... Não sei o que queres dizer com isso — disse Fernando, com ar dissimulado.

— Não preciso explicar, tu bem me entendes.

— Ah! está bem, lá vem a Senhora minha cunhada com os seus gracejos.

E dizendo-o, Fernando encaminhou-se aos aposentos.

— Ih! que é que o titio tem na mão? Machucou-se? — perguntou Margaridinha correndo até à porta do quarto.

— Nada, Margarida, fui eu que me arranhei.

— Deixa ver, titio?

— Não, agora não. Quando estiver curado. Sim?

— Sim, titio... mas... não me dás um beijinho?

— Dou sim — e Fernando osculou-a na testa.

A criança, satisfeita com as carícias, saiu a correr para junto da avó.

No dia seguinte, Francisco entregava a Eleonora uma carta muito sentimental, em que Fernando terminava pedindo-lhe uma entrevista.

Eleonora, no primeiro momento, não soube o que responder; amava-o de todo o seu coração, com o entusiasmo do primeiro amor, mas lembrava-se das recomendações da mãe e sofria já bastante por causa desse amor sem esperança, pois, como ouvira da Duquesa de Ferrara, não podia esperar que ele a desposasse. Que fazer?

A si mesma interrogava... Quais seriam suas intenções ao solicitar essa entrevista?

Deveria recusar? E se tal fizesse, não teria ele razão de se queixar? Não a esqueceria para sempre? E poderia, porventura, viver sem o seu amor?

Não tinha pessoa a quem pedisse um conselho, pois Maria achava-se como enfermeira de Sulfiéri e ela não iria recorrer à mãe. Começou a refletir que não podia mais viver sem ele, sem esse amor que se fizera parte integrante de si mesma.

Depois de muito meditar, resolveu aceder, mas só três dias depois é que pôde responder afirmativamente; durante esse tempo lutou entre a razão e a sua fraqueza; momentos houve em que a razão parecia triunfar, mas o amor foi mais forte e venceu afinal.

O Marquês, ao receber a resposta, exultou de satisfação; agora estava seguro da conquista. Ela consentira — pensava — e uma vez a sós, os dois, saberia convencê-la... não lhe poderia resistir... Depois, poderia afrontar a Duquesa, fazendo-lhe as maiores pirraças.

À noite, preparou-se, tomando da panóplia um pequeno punhal, além da espada, e saiu. Avizinhava-se terrível tempestade e isso concorria, maravilhosamente, para o bom êxito da empresa.

Havia-se premunido de ampla capa, sempre utilizada nessas excursões noturnas. Ao passar pela Rua Forcela, esquina de Toledo, ouviu pronunciarem seu nome num grupo de rapazes que conversavam à porta de uma taverna. Parou um momento e escutou; comentavam o duelo e afirmavam que Sulfiéri àquela hora já era cadáver, com certeza; encolheu os ombros, como se se tratasse da coisa mais natural deste mundo e continuou a caminhar.

Nesse tempo, não havia iluminação nas ruas, de modo que passou perfeitamente despercebido.

Joana costumava acomodar-se cedo; só quando Maria ficava fazendo companhia à filha é que ela se deitava mais tarde; Maria, porém, havia partido na liteira enviada pelo Dr. Gervásio, e sua mãe, também só, pouco se demorava a conversar. Eleonora, por sua vez, não tendo com quem se distrair, recolhia-se cedo.

Nessa noite, devido à tempestade que já roncava, Eleonora deitara-se mais cedo ainda.

A chuva começava a cair quando Fernando, todo embuçado, chegou junto à janela. A rua estava deserta.

Ele tirou do cinto o punhal e com a ponta riscou três vezes na madeira.

Como se de dentro só esperassem o sinal, a

janela abriu-se e Fernando deu um salto para dentro.

A janela fechou-se novamente, sem ruído.

— Oh! querida Eleonora, obrigado!

— Fale baixo, que minha mãe pode ouvi-lo — respondeu alguém, que se não podia ver, porque o quarto se achava às escuras.

— Tens medo, meu amor? — perguntou Fernando.

— Oh! Senhor Marquês, sinto-me envergonhada e já arrependida desta leviandade.

— Acaso não mereço confiança?

— Não sei; se o não amasse tanto... a tanto não me atreveria.

— Oh! mas também eu te amo loucamente, Eleonora! Por ti daria todo o meu sangue... a minha vida... tudo...

— Não fale assim — disse Eleonora interrompendo-o — se soubesse quanto me assustou! Quando me lembro que a esta hora talvez já não existisse, quase enlouqueço...

— Mas não penses tal, não creias que me deixaria matar assim fàcilmente.

— Mas, conte-me... Porque se bateu? Como foi essa questão?

— Ora, não falemos mais nisso, já passou. Tratemos de nós, meu amor.

— Não, Senhor Fernando, desejo saber...

— Mas para quê? Interessa-lhe?

— Interessa-me saber como isso se deu.

— Diga antes que lhe interessa a vida daquele homem que...

— Oh! não, não... — não é a mim que interessa e sim à minha amiga... eu só ao Senhor amo... bem vê, portanto, que só a sua vida me interessa.

— E como é que se apressou a servir de modelo em casa do pintor? — não era no intuito de lá o encontrar?

— Sim, é verdade que me prestei a isso, que lá fui três vezes, mas, por causa de Maria.

— Ignorava, então, que ele a amava?

— Ignorava, e, quando ele mo confessou, retirei-me, não mais voltando.

— Mas, ainda no dia em que o fui provocar, havia estado lá; Francisco viu-a.

— Não sei, ignoro o dia em que o provocou.

— Foi na véspera do duelo.

— Então, foi nesse mesmo dia que ele me fêz declarações.

— Antes disso, não lhe falou a meu respeito?

— Não, nunca.

— Pensei...

— Não, Senhor Fernando... quanto a isso, não; ele sempre me tratou com muito respeito e nunca lhe ouvi pronunciar o seu nome.

— Pois então, sou eu agora quem lhe pede perdão do juízo que fiz, de que se fizera sua amante.

— Eu?... só de uma pessoa sê-lo-ia, que é o Senhor, a quem amo, e demais ninguém.

— Oh! Eleonora, meu amor, como me envergonho de ter duvidado da sinceridade do teu amor — e, cingindo-a, beijou-a.

Ela não resistiu e apenas aventurou-se a dizer:

— Tenha pena de mim...

— Amo-te, sim, amo-te — continuou Fernando — e te farei muito feliz... verás...

— E minha mãe, Senhor?

— Também se sentirá feliz, quando te vir fora desta casa, ocupando o lugar a que tens direito pela tua formosura.

Eleonora, ao contacto do seu corpo, sentia-se perturbada, já não se sentia com ânimo de resistir e toda se entregava a um enlevo indefinível.

O fidalgo atraiu-a mais a si, exclamando: — Olha, crê que mulher alguma jamais me fêz pulsar tanto o coração. Serás a Madona dos meus sonhos!... a minha rainha, por quem darei todo o sonho... minha vida... tudo...

E seus lábios se colaram nos de Eleonora, num férvido beijo.

....

Eram quatro horas da manhã quando Fernando se despediu de Eleonora.

— Agora, até quando meu Fernando? — disse ela com os braços em volta do seu pescoço.

— Até logo, meu amor — respondeu o Marquês — beijando-lhe os cabelos.

— Não te demores muito, sim?

— Sim, minha deusa... é só o tempo necessário para arranjar um palácio digno de ti. Quero que amanhã não estejas mais nesta casa.

Eleonora acompanhou-o até à porta da rua.

Ele beijou-a ainda uma vez e saiu.

Eleonora voltou ao quarto e, passando a mão na fronte, viu que os cabelos se haviam desprendido.

Corou, levou as mãos aos olhos.

Havia nessa noite perdido a capela que ainda na véspera lhe ornava a fronte...

A pomba caíra nas garras do abutre.

PARTE TERCEIRA

CONVENÇÕES SOCIAIS

I

À margem do Lago de Como ergue-se, sobre uma colina, um Castelo que tem o nome de Musso, seu antigo dono.

As árvores que o rodeiam emprestam-lhe a fragrância de suas frondes, tornando-o uma pitoresca vivenda.

De suas ogivas se vê todo o lago, partindo do cimo do promontório uma escada de pedra que vem ter ao lago, onde uma gôndola está amarrada.

Na frente, um jardim primorosamente cultivado por mão de caprichosa fada.

De um lado, esplêndido pomar onde se encontram macieiras e outras árvores frutíferas; videiras pejadas de cachos de uvas e, um pouco além, um cercado com uma cabra e sua cria.

Mais além, um viveiro de pássaros chilreando, contentes, aos primeiros albores do dia.

À esquerda, extenso caminho ensombrado de árvores, que vai dar na estrada.

À direita, um caramanchão, coberto por viçosa trepadeira.

Uma mulher idosa, mas ainda forte, sai de uma das portas com uma vasilha na mão, e, descendo uma escada, vai ordenhar a cabra; depois, lentamente, transpõe de novo os umbrais e desaparece no interior.

Instantes depois, assoma à porta uma jovem quase loura. Veste um penteador branco, preso à cintura por uma fita da mesma cor. O avolumado de suas formas dá a perceber que vai ser mãe: Parando com a fronte encostada ao portal, assim permanece muito tempo a contemplar o lago onde se cruzam algumas embarcações, por todo o extenso panorama que se desenrola à sua vista; dois anéis de cabelos se desprendem irrequietos, osculando-lhe a testa; ela os acaricia com a mão alva e os prende de novo na fita amarrada ao alto da cabeça, deixa escapar do peito um profundo suspiro, e, descendo ao jardim, colhe branca saudade que prende ao peito como significativa prova do que lhe vai nalma e no coração.

Depois, lentamente, chega ao cercado da cabra, e esta, ao vê-la, começa a agitar a pequena cauda, enquanto pisca os negros olhos; ao mesmo tempo, a pequena cria se vai refugiar ao fundo do cercado.

Dali parte a ver os passarinhos que estão no viveiro.

A senhora idosa vem juntar-se a ela.

— Sua bênção, minha mãe.

— Deus te abençoe, minha filha, dormiste bem?

— Sim, mamãe, e sonhei que Fernando tinha vindo passar comigo a primavera.

— Quem sabe não virá hoje por aí? Há tantos dias que ele foi.

— Na última carta, dizia seguir para Gênova e, de regresso, viria estar comigo alguns dias.

— Se ele te mandou dizer isso, é porque vem.

— Ah! mamãe! tenho-lhe tantas saudades!

— No entanto, só uma vejo no teu peito.

— A senhora está sempre disposta a brincar.

— E que queres que eu faça?

— Que peça a Deus para que ele venha mais depressa.

— Sossega que hoje mesmo o verás.

— Falas sério?

— Assim mo diz o coração.

— Ah! mamãe, que alegria me dás — disse, passando-lhe os braços em torno do pescoço. — Agora estou mais sossegada, porque, sempre que palpitas, ele chega.

Por esta conversa, já os leitores sabem que estas duas mulheres são Eleonora e sua mãe, que vieram habitar o Castelo, após aquela primeira entrevista do Marquês.

Joana, não obstante seus princípios de educação, havia-se conformado com a posição da filha, como um fato consumado, pois não podia dar mais remédio.

Resignara-se com o seu destino, submetendo-se à nova situação e alegrando-se ao ver a filha correspondida na sua paixão.

Fernando, a princípio, havia imaginado colocá-la num palácio, lá mesmo em Nápoles; mas Eleonora se opusera, dizendo preferir um lugar mais distante.

Então, depois de muito procurar, soube achar-se aquele Castelo desabitado. Depois de adquiri-lo e mandar fazer os reparos necessários, mobilou-o a primor, para receber Eleonora, que era, até ali, a mais formosa e terna das amantes que possuíra. Aprouve-lhe assim, acedendo aos seus rogos, tê-la longe dos amigos, pois os ciúmes lhe cruciavam o coração, julgando-a pérola de grande preço. Foi engastá-la nas margens do Arno, junto do Lago de Como, qual dissemos.

Eleonora, não estando acostumada à opulência, rejeitou os criados que ele lhe quis dar, manifestando desejos de viver só com sua mãe, nas ausências dele.

Ali estivera Fernando todo um mês numa verdadeira lua de mel, e depois voltara para Nápoles, por causa dos genitores que começavam a desconfiar da longa ausência.

Eleonora não queria conformar-se com a separação, mas não teve outro remédio; era amante e não esposa, por isso teve de submeter-se. Assim mesmo, considerava-se feliz por ver-se correspondida no seu amor.

Fernando havia procurado cercá-la de todo o conforto; sabendo que gostava de pássaros, mandou fazer um viveiro e encomendara as espécies mais raras da fauna europeia.

Ela desejou um barquinho para juntos passearem no lago e ele adquiriu uma gôndola; por último, havia comprado a cabra que lhe fornecia saboroso leite.

Um hortelão cuidava do jardim e do pomar, sendo este o único criado que tinham e que saía a compras e outros misteres mais pesados.

Joana superintendia os arranjos internos e era quem cozinhava, pois dizia não querer perder o hábito de o fazer.

Do que Eleonora sentia falta, agora, era dele, Fernando, a quem, mais do que nunca, se achava ligada por um laço indestrutível, qual o fruto de amor que trazia no seio.

Assim, depois de abraçar a mãe efusivamente, saiu a percorrer o pomar e, chamando Giuseppe, o hortelão, mandou colher alguns frutos maduros; depois, tratou ela mesma dos passarinhos, vindo os mais mansinhos pousarem-lhe nos ombros e ela os acariciava, tomando-os nas mãos e beijando-lhes os biquinhos.

Depois subiu, indo para o interior do Castelo, onde sua mãe já a esperava com o leite fervido. Sentou-se ao lado dela, a fim de tomar essa refeição e, ao olhar o lugar de Fernando à mesa, deixou escapar profundo suspiro.

A saudade ralava-lhe o coração.

De repente, ouviu-se um tropel de cavalo, ao mesmo tempo que um cão lebréu varava pela porta da sala.

Eleonora ergueu-se assustada.

Sua mãe imitou-a, dizendo:

— Que é isto? Quem se atreveria a entrar sem pedir licença? Chegando à balaustrada do terraço, viram apear-se um cavaleiro vestido à caçador, que, deixando as rédeas do animal nas mãos do criado, subira as escadas de mármore que iam dar ao terraço onde elas se achavam.

Joana, que viera até ao topo da escada — disse, reconhecendo-o:

— Ah! és tu, meu filho?

— Sim, sou eu, não me esperavam, hein?

— Eu sabia que vinhas hoje.

— Ah! sempre os tais pressentimentos.

— Apesar de neles não creres, vão dando certo.

Eleonora, encostada numa coluna que sustentava o docel do terraço, olhava-o admirada, sem ânimo de ir ao seu encontro, tal a comoção de que se achava possuída e que a impedia de proferir uma palavra.

— Oh! minha amada — exclamou Fernando, subindo, apressado, as escadas.

— És tu, meu querido? — perguntou Eleonora como para certificar-se de não estar sonhando, de que era mesmo ele que ali se achava diante delas e que a ia estreitar em seus braços.

— Sim, sou eu, meu amor. Não me esperavas hoje... não é assim?

E apertou-a de encontro ao peito.

— Ah! disse Eleonora, enlaçando os braços ao seu pescoço — parecia-me já te não ver há um século.

— Bem, mas o certo é que aqui estou ao pé de ti, meu amor! — e tornou a beijá-la repetidas vezes.

Joana, que presenciara a cena, enchia-se de satisfação e sorria à ventura da filha.

Passada a efusão de sentimentos e depois de transporem o vestíbulo, Eleonora perguntou:

— Vieste só? Que é do Francisco?

— Ficou para trás, mas não deve tardar.

— E este cão?

— Comprei-o para te presentear, pois é um caçador exímio.

— Que dizes?! E é mesmo?

— Muito; queres ver? Olha: — Lot! vem cá... — assim falando deu uma palmada na perna.

O cão que se acocorara a certa distância, saltou para ele, pousando as patas dianteiras nos seus joelhos, ao mesmo tempo que lhe lambia as mãos.

— Vês?

— Sim, contigo... agora comigo...

— Sê-lo-á também contigo; é porque ainda não te conhece, faz-lhe umas festinhas e verás.

Ela encheu-se de coragem e pôs a mão na cabeça do animal, batendo de leve, ao mesmo tempo que dizia: — Então, Lot, serás meu amiguinho também?

O cão, como se só esperasse por isso, começou a lamber-lhe a mão, abanando a cauda.

— Então — disse Fernando — bem razão tinha eu há pouco; já está feito o conhecimento.

— Olha, mamãe, como é mansinho — e Eleonora mostrava a Joana o animal, que continuava a fazer-lhe festas.

— Sim, filha, estou vendo que é muito manso.

— Bem, vamos para dentro. Não vais mudar de roupa?

— Sim, vou, mas trata de ver alguma coisa que se coma, pois trago uma fome dos diabos.

— Sim, meu filho — respondeu Joana —, vou ver.

Ambos entraram, enlaçados pelo ombro.

Fernando, depois de colocar o gorro no cabide, entrou no quarto para mudar de roupa.

Eleonora o acompanhou, enquanto Joana se dirigia à cozinha.

No interior do quarto, Eleonora, abraçando o amante, fitou-o atentamente, perguntando:

— Tiveste saudades de mim?

— Ainda o perguntas?

— Ora, tens lá tanto em que te entreteres...

— Tanto o quê?

— Moças bonitas...

— Começas com ciúmes?

— Para que negar, tenho ciúmes, sim...

— E que razão tens para isso? Se não fôsse a família, não sairia de ao pé de ti.

— Oh! como eu seria venturosa se assim fôsse!...

— Pois, agora, passarei algum tempo contigo.

— Sim? Falas sério? Não me estás enganando?

— Digo-te a verdade.

Nesse momento, ouviu-se tropel de cavalo.

— Quem será? — disse Eleonora.

— Deve ser o Francisco — respondeu Fernando.

Era ele, com efeito, que chegava com as compras que o amo lhe recomendara.

Francisco, como os leitores devem estar lembrados, era o criado fiel de Fernando, seu confidente, seu escudeiro, seu tudo: um verdadeiro **factotum**.

Sempre que viajava, o fidalgo levava-o consigo. Muito astuto e valente, tinha os requisitos necessários a um bom escudeiro. Fernando dedicava-lhe uma afeição que a bem poucos dispensava, por ter ele, já diversas vezes, lhe salvado a vida em aventuras noturnas, bem como tirado de embaraços noutras ocasiões.

Já vimos como ele procedeu junto de Joana, inculcando-se amigo de Chiapparélli.

Francisco, portanto, pagava-lhe na mesma moeda; era para o amo como a sua sombra, unha de sua carne; por ele daria a vida, de bom grado, pois apreciava-lhe o gênio, achando-o extraordinário e único em conquistas amorosas. Com ele havia aprendido a esgrimir a espada e o florete e era com garbo que se dizia seu discípulo.

Apeou-se amarrando o cavalo numa pequena estrebaria ao fundo do pomar, para onde o Giuseppe já havia levado o de seu amo, e, sobraçando os alforjes, subiu a escada dos fundos que ia ter à cozinha.

Fernando, que já mudara de roupa e se achava sentado à mesa com Eleonora, disse:

— Traze para aqui, Francisco, a lebre e as compras.

— Sim, Senhor meu amo. Oh! Senhora Joana — disse saudando a mãe de Eleonora —, como vai a Senhora?

— Eu, bem, e tu Francisco?

— Como a Senhora vê, sempre pronto para a servir. Com sua licença...

— Passa, Francisco.

— Aqui tem, meu amo — disse arriando os alforjes e tirando, de dentro, primeiro uma peça de caça.

— Oh! que bonita lebre — disse Eleonora.

— Foi Lot que a matou.

— Como vai a menina?! Está mais gorda, hein? — E dizendo-o, Francisco olhava de soslaio para o amo, tendo nos lábios um sorriso malicioso.

— Achas-me mais gorda, Francisco?

— Pois então não está?

— Devias achar-me mais magra, pois quase morri de saudades.

— Ah! mas agora já não as tem... E piscou um olho brejeiramente.

— Bom, deixa-te de prosa — disse Fernando — e põe para aqui o que te encomendei.

— Sim, Senhor. — Abrindo os alforjes, tirou um presunto, um queijo e quatro garrafas de vinho de Falerno, que colocou sobre a mesa; depois tirou outra garrafa de fino moscato.

— Esta é para você, meu amor — disse Fernando, tomando a garrafa das mãos do criado e dando-a a Eleonora.

— Obrigada pela tua lembrança.

Francisco continuou a despejar os alforjes.

— Olha, esta fazenda é para tua mãe — disse, apartando um corte de veludo escuro.

— Obrigada, meu filho! — disse Joana que entrava no momento com um prato na mão.

— Não tem que agradecer; quis provar-lhe que não me esqueço da senhora.

— Pois aqui tem um franguinho assado para ir dando que fazer aos dentes, enquanto preparo uma coisa de que muito gosta.

E colocando alva toalha na mesa, pôs o prato com o frango diante de Fernando, indo Eleonora buscar outro prato e talher.

— O resto das fazendas são tuas — disse Fernando para esta. — Quero que faças um vestido elegante para passares o inverno em Nápoles.

— Então sempre queres que eu vá?

— Sim, quero; já estou preparando o palácio que hás-de ocupar.

— Bem, se assim desejas... irei.

Enquanto Francisco, arrepanhando os alforjes, se retirava, Eleonora perguntou:

— Viste Maria?

— Não.

— Está boa; Senhorinha — disse Francisco.

— Viste-a? perguntou Eleonora.

— Sim, em companhia da mãe do bambino, a caminho da igreja.

— E que tal?... Sempre triste, não?

— Sempre a mesma, Senhorinha, parece que aqueles olhos nunca deixaram de chorar.

— Pobre Maria!... E o pequeno?

— O pequeno também não estava lá muito alegre.

— Coitado do Fernando, estimava-me tanto...

— Fernando?

— Sim... Não sabias que ele tinha o teu nome?

— E' a primeira vez que ouço falar nisto.

— Pois é o seu nome e só por isso o estimo ainda mais.

— Francisco retirou-se para a cozinha levando os alforjes e a lebre que entregou a Joana.

Finda a refeição, Fernando retirou-se para os seus aposentos, a fim de descansar.

Eleonora, com uma solicitude que nada deixava a desejar, sentou-se a seu lado, passando o braço pelo seu pescoço e dizendo com meiguice:

— Sabes? tenho uma revelação a fazer-te.

— Vamos lá, sou todo ouvidos.

Eleonora calou-se, baixando a fronte como se tivesse cometido uma falta.

Fernando pegou-lhe mansamente no queixo e, levantando-lhe a cabeça, disse: — então? estou esperando...

Ela fitou-o ternamente e proferiu quase como um murmúrio:

— Vou ser mãe.

— Que dizes?!... E' verdade?

— Sim... é verdade...

— Então, dá cá um abraço. — E satisfeito com a notícia, abraçou-a e beijou-a repetidas vezes.

O resto do dia passaram, ora no jardim, ora no pomar, braços dados, anchos, satisfeitos como se fôssem esposos felizes.

No dia seguinte, muito cedo, Fernando saiu à caça com Francisco e o cão.

Quando voltou, Lot trazia nos dentes outra lebre.

Eleonora já o esperava ansiosa, abraçou-o efusivamente e foram sentar-se à mesa, a fim de saborearem a lebre abatida na véspera.

À tarde, dispuseram-se a um passeio lacustre e Francisco aparelhou a pequena gôndola, pois ia ser o remador.

Eleonora desejaria, antes, ir só com Fernando, mas isso não podia ser, pois não seria ele quem havia de remar e, portanto, não teve remédio senão conformar-se.

Fernando notou a contrariedade e interrogou-a, porém ela deu uma desculpa qualquer e embarcaram.

A tarde estava lindíssima! O Sol, no ocaso, tingia de fogo as cumeadas das montanhas e o manso lago, açoitado pela brisa do nordeste, apresentava aspecto deslumbrante com suas ondas multicores.

Francisco, à popa, movia os remos com suas mãos possantes, de modo que a pequena embarcação singrava com rapidez prodigiosa, deixando, após, larga esteira que se diria formada de rútilos diamantes.

Fernando e Eleonora, sentados sob a tolda do centro, achavam-se bem conchegados, ele com o braço passado em sua cintura e ela apoiando-se-lhe no ombro; e, à proporção que o batel corria, ambos, maravilhados com o esplendor da Natureza, contemplavam o belíssimo panorama que se ia desenrolando às suas vistas, pois as casas e vilinos, situados nas margens, refletiam-se nas águas e, assim invertidos, dir-se-ia um contraste da Natureza.

A brisa fazia tremular a pluma do capacete de Fernando, ao mesmo tempo que brincava com os anéis do cabelo de Eleonora, atirando-os para trás, e como o Sol, no ocaso, dardejava raios de fogo sobre ela, suas lindas madeixas pareciam formadas de fios de ouro.

Ambos se fitavam num êxtase de ventura, contemplando-se mùtuamente com esse doce enlevo de dois entes que se amam e se encontram a sós, debaixo de um céu de anil, bordado de nuvens douradas.

Como expressão muda de seus sentimentos, conchegaram-se de modo a sentirem o pulsar dos corações, ao mesmo tempo em que, olhando-se de frente, viam seus semblantes refletidos nos olhos um do outro.

Assim se deixaram levar sem proferirem uma palavra. Eram os corações que falavam, e, nessa linguagem muda, eles se compreendiam.

Fernando não tinha veia poética, mas, no momento, sentia devanear a alma na contemplação do rosto de sua amada, que se lhe afigurava uma fada percorrendo seus domínios e prendendo-o aos seus encantos.

Eleonora, extasiada, sentia-se verdadeiramente feliz. Amava-o de todo o coração e de toda a sua alma, e, nesse momento, não se cansava de contemplar o ser amado; tendo-o junto de si, não desejava mais nada, toda a sua ventura se resumia nisso.

Francisco, vendo-os assim enlaçados, conjeturava a seu modo, admirando-se de ver o amo preso daquela forma, quando sempre se revelara de uma volubilidade extraordinária.

E' que, na verdade, não fora um simples capricho o que atraíra o Marquês a Eleonora; ela tinha dotes apreciáveis que a recomendavam ao seu culto, mas, além disso, prevaleciam os antecedentes do encontro em pregressa existência, na qual o Espírito de Fernando contraíra uma dívida para com ela, que deveria ser agora resgatada.

Teremos ocasião de, no fim desta narrativa, comentar o que se passou com cada uma dessas personagens, em existências anteriores.

* * *

Ia já a escurecer quando eles voltaram ao Castelo.

Fernando saltou da gôndola dando a mão a Eleonora, que, graciosa, saltou também, deixando-se cair em seus braços. Ele estreitou-a, e, beijando-a apaixonadamente, disse:

— Gostaste do passeio, minha querida?

— Muito! seria capaz de ficar toda a noite assim, sem me lembrar de mais nada.

— Nem do jantar?

— Nem disso... tinha-te a meu lado, que mais poderia desejar?

O rapaz abraçou-a novamente, beijando-a com ternura.

Joana, do alto da escada, contemplava-os absorta e comovida.

Assim passavam os dias nesse delicioso idílio, até que uma notícia inesperada veio perturbar esses amores.

Era um chamado da família e Fernando teve que voltar a Nápoles.

Eleonora recebera também, no mesmo dia, uma carta de Maria, na qual lhe contava o seu longo martírio, à cabeceira de Sulfiéri, servindo-lhe de enfermeira; dizia-o já restabelecido, porém cada vez mais indiferente para com ela, não obstante mostrar-se reconhecido. Terminava, dizendo-se doente e precisando retirar-se de Nápoles a conselho do próprio Dr. Gervásio, sem saber para onde ir.

Eleonora, ao terminar a leitura da carta, tinha os olhos rasos de lágrimas, passou os braços em volta do pescoço do amante e, fitando-o ternamente, disse: — Preciso de um favor teu.

— Dize.

— Desejo permitas a Maria venha aqui residir, até que possa restabelecer-se.

— Ela está doente?

— Assim me escreveu e diz que o Dr. Gervásio aconselhou-a a sair de Nápoles, por algum tempo.

— Pois escreve-lhe logo, e que venha.

— Mas, não é tudo, meu amigo.

— Que mais?

— Desejava mandasse ordem para que ela recebesse o dinheiro necessário às passagens, juntamente com a mãe e o irmão.

— E que mais?

— Nada mais.

— Pois como tenho de partir amanhã, mandar-lhe-ei o dinheiro necessário.

— Oh! obrigada, meu Fernando, muito obrigada — disse Eleonora beijando-o repetidas vezes.

— De que, meu amor? Se quase nada pedes.

— E, se não se tratasse de minha amiga, nem isso mesmo te pediria.

— Pois fazes mal, bem sabes que sou rico.

— Sei; mas não quero que algum dia possam dizer que esbanjaste a fortuna comigo.

— Mesmo que o dissessem, quem manda na minha vontade?

— Não, Fernando, basta já o nome que me dão...

Não concluiu, porque ele lhe tapou a boca com um beijo demorado.

No dia seguinte, despedia-se, seguindo para Nápoles.

II

Em lá chegando, tratou logo de cumprir o prometido e Maria recebia uma carta de Eleonora convidando-a a ir com a mãe e o irmão fazer-lhe companhia. Com esta carta, recebeu também uma bolsa com dinheiro. Exultou de satisfação, pois não esperava o convite e, ainda menos, os meios de fazer a viagem.

Também suspeitava que, não obstante o interesse de Eleonora, o fidalgo não concordasse.

Assim, preparou-se com o irmão e a mãe, dando o pouco que possuíam em pagamento de dívidas e, três dias depois, chegavam a Florença.

Foi um dia de regozijo para as duas amigas o encontrarem-se novamente, depois de separadas tanto tempo. Caíram nos braços uma da outra, chorando de alegria, enquanto Joana e Antônia faziam o mesmo, como velhas companheiras de infortúnio.

Depois, Eleonora acarinhou o pequeno Fernando, que sorriu satisfeito por vê-la de novo, pois sempre lhe dedicou sincera amizade.

Maria, chorando, agradeceu à amiga o que lhe havia proporcionado e Eleonora apenas lhe respondeu que agradecesse a Fernando.

— Eu agradeço a todos — disse a mãe de

Maria, chorando —, porque a minha pobre filha definhava de dia para dia.

— Está mesmo muito desfigurada a minha pobre Maria — confirmou Eleonora.

— E tu, muito gorda, hein? — disse-lhe esta sorrindo, fazendo alusão ao seu estado.

— Ah! são estes ares — respondeu Eleonora, corando —, tu, aqui, também, hás-de engordar.

— Qual, este meu mal não tem cura.

— Ora, o de que necessitas é distrações, e nós, aqui, temo-las de sobra.

Maria encarou a amiga e sentiu-se ìntimamente satisfeita com o ar de sinceridade com que lhe falava.

Depois, Eleonora convidou-a a darem um passeio pela quinta, a fim de mostrar-lhe as dependências.

O aprazível do sítio e a calma e o silêncio reinantes, sob o docel de verdura que as cobria, convidavam a confidências mútuas e elas não perderam a ocasião de as permutar.

— És feliz? perguntou Maria.

— Tanto quanto se pode desejar.

— Ele ama-te?

— Até hoje, posso dizer que sim; faz-me todas as vontades e trata-me como nunca pensei.

Maria soltou um suspiro.

— E tu? — perguntou Eleonora, observando-a.

— Eu sou muito desgraçada...

— Isso deduzi da tua própria carta. E ele? Conta-me o que se passou.

— Pouco tenho a acrescentar ao que te escrevi.

— Mas, isso mesmo, dize: Não se mostrou admirado de te ver à sua cabeceira?

— Sim, no primeiro momento não me reconheceu logo; seus olhos estavam como que vidrados pela febre!... Oh! nem podes imaginar como ficou desfeito em tão pouco tempo! Se o visses, não o reconhecerias; estava de uma palidez marmórea!... Quando lá cheguei, o Dr. Gervásio estava presente; veio receber-me, levando-me à presença da Condessa de Verona, irmã de Sulfiéri, que é uma senhora muito distinta. Ela me acolheu muito bem e foi logo mostrar-me os aposentos a mim destinados; depois, levou-me ao quarto dele.

Não sei como pude conter-me, ao vê-lo naquele estado! Estive quase a desfalecer!

Mas, Nossa Senhora me deu forças. Perguntei quais os remédios e, desde logo, comecei a ministrá-los.

Os curativos eram feitos pelo médico, auxiliado pelo Sr. Natálio.

— Ah! esse também lá estava? E não te falou?

— Sim, cumprimentou-me como se fôsse a primeira vez que nos víamos.

— E depois? Quando ele despertou?

— Só despertou no dia seguinte. Olhou-me demoradamente e fechou os olhos. Nesse momento, duas lágrimas brilharam-lhe nas pálpebras, deslizando-lhe pelas faces... Fiquei enternecida e tive a loucura de supor que eram por minha causa.

— E então não eram?

— Se o fôssem, ter-me-ia dito.

— Talvez não se oferecesse ocasião.

— Qual! ocasiões tivemo-las muitas.

— Chegaste alguma vez a ficar a sós com ele?

— Muitas!... uma até, bem me recordo, ele dormia e eu, estando só, dei expansão às minhas mágoas... chorei... Entrementes, ele acordou, fitou-me e estendeu-me a mão; tomei-a com ansiedade, pensando chegado o momento de findarem-se meus tormentos... Enganei-me... Disse-me apenas: «agradeço o seu sacrifício» — e, retirando a mão, fechou os olhos e continuou a dormir.

— E tu nada disseste?

— Não tive ânimo para tanto. Retirei-me para junto de um oratório que lá havia, e ali me deixei cair de joelhos, orando e pedindo a Deus forças;

depois, chorei muito e, só então, senti-me confortada.

— E estiveste lá ainda muitos dias?

— Quase um mês. Só saí quando ele se levantou do leito e o Doutor disse não ser mais necessária a minha presença.

— A irmã dele sabia alguma coisa?

— Julgo que não.

— E no dia que saíste?

— Ah! quiseram recompensar-me, mas recusei, dizendo não o ter feito por interesse. Então ele, tirando do dedo este anel — (e Maria mostrou um anel com uma linda safira rodeada de brilhantes) —, deu-mo, dizendo que o aceitasse como simples lembrança. Aceitei, por se tratar de uma coisa sua, única que me servirá para alegrar os últimos dias da minha vida.

— Os últimos!... não, Maria... Não digas semelhante coisa...

— Últimos, sim... Para que me hei-de iludir? — sei que meus dias estão contados... Meu sofrimento é aqui — disse apontando o coração. — E' daqueles que matam em pouco tempo.

— Não quero que fales assim, Maria, que me entristeces — disse Eleonora abraçando-a e beijando-a na face.

— Perdoa-me, vim talvez com minha presença toldar a tua felicidade.

— Não, Maria, agradeço a Deus o ter-me permitido que viesses e agora, que vou ficar sem o meu Fernando, tu me servirás de companhia e, juntas, procuraremos consolar-nos mùtuamente.

— Agradeço também o que fizeram por nós.

— Eu é que agradeço a Deus ter-me permitido poder minorar tua desdita.

— Obrigada, muito obrigada, minha amiga... Só tu poderias compreender-me e consolar-me. Agora, já estou melhor... precisava mesmo ter com quem desabafar. E Maria, por sua vez, abraçou e beijou a amiga.

Nesse comenos, haviam-se erguido e iam caminhando à proporção que conversavam, de modo que se encontravam próximo do pequeno cercado onde se achava a cabra.

Eleonora parou a fim de mostrá-la a Maria. O animalzinho, como se compreendesse a intenção, aproximou-se da cerca.

— Que mansinha ela é — disse Maria.

— Muito — respondeu Eleonora, metendo a mão entre as grades e afagando a cabra.

— Aquela — disse designando a cria — é que ainda está muito selvagem.

Dali passaram ao aviário, descendo depois ao jardim e deste à margem do lago, onde se detiveram por muito tempo.

Desse dia em diante, as duas não mais se separaram.

Joana estreitou mais a amizade que já havia entre ela e a mãe de Maria, sendo pela mesma correspondida, e entrou a auxiliá-la no serviço doméstico.

Lot familiarizou-se de tal forma com o pequeno Fernando, que logo no dia seguinte o acompanhou à caça. Não tardou que o pequeno aprendesse também a remar, e, então, as duas amigas saíam à tarde a dar o seu passeio pelo lago.

Passaram assim os meses, até que um dia, fora do seu costume, Eleonora não pôde sair do quarto. Joana, procurando saber o motivo, viu que, pelos seus queixumes, eram prenúncios de parto.

Quando ela saiu do quarto, Maria perguntou o que havia.

— E' que chegou o momento de tornar-me avó.

— Deus queira que seja um rapaz — disse Antônia.

— Vai ver que é menina — disse por sua vez Maria.

— Seja o que for — disse Eleonora assomando à porta, julgar-me-ei muito feliz.

— E que nome lhe darás?

— Se for mulher, o teu.

— O meu?!... Para quê? Sou tão infeliz...

— Ora, não é o nome de Nossa Senhora?

— Ah! sim... Mas se for homem?

— Terá o nome do pai.

— Muito bem, assim é que deve ser.

— Mas, minha filha, se você deseja pôr o nome de N. Senhora, que é a tua devoção, sendo mulher, porque, sendo homem, não lhe dás o de Mário?

— Porque não é próprio, mamãe.

— Por isso, não, Eleonora — atalhou Maria —, em sendo você a primeira, verá como outras pessoas o acharão próprio.

Então seja, e neste caso chamar-se-á Mário Fernando, se o pai quiser que tenha o seu nome.

— Pois não há-de querer?

Não disseste que ele se mostrou muito satisfeito ao saber que ias ser mãe?

— Sim, é verdade.. mas... que dor!... Meu Deus!...

— Tem paciência, filha, é assim mesmo; só agora poderás avaliar os trabalhos que passei contigo e só assim farás uma verdadeira ideia do que é ser mãe.

....

Seis horas depois, vinha à luz uma criança cujas feições eram as de Fernando; só os olhos e os cabelos eram parecidos com os da mãe.

— Então? — perguntou Maria à porta do quarto.

— E' um homenzinho, minha filha.

— Louvado seja Deus! Este, ao menos, não terá que sofrer como nós outras.

Eleonora, passadas as primeiras horas em que procurava reaver as forças, tomou o filho das mãos de sua mãe e cobriu-o de beijos. Seu pensamento voou para Fernando nesse momento, e balbuciou:

— Como se parece com ele!... Parece que o estou vendo.

— E' sim, minha filha, é o seu retrato.

— Preciso participar-lhe.

— Hoje não poderás fazer.

— Porque, minha mãe? Desejaria fazê-lo quanto antes.

— Amanhã...

— Pois sim... já que não pode ser hoje...

Com efeito, logo no dia seguinte, Eleonora escreveu a Fernando, participando-lhe o feliz sucesso.

O Marquês, logo que recebeu a notícia, partiu sem demora, sem poder disfarçar a satisfação que teria em beijar seu primeiro filho.

Foi um verdadeiro regozijo a sua chegada!... O quadro não podia ser mais tocante!

Na verdade, que haverá neste mundo que supere a formação da família?

Nada... Tudo o mais é tão insignificante, tão prosaico, que deixa muito a desejar.

Voltai, leitor, vossas vistas para os atos de vossa existência terrena; estudai cada um de per si, e, com verdadeira isenção de ânimo e de ideias preconcebidas, dizei, se tiverdes família, que alvo maior poderia corresponder aos destinos terrenos e aos desígnios da Divina Providência do que a criação e educação dos filhos que, como flores agrestes, vêm ao nosso seio para serem cultivadas e dignas de se ostentarem garridas ao lado das mais preciosas flores?

As palavras de Joana, à filha, exprimem uma verdade: — antes de passarmos por esse ato da vida, fazemos um juízo muito precário do papel dos genitores, e só depois de sermos pais é que podemos aquilatar a importância desse papel e saber, de fato, o trabalho que demos aos nossos.

Passada a efusão de sentimentos, em que os beijos se sucediam, indo do pai ao filho e à amante que o olhava com olhos reconhecidos, é que começaram a falar sobre o batizado que dois meses depois se realizaria na igreja da cidade de Como.

A criança recebeu o nome de Mário Fernando, tendo por padrinhos Luís Dinásti e N. Senhora. Foi apresentado à pia batismal por Maria, que, para isso, se ofereceu.

Fernando quis que o tio fôsse o padrinho do filho, a fim de o proteger, uma vez que não podia ele aparecer como pai.

Terminada a festa, voltaram para Nápoles, onde os chamavam interesses materiais.

Era uma vitória do amor sobre o preconceito.

III

Morria a tarde.

A praça de Jesus apresentava aspecto inusitado: — multidão de curiosos estacionava junto à porta da igreja de Santa Clara, onde, de quando em vez, paravam liteiras conduzindo madonas ricamente trajadas.

Grupos formados, aqui e ali, discutiam sobre as hierarquias dos titulares, e cada qual queria mostrar-se mais bem informado.

— Vês? — diziam num grupo — esta é a Marquesa de Tamborini; aquela que está chegando é a Condessa de Padova; conheço pela libré dos lacaios.

— Então o casamento é de alguma alta personagem?

— Não, o noivo é um simples Cavalheiro, pintor.

— E porque vem tanta gente nobre assistir a ele?

— E' porque a noiva é a filha da Condessa de Palmiéri... Silêncio!... Lá vêm eles.

— Eles quem?

— Os noivos.

— Oh! estou curioso.

— Então, aproximemo-nos.

— Tratava-se, com efeito, do casamento de Natálio com Aristeia e, como era coisa pouco comum casar-se um Cavalheiro pobre com moça rica e nobre, a quase totalidade da fidalguia tinha acorrido à cerimônia, já por curiosidade, já para criticar os jovens nubentes.

Eram três as liteiras que chegavam no momento.

Na primeira vinha a noiva com a madrinha: — A Duquesa de Ferrara; na segunda Natálio com o Duque do mesmo nome, e, na terceira, um moço pálido, de feições encovadas, que se diriam de um cadáver saído do túmulo — era Sulfiéri.

Ao apearem-se, passaram entre alas de curiosos e entraram na igreja.

À passagem da noiva, um brado de admiração estrugiu entre os curiosos: — Oh! como é linda!...

Realmente, Aristeia estava deslumbrante de beleza, com o seu vestido de seda lavrada, enfeitado de pérolas, trazendo na fronte a capela de flores de laranjeiras, que lhe fazia sobressair do véu o rosto meigo e gracioso.

A Duquesa de Ferrara trajava de seda azul-claro, um vestido decotado, deixando ver pendente do colo ebúrneo um rico colar de diamantes.

Natálio trajava gibão azul com fofos creme, tendo ao peito um colar com a insígnia de Cavalheiro; caminhava ao lado do Duque de Ferrara, que envergava um gibão roxo, trazendo à ilharga o competente espadim.

Sulfiéri vestia de veludo cor de vinho com fofos de cetim azul e gola de renda; ao pescoço, trazia também um colar com a insígnia de Cavalheiro e, ao lado, o espadim. O gibão escuro fazia sobressair a palidez do seu rosto.

A nave do templo estava repleta de pessoas de todas as classes sociais, sendo que a nobreza ocupava os primeiros lugares perto do altar-mor.

As mulheres colocaram-se ao centro para verem melhor; os homens, formando filas por detrás, esticavam o pescoço, pondo-se na ponta dos pés para não perderem o espetáculo.

Quando os noivos passaram, um murmúrio de inveja se elevou desde a porta da igreja até o altar--mor; os moços, por não serem eles os preferidos; as moças, por não ter ainda chegado a sua vez.

Os conhecidos os saudavam com respeito, enquanto os outros procuravam um motivo qualquer para criticar.

Quando Sulfiéri passou, um sussurro de lástima se ouviu. Diziam:

— Pobre moço! Como está desfigurado...

— Quase não se tem de pé.

— Coitado, escapou de ser vítima de um amor infeliz.

— Ah! foi este que se bateu em duelo com o Marquês?

— Caluda, olha, ele está acolá...

Estes ditos chegavam-lhe aos ouvidos, causando-lhe uma dor enorme no coração; mas, erguendo a fronte, os suportava com verdadeiro estoicismo, fisionomia serena, fronte erguida, desdenhando dos seus detratores. Caminhava para o altar-mor, onde já estavam os noivos e onde ia desempenhar o dever de amizade e de reconhecimento, servindo de testemunha do amigo.

Correu a cerimônia.

O sacerdote, ao lançar a bênção, depois das palavras do ritual disse:

— Abençoo-vos, meus filhos, mas, antes desta bênção, já éreis abençoados por Deus, porque um sentimento sublime já vos unia perante Ele. Vossos filhos serão verdadeiros frutos do amor e farão a felicidade do vosso lar.

Natálio e Aristeia, prosternados, receberam a bênção do sacerdote e renderam graças a Deus; depois, Natálio beijou a noiva, a quem desse momento em diante podia dar o nome de esposa, de fronte erguida e sem constrangimento.

Os que se encontravam mais próximo, morderam os lábios, ouvindo as palavras do ministro do altar e, neste número, achava-se a Duquesa de Ferrara, pois a carapuça entrou-lhe até ao pescoço.

Seguiram-se os abraços e cumprimentos da pragmática, dos padrinhos e conhecidos, enquanto se fazia ouvir harmoniosa música, ao mesmo tempo que das tribunas choviam pétalas de rosas.

....

À noite, o salão da velha Condessa regurgitava de convidados.

Todas as classes sociais achavam-se ali representadas, desde o fidalgo de altos coturnos, até o artista que trazia ao peito a insígnia de Cavalheiro, bem como oficiais graduados do Exército.

Estes eram os convidados de Natálio; aqueles, os da Condessa.

Fernando e Luís também lá estavam, pois foram convidados pela velha fidalga e não quiseram faltar, para que não os acoimassem de covardes, por sua recusa.

Aí, mais uma vez, os dois rivais se acharam frente a frente.

Sulfiéri, que fazia as honras da casa, a pedido da Condessa os recebeu com toda a distinção, como se nada tivesse havido entre eles.

Entre os convidados de ambos os sexos, mencionaremos apenas dois, que os leitores ainda não conhecem e que precisamos apresentar-lhes, por terem mais tarde papel importante no desdobrar desta narrativa. — São eles: Lúcia Fioreste de Lona e seu irmão Artur Fioreste de Lona. Ambos jovens, simpáticos, dançando admiràvelmente, de modo que se tornaram alvo de atenção geral.

Fernando, para pirraçar a Duquesa de Ferrara, começou a cortejar Lúcia.

De Ferrara, logo que isso percebeu, procurou desacreditá-lo, e, aproveitando a ocasião em que a de Lona se achava no vestiário a endireitar o cabelo, fêz-lhe ver os perigos a que estava exposta, aceitando a corte de um homem cuja reputação era pública e notória, como volúvel e sedutor. Isto, porém, só serviu para transformar o simples flerte em capricho. Lúcia desconfiou logo dos modos confidenciais da Duquesa e tratou de averiguar-lhes a causa.

Não demorou saber dos seus devaneios com Fernando e, portanto, da razão de tais confidências.

E' sabido, pela experiência, que essas coisas só servem para estimular o amor-próprio dos jovens. Quantas vezes um capricho momentâneo não se transforma em paixão veemente, só por alguém procurar dissuadir, lembrando os defeitos da pessoa namorada?

Foi o que aconteceu a Lúcia. Voltando ao salão, depois de ter conversado com duas conhecidas, ao invés de se esquivar às blandícias de Fernando, tornou-se mais atenciosa ainda.

O Marquês, encantado com a prova, procurou aproveitar todas as ocasiões para se despicar com a de Ferrara.

Esta, por sua vez, tentava desforrar-se para o lado de Sulfiéri, mas este, se antes não se deixara prender pelos seus ardis, agora, muito menos: tratou-a com todas as atenções, como Cavalheiro que era, mas conservando sempre uma certa frieza, que a obrigava a manter-se reservada.

Dinásti, sempre que podia, dirigia-lhe indiretas, que a tornavam furiosa.

Os noivos, ébrios de ventura, conservavam-se alheios completamente a tudo que se passava em torno.

Ouçamos o que diziam duas amigas a um canto do salão...

— Já reparaste como a noiva está satisfeita?

— Sim; tão absorta na contemplação do noivo, que até parece que nós não existimos.

— E ele, então, nem se fala...

— Ora, não admira... de Job que era, vai

tornar-se nababo; ela, sim, é que me admira ter-se apaixonado.

— O que é mais censurável é ter a Condessa de Palmiéri consentido nesse casamento tão desigual.

— Dizem que, a princípio, não queria e que o irmão muito a aconselhou neste sentido.

— Mas, que queres? a Condessa está velha, não quis contrariar a filha na sua inclinação, temeu lhe acontecesse o mesmo que à bela Laura de Valline.

— E' verdade, tenho ouvido falar tanto nessa história, mas acho-a um tanto romanesca...

— Pois podes crer que é verdadeira.

Meu pai assistiu às bodas da irmã e foi testemunha ocular do lutuoso acontecimento. (*)

— Pois olha, quando me contaram, não quis acreditar; pareceu-me impossível que a paixão desvairasse a criatura a um tal ponto.

— E também com um pintor...

— Efetivamente!... Começo a acreditar que os pintores são muito queridos das fidalgas de nossa terra.

— Só os pintores?!... Os poetas também, os músicos, os literatos... enfim, os artistas em geral.

— E' verdade, somos todas entusiastas do belo.

— Pois eu desejo reunir as duas coisas. Se tal não conseguir, preferirei a nobreza a esses cavalheiros feitos do pé para a mão, pelos reis.

— Pois eu, por mim, ainda não sei o que desejo, porque ainda não pensei nisso.

— No entanto, ainda há pouco te surpreendi olhando com insistência para o Cavalheiro Sulfiéri.

— Olhava-o compadecida, porque, realmente, faz pena ver um moço tão bonito chegar a esse estado.

— E dizem que se apaixonou por uma órfã,

(*) Vide "As Vítimas do Preconceito", obra do mesmo autor.

filha de um sapateiro e por quem se bateu em duelo com o Marquês.

— Que vergonha!...

— Que ele o fizesse, não admira, mas o Marquês...

— Ora, este já é mais que conhecido.

— Olha, ele aí vem com o inseparável tio.

De fato, Fernando acabava de entrar no salão, conversando com Dinásti.

As duas amigas calaram-se.

— E' o que te digo, meu caro Luís, a pequena é muito catita.

— E, pelo que observei, está enamorada de ti.

— Parece.

— Ora, parece: pelo que vi e pelo que acabas de contar, não há dúvida alguma.

— Mas é o diabo, se assim for.

— Porquê?

— Porque há-de querer que isso termine em casamento.

— E que tem isso?

— Tem que eu não pensava em semelhante coisa, ao menos tão cedo.

— Ora, deixa-te de histórias... Aproveita a ocasião que se oferece, de abiscoitar uma boa fortuna... que outra não terás tão propícia.

— Pois é efetivamente agora, que eu não precisava.

— O dinheiro nunca é de mais, meu caro. Toma o meu conselho: pede-a em casamento.

— E Eleonora?... disse Fernando, lembrando-se da sua amada.

— Que é que tem? Não tardará muito a te enfarares dela. Até já estou admirado de como te hás conservado tão fiel!...

— E' que lhe tenho sincera amizade.

— Qual lérias!... E' que ela ainda conserva seus tantos atrativos, que não tardarão a desaparecer: — começam a vir os filhos e... lá se vai a poesia.

— E' verdade, preciso ir vê-la, já estou com saudades do meu filho.

— Bem, parece que fiz mal em tocar no assunto.

— Não, até te agradeço, porque já me ia esquecendo dele.

— E vais deixar Nápoles?

— Se vou.

— Agora que começaste os amores com a Lúcia?

— Sim, que tem isso?

— Não sei se fazes bem... Olha que são muitos os pretendentes.

— Não tenho receio. Se tiver de ser minha, sê-lo-á.

— Estás fatalista, pelo que vejo. Eu, porém, penso diversamente. Olha que se empregares os meios, obterás; se descansares, perderás.

— Se perder, não sentirei muito.

— Bem, tua alma, tua...

— Não falemos mais nisto.

— Que é aquilo? Já se vão?

— Quem?

— A Lúcia e o irmão despedem-se.

— Aproximemo-nos.

Não foi necessário; a galante mocinha já para eles se dirigia.

— Então já? — perguntou Fernando.

— Pois acha cedo?

— Se acho?... Só meu coração poderia responder-vos.

— E diria a verdade? — perguntou Lúcia com certo galanteio.

— Porque não?

— Ora, o coração às vezes se engana...

— Uma vez será a primeira.

— O meu jamais se enganou...

— Então, quer deixar-me sem par?

— A um cavalheiro distinto e amável nunca faltam damas. Adeus Senhor Marquês.

Nesse momento, Artur, aproximando-se, disse: Sr. Marquês, estimei travar conhecimento com Vossa Senhoria; queira dispor de um amigo e honrar a nossa casa com a sua presença.

— Da mesma forma, Cavalheiro, estarei ao seu inteiro dispor.

Depois, retiraram-se.

Quando já instalados na liteira, Artur disse à irmã:

— Simpatizei imenso com o Marquês.

— Também eu; mas, ouvi dizer que é muito estróina.

— Ora, isso dizem de todos nós. Quem sabe o que já não dirão de mim?

— Que queres que digam, se não frequentas a roda?

— Também estamos há tão pouco tempo em Nápoles... Ah! deixa-me dizer-te: estou apaixonado.

— Sim!... E por quem?

— Por uma tal Dora.

— Ah! já sei, uma moreninha de olhos lânguidos, que conversava muito com a noiva, não é?

— Efetivamente.

— Falaste-lhe?

— Não.

— Também, quando deixarás essa timidez?

— Breve. Isto não vai assim.

— Ora, no teu lugar, hoje mesmo teria dito o que sentia.

— Admira-me como fazes as coisas tão fáceis.

— Por certo, quando se é homem e se sente uma viva afeição por uma pessoa, deve-se ser franco.

— Mas, é que às vezes não há ocasião.

— És um tolo, um homem as encontra sempre.

Nesse ponto, a conversa cessou, pois haviam chegado a casa.

Por esse pouco que acabámos de ouvir, já os leitores poderão fazer uma ideia do modo de pensar de Lúcia. Deixemo-los, por enquanto, e voltemos ao salão da Condessa. Fernando e Luís, após a saída de Lúcia com o irmão, retiraram-se também, e, com eles, alguns convidados, ficando sòmente as pessoas mais íntimas.

Eram duas horas da madrugada.

A Condessa fêz conduzir para a mesa os convidados e mandou servir o chá.

Os noivos sentaram-se à cabeceira, ficando à esquerda de Aristeia o Duque de Ferrara, e à direita de Natálio a Duquesa, ao lado de Sulfiéri; este, sempre taciturno, servia-se quase que automàticamente.

A Duquesa, com um meigo sorriso e o olhar incendido, disse:

— Sonha, meu poeta?

Não, Senhora Duquesa; já passei a idade dos sonhos; agora, só penso na realidade.

— Que lhe tem sido bem amarga, não é assim?

Sulfiéri fitou-a demoradamente, lendo-lhe no semblante a mordacidade das palavras, mas, nada respondeu.

— Não mereço uma resposta, Cavalheiro?

— Há coisas, minha Senhora, que a não ser bem respondidas, antes vale calarem-se.

— Preferia que me respondêsseis, Cavalheiro.

— Não faltará ocasião e acho mesmo que esta é imprópria.

Ela mordeu os lábios e permaneceu calada algum tempo.

Essa conversa foi dita à meia voz, de sorte que nem mesmo Natálio a ouviu.

Após o chá, os convidados retiraram-se e, à porta, a Condessa, aproveitando um momento em que Sulfiéri se lhe aproximava, disse:

— Cavalheiro, não esqueça do que me prometeu.

— De quê, Senhora Condessa?

— De visitar-nos o mais breve possível.

— Não esquecerei, descanse.

Fizeram-se as últimas despedidas, trocaram-se os beijos do estilo e cada qual, tomando sua liteira, regressou a penates.

Os noivos recolheram-se satisfeitos por poderem, enfim, atirar-se aos braços um do outro.

Os Duques de Ferrara os acompanharam até à porta do quarto, ali fazendo votos de prolongada ventura, e, depois, retiraram-se também.

Chegados ao palácio, separaram-se, seguindo cada um para seus aposentos. A Duquesa, porém, não pôde conciliar o sono, a ventura dos noivos fazia-lhe mal.

IV

ZELOS PATERNAIS

As viagens constantes de Fernando, à Toscana, haviam motivado desconfianças dos pais, de que alguma nova amante o atraía para lá.

Sua mãe, já conhecedora do gênio do filho, não se admirou disso, mas, temendo que um simples passatempo se tornasse em amizade sincera, procurou averiguar quem seria a causadora dessas viagens e soube que era a mesma pessoa que motivara o duelo do filho com o Cavalheiro de Sulfiéri, e temeu pelo futuro do filho.

O Velho Duque, por seu lado, estava vigilante, como veremos no curso desta narrativa.

Um dia, em que se achava a sós com a velha Duquesa, esta abordou o assunto.

— Precisamos cuidar do futuro de Fernando, meu Felipe.

— Porquê?

— Não achas que ele se está desregrando?

— Ora, deixemo-lo... é moço, está desfrutando a vida.

— Sim, Felipe, mas ùltimamente tem-me chegado aos ouvidos notícias mais ou menos desagradáveis do seu comportamento e bem poderíamos evitar que as coisas se tornassem piores.

— De que forma? Desejarias prendê-lo em casa como se fôsse uma criança?

— Não digo isso, mas... quem sabe se, casando-se, não endireitaria?

— E' possível... apesar de termos na família um exemplo vivo do contrário.

O Duque reparava os desmandos de Dinásti e, sempre que achava ocasião, censurava-o.

— Mas, Felipe, será crível que, por um ser assim, todos o sejam?

— Margarida, bem sabes que uma ovelha má deita um rebanho a perder; se não fôsse o mau exemplo do cunhado, nosso filho não estaria assim.

— Porquê? Não achas que ele se está desregrando?

— Não crês, então, que Fernando se regenere?

— Não digo que não; está moço, pode ainda ser muito ajuizado.

— Mas, se não cuidarmos disso quanto antes, receio muito pelo seu futuro... Essas viagens constantes à Toscana já me vão dando o que pensar.

— São estroinices de rapaz, Margarida, não te apoquentes por isso.

— Estroinices que podem dar mau resultado.

— Qual... não creio.

— Olha que ele ali vai pela mesma mulher que o ia levando a matar o Cavalheiro Sulfiéri, e agora não sai de lá...

— Porque não o aconselhas?

— Já o tenho feito e sempre diz — que tudo é um simples passatempo.

— Se assim é, deixemos que se divirta.

— Não, Felipe, eu acho que devias chamá-lo à tua presença e aconselhá-lo também por tua vez, fazendo ver que já está na idade de tomar estado.

— Pois bem; se é este o teu desejo, manda preveni-lo de que preciso falar-lhe.

— Vou mandar ver se ele está em casa.

Margarida retirou-se.

Momentos depois, a porta abriu-se e Fernando entrou.

— Meu pai mandou chamar-me?

— Sim, porque temos o que conversar.

Fernando franziu o sobrolho e fitou o pai, interrogando-lhe as feições; este, porém, sentado à secretária, tinha a cabeça baixa e o rosto sereno, não deixando transparecer preocupação de maior. Momentos depois de remexer uns papéis esparsos em cima da mesma secretária, como a procurar alguma coisa, ergueu os olhos para o filho e, vendo-o ainda de pé, disse:

— Senta-te e conversemos.

Fernando obedeceu.

— Tens até hoje vivido sob minha tutela — continuou o Duque —, e, procurando conservar o que te pertence, quis que pudesses sustentar o nome e a posição que te competem na sociedade, mas aproxima-se a tua maioridade e com ela entrarás na posse do que é teu — fêz uma pausa e depois continuou: — Ora, para que tenhas uma vida regular, pensei na necessidade de tomares estado.

Fernando ouvia-o com todo o respeito, aguardando o fim da exposição para, então, responder, e ficou aturdido, pois não esperava fôsse aquele o objetivo colimado.

O Duque, que o observava, notando-lhe a perturbação, continuou:

— Não pensas do mesmo modo?

— Não, meu pai; penso ser ainda muito cedo para tomar estado.

— Achas melhor a vida que levas, não é assim? — disse o Duque alteando a voz e encarando-o com severidade.

O rapaz curvou a cabeça e nada respondeu.

O Duque, vendo-o naquela atitude, tornou:

— Então nada respondes?

— Digo, meu pai, que presentemente não penso em casar-me.

— Porquê?

— Porque estou em situação embaraçosa; não vo-lo queria dizer, mas, já que se oferece ocasião, serei franco...

Fêz uma pausa e prosseguiu: — Não posso tomar estado, porque já sou pai.

— Já o sabia, meu filho, sem que o ousasses dizer-me.

— Pensavas, então, que as tuas viagens à Toscana ficariam sem que eu lhes conhecesse a causa? Sei que adquiriste o Castelo de Musso; que mandaste fazer-lhe os reparos e para lá levaste a tua amante; que ela teve, ùltimamente, um filho a que deste o nome de Mário Fernando, sendo teu tio o padrinho...

— Vejo que estais perfeitamente informado e, neste caso, dar-me-eis razão.

— Razão de quê? De conservares essa amante? Queres, então, seguir os mesmos propósitos de teu tio?

— Mas, meu pai, não se trata de uma mulher vulgar, trata-se de uma moça virtuosa, a quem prejudiquei e procuro assim compensar o mal que lhe fiz.

— Está muito bem o que fizeste até agora; mas isso não quer dizer que devas ficar assim toda a vida.

— Mas, meu pai, agora é que não posso deixar de protegê-la, pois me tornaria um desalmado.

— Ora, filho, se todos os fidalgos fôssem viver com as amantes de quem têm filhos, a sociedade se transformaria. Podes continuar a suprir as necessidades de tua amante, mas precisas mudar de vida.

— Mas se não conheço ninguém nestas condições de esposar-me, e amo Eleonora, não poderei afeiçoar-me a outra mulher.

— Ora, o amor virá com o tempo; o que se te afigura amor não passa de um capricho, verás. Procura entre as pessoas do teu conhecimento e encontrarás alguma donzela digna de ti. O que não podes é continuar nessa vida, a menos que queiras desobedecer-me.

— Farei por obedecer-vos, meu pai, mas necessito de algum tempo para isso.

— Procura fazê-lo, é o que tenho a dizer.

— Farei por isso.

Fazendo uma vênia, retirou-se.

O Duque, após a saída do filho, debruçou-se à secretária e começou a escrever.

— Então, que conseguiste? — perguntou Margarida, entrando.

— Disse, a princípio, não pensar em mudar de estado, mas fiz-lhe ver que ia mal e acabou prometendo angariar noiva.

— Ora graças a Deus; agora estou mais descansada.

— Bem, agora deixa-me — disse o Duque —, porque preciso pôr uns papéis em ordem e tenho ainda que responder a uma carta que recebi da Toscana.

— Da Toscana?!... — perguntou Margarida, admirada.

Sim, do Alexandre de Médicis, Duque de Florença, dizendo-me ter, de fato, nascido ali uma criança a que deram o nome de Mário Fernando, sendo padrinho Luís Nicola Dinásti.

— Dinásti?!

— Sim, Dinásti, teu cunhado. De que te admiras?

— E essa criança?

— Pelo nome deve ser nosso neto.

— Santo Deus! — exclamou a Duquesa; pondo as mãos na cabeça. — E não me havias dito nada...

— Para quê? Para te incomodares? Não, o que é preciso é evitar que esse bastardo venha, mais tarde, usurpar o que só aos legítimos compete.

— Pobre criança! — disse Margarida sensìvelmente penalizada — e retirou-se antes que o Duque lhe visse as lágrimas.

Este continuou a escrever.

Nesse mesmo dia, a convite de Artur, Fernando comparecia a uma reunião em casa do Marquês Fioreste de Lona.

V

LUCRÉCIA ALCANÇA A SUA DESFORRA

Voltemos ao Palácio de Ferrara.

Nossos leitores devem estar lembrados de Lucrécia, a criada de quarto da Duquesa, que conhecia os amores dela com Sulfiéri e ficara surpresa quando a ouviu, sonhando, pronunciar o nome de Fernando.

Lembram-se, também, da cena havida entre ela e a ama, e da sua ameaça ultriz.

Ora, Lucrécia esperava que os amores da Duquesa com Fernando continuassem, para fazer escândalo e assim tirar a sua desforra.

Já vimos que esses amores fracassaram e que ela, despeitada, voltara-se novamente para Sulfiéri, encontrando-o mais frio do que nunca.

Como tivemos ocasião de observar, Natércia era de um temperamento ardente e ansiava encontrar alguém que lhe satisfizesse os desejos. Se ainda não prevaricara é porque os homens, para os quais lançara suas vistas, não lhe correspondiam.

Lucrécia, que espreitava a ocasião de apanhá-la em qualquer fraqueza, fora procurando insinuar-se-lhe no ânimo, louvando-lhe os dotes físicos e, ainda por ocasião do casamento de Natálio, quando a auxiliava a vestir-se, disse que ela estava encantadora e, com certeza, ia causar inveja a muitas moças.

Vimos que Natércia, não obstante seus ardis, não conseguira intrigar Fernando com Lúcia.

Dissemos que entre os convidados havia de tudo, tanto pessoas da nobreza como artistas e oficiais de exército.

Entre estes, achava-se um jovem Capitão, oficial francês, às ordens do Vice-Rei Jerônimo de Morôni. Este oficial viera com o Chanceler, sendo muito benquisto no Palácio e, dizia-se, era **persona grata** de Carlos V, rei de França.

Assim sendo, teve também o seu convite e achava-se presente às bodas.

Já por ocasião da sua chegada com o Chanceler, tivera ocasião de ver a Duquesa de Ferrara, no Palácio, e ficara deslumbrado da sua beleza; de modo que procurara saber quem era e contaram-lhe com quem era casada e que desposara o Duque, a contragosto do filho, o Marquês Hércules d'Éste, cunhado do Rei de França.

Depois de alguns dias, descobriu-lhe a morada, e, como soube que tinha inúmeros adoradores, quis também ser contado nesse número. Assim, procurava passar-lhe sempre à porta do Palácio, na esperança de vê-la.

Lucrécia, a princípio supôs fôsse ela o motivo das olhadelas para as janelas do palácio, de modo que ali se postava sempre, a fim de espreitar-lhe a passagem.

O jovem oficial, já de posse de alguma experiência da vida e conhecedor do coração humano, foi entretendo com a criada uma espécie de namoro, na esperança de que isso lhe servisse para o futuro.

Assim, foi por ela que teve conhecimento dos amores infelizes da patroa, e só aguardava o momento oportuno para candidatar-se.

Esse momento chegou com as bodas de Natálio. Ali, por diversas vezes, procurou aproximar-se da Duquesa. Esta, porém, preocupada como se encontrava em intrigar Fernando com Lúcia, não lhe prestou muita atenção; não obstante, à sagacidade feminina não lhe passaram despercebidos os olhares do oficial.

Recolhendo-se ao palácio aborrecida e despeitada com as respostas de Sulfiéri, não pudera conciliar o sono e, por uma correlação de ideias, lembrou-se do oficial que a olhara com tanta insistência.

Era um belo rapaz, de maneiras distintas, ocupando lugar de realce no Palácio do Governo, e ela já se arrependia de lhe não ter dispensado a importância devida, e pensava: — se não acharia ocasião de pregar uma peça a Sulfiéri e ao próprio Fernando.

Assim conjeturando como proceder, passara toda a noite sem poder conciliar o sono. Pela manhã, levantou-se mais cedo que do costume e, instintivamente, chegara à janela do quarto, no momento mesmo em que o oficial passava na rua, fazendo sinais para alguém do palácio. Natércia ficou curiosa, escondeu-se por trás da cortina e continuou a observar. Viu, então, Lucrécia sair e falar com o oficial, que parara um pouco adiante. Esperou que a criada voltasse e, quando a viu entrar, tocou a campainha.

Lucrécia demorou-se e ela tocou novamente. A criada acorreu ao chamado.

— Onde estavas Lucrécia? é a segunda vez que chamo!

— Estava lá em baixo, pois não esperava que a senhora me chamasse tão cedo...

— E quem é o oficial com quem conversavas há pouco?

A rapariga ficou aturdida, não supunha que tivesse sido vista e, para lhe desviar a atenção, disse:

— E' um oficial que estava falando a respeito da Sra. Duquesa.

— A meu respeito?... E que dizia ele?

— Indagava se a Sra. Duquesa tinha passado bem a noite ; — dizendo-o, Lucrécia mentia, mas a Natércia pareceu natural que aquele oficial se interessasse por ela, a ponto de vir indagar da sua saúde, e continuou:

— Foi hoje a primeira vez que ele a ti se dirigiu a meu respeito?

— Não, Sra. Duquesa, já há algum tempo que ele passa por aqui e sempre a fazer perguntas a seu respeito.

— Sabes como se chama?

— E' assim uma coisa como Chale... não sei bem.

— Deve ser Charles, que em nossa língua quer dizer Carlo, pois ele é francês.

— Parece que é, sim senhora.

— Bem: e ele passa aqui todos os dias?

— Passa, sim senhora, e hoje parece que volta, pois em vez de dizer até amanhã, como costuma, disse outra coisa.

— Já sei, ele disse: **au-revoir**, não foi?

— Foi sim senhora.

— Pois logo, quando o vires, vem prevenir-me.

— Sim senhora, serão cumpridas as suas ordens.

— Bem, agora podes arrumar o quarto; — e Natércia passou ao gabinete e vestiário.

Ali chegando, sentou-se num divã.

Engolfando-se em cogitações, concluía: se vinha todos os dias perguntar por sua pessoa é que estava apaixonado, e porque não o havia ainda percebido?

Lucrécia, por sua vez, pensava: — Não é que ela acreditou no que eu lhe disse?... Mas, foi melhor assim... Deus queira que ela se apaixone por este, porque, então, terei a minha desforra.

Nesse dia, o Duque teve necessidade de afastar-se de Nápoles e mandou dizer à esposa que ia a Florença, onde se demoraria uns dias. Natércia exultou por ficar só e à vontade.

Na tarde desse dia, Charles voltou a passar pela porta do palácio e Lucrécia, que o espreitava, correu-lhe ao encontro e contou o que se passara entre ela e a ama.

O oficial mostrou-se satisfeito e perguntou se o Duque estava no palácio. Sabendo que havia ido a Florença. deu uma volta e, momentos após, regressava, dizendo precisar falar ao Sr. Duque.

O porteiro respondeu que o amo estava ausente, mas a Sra. Duquesa talvez o recebesse.

O Capitão perguntou, então, se poderia ser anunciado.

O porteiro, depois de pedir que esperasse um pouco, mandou que o anunciassem à Duquesa, que não tardou a mandar introduzi-lo.

Encaminharam-no ao salão, onde não tardou aparecesse Natércia, perguntando-lhe o que desejava.

— Desejava falar ao Sr. Duque, respondeu, envolvendo-a num olhar cúpido e devorador.

— Ele não está, mas queira ter a bondade de dizer do que se trata e lho transmitirei logo que chegue.

O oficial, que procurara aquele ardil para estar a sós com aquela beldade, ficou um momento calado, aturdido, ante a graça altaneira da moça, cujo corpo esbelto, flexuoso, deixava evolar eflúvios que já o tinham estonteado anteriormente. Havia nela esse algo desconhecido que emana de toda mulher formosa.

Natércia, notando-lhe a turbação, envolveu-o com o fulgor dos seus olhos cambiantes, qual o estremecimento de águas azulinas, e ele sentiu esse fulgor perpassar-lhe na epiderme, como carícias de mão veludosa. Admirou aquela criatura alva de jaspe, cujos braços desnudos semelhavam brancas asas imóveis e a achou belíssima, comparando-a a uma flor imaculada, cujo hastil emergisse das dobras do seu traje escuro, como os tons argentados de um cisne à sombra de densas ramarias.

— Poderei saber do que se trata? — repetiu para quebrar o silêncio.

— São segredos de Estado, Sra. Duquesa.

— Que uma mulher não pode saber, não é assim?

— Não, Exa, mas há outras coisas que as mulheres devem saber; por exemplo: que são causadoras da loucura de muita gente.

— Não sei o que quereis dizer, Capitão.

— Refiro-me a V. Exa.

— A mim?!... E' possível que o faça, porém, inconscientemente.

— Inconsciente ou não, o fato é que ainda ontem, nas bodas do Cavalheiro Natálio, V. Exª era o alvo da quase totalidade dos rapazes que lá estavam, de modo que não tive tempo nem ensejo de apresentar-lhe meus testemunhos de veneração.

— E' por demais lisonjeiro, Capitão; bem se vê que é francês e que a França é um país onde os homens cultivam a arte da galanteria.

— Não, nós somos sinceros em nosso modo de apreciar. A Itália prima pela beleza de suas filhas e V. Exª é de todas a mais formosa, por isso que lhe apelidaram a «Rainha» da Sociedade Napolitana.

— E acha que mereço semelhante título?

— Oh! perfeitamente adequado. Agora, peço licença para depor a seus pés toda a minha veneração — e, juntando o gesto às palavras, Charles dobrou o joelho e depôs na mão da Duquesa um demorado ósculo.

Nesse momento, um reposteiro agitou-se, a indicar que alguém ali estava espreitante. Era Lucrécia, que, vendo entrar o oficial, fora ali perfilar-se, e ficou satisfeita, dizendo consigo: agora já tenho uma arma...

A fidalga ficou sensibilizada e ao mesmo tempo orgulhosa de ver aquele oficial estrangeiro, ali, ajoelhado a seus pés, e, não podendo conter o júbilo que lhe ia nalma, disse, quando ele se ergueu:

— Sensibiliza-me a sua atitude, Senhor...

— Charles Vernier, para a servir, Excelência.

— Senhor Charles... não sei como corresponder a...

— Permitindo seja o último dos seus vassalos, Majestade! E frisou esta última palavra.

— Oh! Capitão, desvanece-me com tamanha homenagem e sentir-me-ei satisfeita em poder contá-lo no rol dos meus amigos. Daqui a alguns dias o Sr. Duque estará de volta, e, então, poderá desempenhar-se da missão que lhe confiaram.

— Perdão, Sra. Duquesa, minha missão já está cumprida.

— Como assim?

— Eu sabia da ausência do Sr. Duque e vali-me do pretexto de o procurar para ter o ensejo que V. Exª acaba de proporcionar-me.

— Ah! então não é a Duquesa de Ferrara quem lhe perdoa e sim a «Rainha» da Sociedade de Nápoles. Bem se vê que é francês, pois os nossos conterrâneos não teriam essa audácia.

— V. Exª dá valor à audácia?

— Porque não? se é ela que tem elevado os grandes homens, como César Augusto, por exemplo. A prova de que aprecio a sua audácia está em não ficar de mal com o Senhor.

— Se o fizesse, tornar-me-ia o mais infeliz dos mortais.

— E assim procedendo, como se considera?

— Como o mais feliz entre os felizes, se permitir que venha adorá-la ainda outras vezes.

— Com todo o prazer.

— Então, até amanhã Sra. Duquesa.

— Até amanhã, Cap. Vernier.

E ao se estenderem as mãos em despedida, seus olhos disseram mais do que os lábios poderiam proferir.

Natércia acompanhou-o com a vista até vê-lo desaparecer no vestíbulo, e foi para os seus aposentos.

Estava deveras radiante! Nunca os seus patrícios lhe haviam testemunhado tantas homenagens!

Lucrécia, que, por trás do reposteiro, tudo

presenciara, logo que a viu de volta, correu para o interior do palácio.

Nessa noite, Natércia pouco dormiu, pensando no jovem oficial; já pela madrugada é que pôde conciliar o sono, para sonhar com a cena da véspera e deleitar-se como que ouvindo ainda os madrigais do árdego oficial.

Lucrécia, na esperança de surpreender o que a duquesa pudesse dizer sonhando, como da outra vez, levantara-se mais cedo e viera rondar-lhe o leito; mas a Duquesa, desde aquele dia, não mais deixava a porta aberta, e a rapariga ficou por ali a fazer alguma coisa, prevendo que seria chamada mais cedo que de costume.

Não se enganou, pois daí a momentos a Duquesa abria a porta do gabinete e tocava o tímpano, chamando-a.

Velhaca que era, a criada não se apresentou logo ao primeiro chamado, deixou que tocasse segunda vez e só então se apresentou, esfregando os olhos como se estivesse ainda a dormir, quando fora chamada.

— A Senhora chamou?

— Sim, preciso de ti. Trata de pôr tudo em ordem, arruma o quarto muito direitinho, que hoje espero visita.

Lucrécia olhou-a, admirada. E a Duquesa corrigiu:

— Isto é: dize ao Teódulo que arrume direitinho o salão, pois hoje espero visita.

— Já sei que hoje minha ama vai tornar-se muito catita.

— Sim, preciso enfeitar-me, pois já estou ficando velha.

— Velha?... Oh, minha ama, não é isto que ouço dizer a seu respeito.

— E que tens ouvido, Lucrécia?

— Ora, ainda outro dia, aquele oficial francês me afirmou que a Senhora é linda... — disse Lucrécia, maliciosamente, encaminhando a conversa para esse lado.

— Ele te disse isso Lucrécia? Mas, conta-me: há muitos dias que ele passa por aqui?

— Sim, minha ama, tanto que me chamou a atenção e comecei a observá-lo. Foi, então, que ele me chamou e começou a fazer perguntas a seu respeito, mas eu só lhe disse aquilo que podia dizer...

— Pensei que fôsse teu namorado, quando te vi ontem a conversar com ele.

— Ora, minha ama, quem sou eu para receber homenagens de um oficial tão distinto?

— Pois ele esteve aqui ontem e ficou de voltar hoje. E' a visita que eu espero.

— Ah! é ele?!... disse Lucrécia fingindo-se admirada.

— Por isso, quero que faças tudo direitinho. Olha, depois de tudo arrumado, quero que ponhas flores nas jarras; mas aqui no gabinete quero violetas de Parma, das mais bonitas e viçosas que houver no jardim.

— Sim Senhora, minha ama; então quer que o introduza no gabinete logo que chegue?

— Não, manda-o entrar para o salão, mas eu estarei aqui no gabinete e o deixarei aberto para que o perfume se volatilize até lá. Compreendes?

— Sim, minha ama, compreendo.

— Não, Lucrécia, tu não podes compreender. A mulher «chic» se distingue pelo perfume ou essência que usa. Já deves ter notado que o meu perfume predileto é o violeta.

— Sim, já o tenho notado e vou fazer um ramalhete para a Sra. colocá-lo ao peito.

— Dizes bem, vestir-me-ás com aquele vestido decotado com que fui ao casamento e colocá-lo-ás aqui — e Natércia apontou para o seio.

— Sim senhora, aí ficará muito bem.

— Agora vai preparar o banho e previne o Teódulo. Depois, vem tratar da arrumação.

Lucrécia saiu.

Ficando só, Natércia disse consigo — foi uma boa lembrança de Lucrécia, a do ramo de violetas no peito, pois Charles aspirará melhor o seu perfume suave...

Criada inteligente, esta Lucrécia, e eu preciso agradá-la, talvez me seja útil.

Assim monologando, Natércia deixou o quarto e, quando ia demandando o gabinete, a criada veio dizer que o banho estava pronto.

Passou-se a manhã em constante ansiedade, tanto por parte da ama como da criada, até que às duas horas da tarde o porteiro anunciou o capitão Charles Vernier.

Teódulo, já prevenido, convidou-o a entrar para o salão e saiu a prevenir Lucrécia que, por sua vez, foi prevenir a Duquesa.

Esta, deixou-se ficar no gabinete ainda um pouco, e depois de se mirar mais uma vez no espelho e endireitar o ramo que Lucrécia, depois de ajudá-la a vestir-se, havia posto no decote do vestido, encaminhou-se para o salão.

— Peço desculpa de tê-lo feito esperar.

— Oh! Sra. Duquesa, eu é que peço desculpas de ter vindo, talvez em hora imprópria. V. Exª ia talvez a alguma reunião e vim importuná-la — disse, reparando no apuro do traje.

— As minhas amigas poderão esperar, Senhor Vernier.

— Mas, perdão; se V. Exª ia sair, eu me retiro.

— Absolutamente, e creia que até me felicito por ter vindo antes que me ausentasse, pois assim poderia parecer que o fizera intencionalmente.

— Não sei como agradecer-lhe Sra. Duquesa e consinta que lhe beije as mãos — e ao curvar a cabeça em atitude genuflexa, aspirou o suave perfume que se desprendia do seu colo.

— Agora, Sr. Vernier, queira assentar-se e conversemos.

— Permita, Sra. Duquesa, que lhe ofereça

uma pequena lembrança. Foi a uma cadeira próxima da que estivera sentado, e, tomando de um ramo de cravos, que ali se achava coberto com papel fino, ofertou-o à Natércia.

— Agradeço-lhe: conquanto raras, não são as flores da minha predileção.

Ela os tomou, sem os aspirar.

— Pelas que trazeis ao peito, percebo que as prediletas são as violetas.

— Sim, porque são aquelas cujo perfume suave trescala sem que vejamos de onde vem. Estas, mandei-as vir de Parma, onde são nativas.

— Efetivamente, são lindas! Permita que lhes aspire o perfume.

— Com todo o prazer. — E Natércia ofereceu o colo ao oficial que, adiantando-se, chegou as narinas junto às violetas, ao mesmo tempo que, com os olhos, procurava devassar o interior do corpete. Dir-se-ia aspirar também o perfume daqueles seios palpitantes, a se evolarem como de um roseiral em plena florescência.

Natércia cerrou os olhos, sentindo sensação indefinível.

— São realmente de um perfume delicioso — disse Charles, erguendo a cabeça — e vejo que tem um apurado gosto; até me arrependo da lembrança que trouxe.

Tirando de uma jarra as flores postas pela criada, a Duquesa nela colocou os cravos trazidos pelo oficial, dizendo:

— Oh! Sr. Vernier, não vos censureis por isso. Eu vos agradeço a lembrança e, fôsse ela qual fôsse, ficaria agradecida.

Agora, sentemo-nos e conversemos.

Não quisera roubar vosso tempo Sra. Duquesa, sabendo que outras pessoas a esperam.

— Não, Sr. Vernier, irei mais tarde, pois quero ter o prazer de gozar a sua amável companhia.

— Tanto desejaria também eu, se não houvesse ouvidos indiscretos — disse Charles percebendo o movimento de um reposteiro por trás da poltrona onde Natércia se assentara.

— Nada receie, nós estamos sós.

— E Natércia, voltando-se, seguiu a direção do olhar do oficial e percebeu ainda um certo estremecimento do reposteiro.

— Quisera que assim fôsse, Sra. Duquesa, mas V. Exª dar-me-á razão.

— Sim — disse Natércia suspirando — aguardemos melhor ocasião.

— Perfeitamente, Sra. Duquesa, tanto mais que a estão esperando alhures.

Assim, permita que me retire. — Ergueu-se a fim de retirar-se.

A Duquesa estendeu a mão, que ele beijou demoradamente, e acompanhou-o até à porta do salão, onde novamente se despediram.

— Agora, até quando Sr. Vernier?

— **Au revoir**...

— Nós dizemos: **a domani**, Capitão.

— Pois bem: então... **a domani**.

— **A domani** Sr. Vernier.

Fêz ainda uma vênia e desceu as escadas.

Logo que ele se retirou, Natércia foi para o quarto, tocando a campainha.

Lucrécia acorreu imediatamente.

— Dize-me, Lucrécia, que fazias ali atrás do reposteiro?

— Atrás do reposteiro?!... repetiu a criada, titubeante — eu?!...

— Sim, tu... Não podia ser outra pessoa... Tanto que foste percebida pelo oficial. Porque procedes desta maneira, Lucrécia?

— A Sra. Duquesa queira desculpar — disse a criada enrolando a ponta do avental, sem saber como justificar-se.

Desculpo-te por esta vez, mas não tornes a fazer isso, sob pena de seres despedida.

— Sim, minha ama, eu prometo não fazer mais.

— Bem; agora, ajuda-me a mudar de roupa.

— Então a Senhora não vai mais à reunião?

— Vês, mais depressa se apanha um mentiroso do que um coxo... Como sabes que eu ia a uma reunião, se nada te disse neste sentido?

— E' que...

— E' que ouviste minha conversa por trás do reposteiro, e, no entanto, negaste a princípio... Não, Lucrécia, eu não vou a reunião alguma e disse aquilo para que ele não pensasse que me havia preparado deste modo, para recebê-lo. Percebes agora?

— Sim, perdoe-me.

— Estás perdoada por esta vez, já te disse: procura ser mais discreta para outra ocasião e não te arrependerás.

— Sim, Sra. Duquesa.

E Lucrécia, à proporção que falava, ia ajudando a ama a mudar o vestuário.

No dia seguinte Charles voltou e pôde dizer a Natércia o que sentia, isto é, a paixão veemente que lhe votava, ansioso pelo momento de poder lenir seu sofrimento.

Natércia exultou de satisfação por saber-se amada, mas nada prometeu.

A partir desse dia, sempre que o Duque se ausentava, Charles era admitido no Palácio, onde passava horas em colóquio amoroso com a Duquesa. Depois, procurou relacionar-se com o próprio Duque e, na sua qualidade de oficial do Palácio, era sempre convidado a tomar parte em qualquer reunião. Deste modo, as relações se estreitaram de tal forma que Charles já não saía do palácio de Ferrara, dando que falar à fidalguia.

Natércia o amou com todas as forças de sua alma juvenil e impetuosa, com amor definitivo, irresistível.

O oficial, contudo, não correspondeu a essa paixão, não viu nela senão a carne atrativa para saciar lúbricos desejos naquele corpo de formas esculturais. Não foi mais do que o admirador e o apreciador de um belo modelo.

Ela, dando-lhe todo o coração, dir-se-ia construir uma pirâmide altíssima onde ele, em seus voos, alcandorasse sua alma de esteta. Só aderiu ao seu destino qual nuvem presa aos raios de uma estrela atraída à orbita de um astro fulgurante e, quando este mergulhou nas brumas do ocaso, dizendo-lhe o adeus, de despedida, ela, com voz triste de amante, disse: — «Vai Charles, mas lembra-te de que, na vida curta e sombria, o único raio que a ilumina é o amor! a vida é feia e vulgar, a única beleza que há nela, é a que lhe vem do amor!... A vida é brutal, a carícia única que a envolve suavemente, é o amor! A vida será um deserto inóspito, se em sua travessia dolorosa não houver o oásis sublime do amor!

Crê, Vernier, que sem o amor pode conquistar-se a glória, nunca, porém, a ventura.

Ele, porém, entregue a outros amores, poucas vezes vinha vê-la.

Lucrécia, que se insinuara no ânimo da Duquesa, ao ponto de tornar-se sua confidente, estava a par de suas entrevistas amorosas, e quando estas chegaram aos ouvidos do Duque, e este a pôs em confissão, tudo contou, informando-lhe as menores particularidades.

Uma noite, o Duque chegou ao Palácio sem ser esperado e encontrou os amantes abraçados; homem idoso, não podendo enfrentar o jovem oficial, retirou-se aos seus aposentos, mas tal foi a sua paixão, que, mal ali chegou, caiu fulminado por um colapso cardíaco.

Sua morte foi muito comentada, pois soube-se o que a motivara.

A Duquesa, mal vista pela sociedade napolitana, refugiou-se em Ferrara, onde foi esconder sua vergonha, dando ali à luz uma menina, fruto dos seus amores com o jovem oficial.

O Marquês Hércules d'Éste, sabedor da morte do pai e do procedimento da madrasta, suplicou do Rei a retirada do oficial, da Itália, e, tornando-se Duque de Ferrara, foi tomar conta dos seus domínios. Ali chegando, expulsou a adúltera, que sòmente pôde receber a terça que lhe cabia por morte do marido.

Lucrécia fora despedida do serviço, mas sentiu-se satisfeita com a desforra que tomara.

VI

LÁGRIMAS E DISSABORES

São passados dez meses sobre os acontecimentos que acabámos de descrever.

Fernando ainda uma vez visitara Eleonora e depois não mais voltou.

No momento em que chegamos ao belo Castelo à margem do Lago de Como, vemos Eleonora sentada no caramanchão, tendo ao colo o fruto de seu amor; seus olhos fixam o rosto da criança e, de quando em vez, beija-a demoradamente.

Maria aproxima-se com uma tigela de leite na mão, e, vendo-a assim, queda-se a contemplá-la.

Eleonora ergue os olhos lacrimosos e, avistando-a, estremeceu; sacode a fronte como para afugentar um mau pensamento, e diz:

— Estavas aí, Maria? Que me queres?

— E' o leite que ainda hoje não tomaste.

— Leite... para quê?

— Para te fortaleceres, pois te estás enfraquecendo de dia para dia e isto assim não vai bem...

— Mas, eu já tomei leite hoje, pela manhã.

— Faltas à verdade; tua mãe acaba de dizer-me que ainda não tomaste alimento algum.

Eleonora abaixou a cabeça.

Maria acercou-se, dizendo com meiguice:

— Confessa que mentiste para me contentares, mas, não foi isto que me prometeste; olha que, assim procedendo, não poderás continuar a amamentar teu filho.

— Oh! hei-de amamentá-lo sempre...

— Mas, então, há necessidade de te alimentares também.

— Sim, Maria, assim é preciso... dá-me a xícara. — E tomando-a das mãos de Maria, sorveu o precioso líquido de um só trago.

Maria abraçou-a com satisfação.

— Obrigada!... — disse Eleonora enternecida — obrigada, minha amiga!... Se não fôsses tu, não sei o que seria de mim.

— Dize antes se não fôsse esse anjinho que aí tens ao colo e que não é culpado de teus desvarios.

— Sim, Maria, ele não é culpado de coisa alguma... Preciso alimentar-me para ter com que alimentá-lo... E' necessário viver, para que ele viva.

— Depois... que é o que te aflige assim? Porque desesperas? Por não teres notícias? Quem sabe se o compadre não está doente?

— Não, Maria; Fernando não deixaria de escrever-me se estivesse doente. Não, não é isso... Diz-me o coração que não o verei mais... Perdi o meu Fernando... perdi-o para sempre... e prorrompeu a chorar.

— Acho impossível que o compadre, tão bom, se tenha esquecido de ti e te abandonado com teu filho... Não admito que o julgues dessa forma. Há, com certeza, alguma coisa que o impede de escrever.

— Isso dizes para me consolar.

— Digo o que sinto... e tu verás. Quem sabe se hoje mesmo não terás carta?

— Ah! minha amiga, assim Deus permita, porque esta dúvida me mata.

Nesse momento ouviu-se o tilintar de uma campainha e o tropel de um animal que se aproximava.

— E' o Correio — disse Maria, correndo para o portão.

Efetivamente, era o Correio que, aproximando-se, entregou a Maria uma carta. Esta recebeu-a e, olhando o sobrescrito, correu a entregá-la à amiga, que, trêmula e comovida, rasgou o invólucro, lendo o seguinte:

«Minha Eleonora.

«Motivos imperiosos têm-me impedido de ir passar alguns dias contigo, conforme prometi.

«Como vai nosso filhinho? Que saudades tenho dele e de ti! Quando me escreveres, fala-me dele, sim?

«Dar-me-ás muito prazer.

«Adeus, até breve. Beija nosso filhinho, dá lembranças a todos e recebe um abraço do teu

Fernando».

À proporção que Eleonora lia, seu rosto mudava de expressão, de modo que Maria, que a observava, ia-se alegrando com a satisfação que via estampar-se em sua fisionomia. Quando terminou a leitura, muitas vezes repetida, perguntou-lhe:

— Então, há motivo para estares triste?

— Não, Maria, lê...

Maria recebeu a carta e, depois de a ter lido, disse:

— Que te dizia? Tinha ou não razão? Agora, estás mais sossegada, não é assim?

— Oh! dissiparam-se as minhas apreensões.

— Agora, deves responder-lhe para aproveitar a volta do Correio.

— Logo mais, quando o Mário dormir.

— Ora, louvado seja Deus! — disse uma voz por trás do caramanchão.

Ambas se voltaram e viram Joana e Antônia (mãe de Maria) que, tendo visto chegar o Correio, vieram de mansinho ver do que se tratava e, encontrando-as satisfeitas, julgaram logo serem boas as notícias.

Nessa mesma noite, aproveitando a hora em que todos dormiam, Eleonora sentou-se à sua pequena escrivaninha e escreveu:

«Querido Fernando.

«Recebi tua carta e procuro satisfazer teu pedido, qual o de escrever falando do nosso filhinho, que é o elo que nos une.

«Oh! sim, meu Fernando, falemos dele, falemos do fruto do nosso amor, que, se me tem trazido tantas vezes o cálice de amargo fel, também me tem dado, após os dias de sofrimento, momentos de felicidade. Porque, meu Fernando, estes dissabores, esta tristeza que às vezes se apodera de mim, esses suspiros, essas lágrimas que tanto tenho vertido, enfim, tudo que vem deste amor, eu bendigo; é, para mim, santo, puro, belo! porque sofro por muito te amar.

«Amo-te! amo-te! como se pode amar verdadeiramente neste mundo. Amei-te pela primeira vez na vida, e serás amado eternamente... Porque Deus abençoa este amor, por ser desinteressado.

«Sim, meu Fernando, tu hoje para mim representas o meu futuro; és a felicidade, pois só serei feliz amando-te e sendo por ti também amada.

«Nosso filhinho é o companheiro que tenho nas lutas; é o bálsamo suave e benéfico que me acalma as dores.

«Se um dia, por desgraça, te esqueceres de mim, oh! então, crê, não viverei mais... meus dias volver-se-ão em noites de agonia... só ele, então, me restará, se a enfermidade não me arrastar ao túmulo.

«Ah! meu Fernando, às vezes parece-me impossível que meu coração possa amar-te assim! Eu quisera que o compreendesses sem to dizer, como te amo, porque não são os lábios que poderão explicar o que se passa em meu coração; há ocasiões em que, fechando os olhos a todos os sofrimentos, a tudo enfim, eu creio ter-te a meu lado, respirando o mesmo ar que respiro, apertando-te em meus braços, beijando-te e confundindo meu olhar com o teu e, quando desperto desse sonho de ventura, é tudo ilusão!

«Porque não estás aqui? Porque te não vejo junto a mim?

«Então, julgo-me desgraçada... choro e suplico a Deus por ti, para que nunca esqueças quanto te amo, quanto sou tua e... não me desprezes.

«E' então que, olhando para o nosso filhinho, sinto reviver no espírito a lembrança dos dias felizes que passei contigo, e meu peito se enche da esperança de ainda sermos unidos perante os homens, porque já o somos perante Deus.

«Sim, meu Fernando, agora mesmo, aqui no meu quarto, relembro os momentos venturosos que passei a teu lado, quando tinhas os lábios unidos aos meus num doce e delicioso beijo de amor!

«Desculpa esta minha expansão. Dirás que é loucura, mas, que queres? Não sentirás também assim?

«Sou tua... tua... e não posso beijar nosso filhinho que não sinta teus beijos e não tenha desejos de beijar-te... e, se alguma vez não recebo dele um afago, que para mim é tudo na tua ausência, fico triste, parecendo faltar-me alguma coisa... então busco dormir, para, em espírito, estar junto de ti e satisfazer o meu desejo.

«Ama-me Fernando, é só o que te imploro.

«Ao leres esta carta, beija estas páginas, porque em cada uma deposito um beijo que te envio!

«Sim, vida de minha vida! esta carta é o eco do meu coração, que irá, por certo, repercutir no teu como lembrança do nosso amor.

"Adeus, perdoa o tempo que te roubo, lendo-a.

"Quando virás aqui, meu amor?

«Vem breve, sim? Se não puderes vir, escreve-me.

«Aceita lembranças de mamãe, de Maria, e um beijo do nosso filhinho.

Eleonora»

Quando terminou, Eleonora, satisfeita de haver respondido ao seu amado com o coração nas mãos, beijou demoradamente o filhinho que dormia a seu lado e deitou-se, adormecendo jubilosa e feliz.

Antes, porém, que essa carta pudesse chegar às mãos de Fernando, os acontecimentos se haviam precipitado de tal forma que lhe era impossível recuar.

Via-se completamente sitiado pela família de Lúcia, que se empenhava fortemente em captar-lhe a simpatia, ao mesmo tempo que a jovem punha em prática todo o seu jogo de sedução.

De outro lado, manobrava sua própria família, que, tecendo elogios a Lúcia, não cessava de falar na necessidade de mudar de estado. Dessarte, embora votando alguma amizade a Eleonora e ao filho, resolveu fazer a vontade aos pais e, para descargo de consciência, escreveu o seguinte:

«Querida Eleonora.

«Estimo que estejas boa e continues a passar bem, em companhia do nosso filhinho.

«Desculpa não ir, como desejava e te mandei dizer, passar contigo alguns dias. Não sei se recebeste.

«Minha querida, apresso-me a dar-te uma notícia que, sei, irá desgostar-te em extremo, mas, perdoa-me, quisera poupar-te isto. Para que não venhas a saber mais tarde e não me acuses de deslealdade, vou dizer-te: as exigências sociais obrigam-me a casar; meu pai chamou-me particularmente e fêz-me ver a necessidade de mudar de estado; disse já saber da existência de nosso filhinho... Ah! minha querida! que pesar tenho de não poder abraçar-te e beijá-lo neste momento, mas, espero poder fazê-lo breve.

«Se me caso, é para obedecer a meus pais; meu coração, porém, continua a pertencer-te.

«Escreve-me dando notícias de nosso filhinho, mas endereça tuas cartas ao Luís, para que não caiam em outras mãos.

«Mais uma vez, perdoa-me o desgosto que te vou causar!... mas, que fazer?

«Deveria desrespeitar meus pais?

«Dize-me, meu amor, que farias em meu lugar? Obedecerias, por certo.

«Quero que me creias e consideres sempre como teu amante; que cuides muito do nosso filhinho, para que, quando aí for, possa encontrá-lo nutrido e forte, pois logo que possa aí estarei.

«Se precisares alguma coisa, dirige-te a Florença, à casa do Giuseppe, que tem ordem para atender.

«Dá lembranças à tua mãe e à tua amiga, beija o nosso filhinho e recebe um abraço do teu

Fernando».

Bem se pode imaginar o desespero que se apoderou da pobre Eleonora, ao ler o conteúdo desta carta.

No primeiro momento, ficou estarrecida, como que fulminada por uma faísca elétrica; depois, seus membros foram-se distendendo e se tornando flácidos, de modo que teria caído redondamente por terra, se Maria não a amparasse.

Joana correu para junto dela e, vendo no chão a carta que lhe escapara das mãos, apanhou-a e leu, sabendo então a causa do sofrimento da filha.

Dor imensa feriu-lhe o coração, mas procurou superá-la, pois urgia acudir a filha, e ela, que precisava que alguém a confortasse, achou frases de conforto para aquela que era uma parte de si mesma. Conchegando-a ao peito, enchia-a de beijos, enquanto Maria lhe esfregava os pulsos e fazia aspirar um pano embebido em vinagre.

Eleonora, voltando a si, deu expansão à dor que a cruciava, chorando, arrancando os cabelos e proferindo a cada instante: — Meu Fernando!... meu Fernando... perdi o meu Fernando...

E como sua mãe e Maria procurassem acalmá-la, ela, empurrando-as como louca, dizia. Deixa-me... deixa-me... eu já esperava por isso... quando vi passar tanto tempo sem vir, imaginei logo que era... Oh! meu Deus! que será de mim, agora, sem o meu Fernando?... Não, não posso viver sem ele... Viver mendigando um carinho!... Não... não... mil vezes não... antes a morte — e levantou-se, precipitando-se para fora em demanda da escada que ia ter ao lago.

Sua mãe, pressentindo-lhe o intento, correu-lhe no encalço, gritando: — Que vai fazer minha filha?! Lembra-te do teu filho, desgraçada!

Então, como se um choque elétrico lhe percorresse o corpo, Eleonora estremeceu e estacou. No desespero em que estava, só se lembrou do amante e esquecera completamente o filho; no momento, porém, que sua genitora o lembrou, a amante cedeu lugar à mãe, e todas as cordas do coração vibraram ao toque dessa lembrança. Retrocedendo a este novo impulso, correu à sua procura, quando Maria, que se antecipara, veio com o menino, ao seu encontro.

Impossível descrever ao vivo a cena que então se desenrolou.

Eleonora, tomando o filho nos braços, quase o sufocou em beijos e abraços, e, banhando-lhe o rosto de sentidas lágrimas, dizia: — Sim... sim... só tu me restas nesta vida... Perdi teu pai... agora, só por ti hei-de viver... Perdoa-me se por um momento de ti me esqueci... Perdoa-me, querido anjo, perdoa-me... perdoa-me...

....

EPÍLOGO

Realizara-se o casamento de Fernando e Lúcia, e os pais daquele, para impedir a continuação dos seus amores com Eleonora, fizeram-no partir para a França com a esposa; punham assim a distância entre os dois amantes.

Eis sua missiva:

«Querida Eleonora.

«Recebi tua carta, que muito me sensibilizou, pois comparo-te a uma terna esposa a cumprir o mais insignificante desejo do esposo, e não quero, minha Eleonora, que fiques privada de te dedicares a outrem que te ame e te possa fazer ainda muito feliz.

«Sei que há alguém que te ama de coração e, por isso, digo-te que, assim como meu corpo pertence a outra, tu também poderás casar, se isso for do teu agrado.

«Desejo faças com que meu filho nunca se esqueça de mim. Beija-o por mim e perdoa-me todos os sofrimentos que te tenho causado, meu amor, pois não me esqueço de ti e, logo que possa rever-te e abraçar-te, juntamente com o nosso filhinho, lá irei.

«Abraça-te o teu

Fernando».

Esta carta foi a última que chegou às mãos de Eleonora.

A resposta não se fêz esperar:

«Querido Fernando.

«Hoje li a tua última missiva, e não sei como poderei dizer-te o que sentiu meu coração, quando, aos poucos, ia devorando aquelas palavras tão suaves que, traçadas por tua mão, foram certamente ditadas por teu meigo coração.

«Não sei, meu amor, repetidas vezes li e reli

essa missiva tão santa e pura, da qual o amor e a esperança eram os perfumes que se evolavam.

«Beijei-a e, ao beijá-la, parecia receber um bálsamo tão grande às minhas dores e aflições, que acabei sentindo-me reanimada.

«Oh! meu Fernando!... meu amor... eu quisera receber sempre uma palavra tua, pois, lendo-te, sinto-me feliz.

«Oh! meu amor!... único bem que terei na terra!... Por ti, vivo e te imploro amor.

«Ama-me... ama-me como te amo e desculpa minhas fraquezas.

«Ordena o que quiseres e eu o farei. Sou tua escrava, e, por amor de ti, estou às tuas ordens para tudo fazer com amor e resignação.

«Disseste que me comparavas a terna esposa obediente ao mínimo desejo do esposo... Sim, meu Fernando, que somos perante Deus?... Se não estamos ligados perante os homens, creio que nossas almas o estão perante Deus, e os laços que nos unem estão tão estreitamente ligados, que jamais serão desatados.

«Dizes também que, como teu corpo pertence a outra, eu fizesse o mesmo, se fôsse do meu agrado.

«Ah! meu amor! descansa, jamais me ligarei a outro homem.

«Nasci para te amar, muito e muito!

«Crê, Fernando, minha vida, hoje, te pertence e pertencerá sempre...

«Tu, nem por um momento, me sais do pensamento; habitas meu coração. És tu que me dás vida e vigor para enfrentar todas as contrariedades que tenho encontrado ùltimamente; mas, todas as carícias, todos os sonhos de felicidade, todo este amor que fizeste brotar no coração da tua Eleonora, são uma recompensa da afeição que ainda me tens.

«Que são os sofrimentos e dissabores por que tenho passado, se nos amamos tão santamente?

«Sofro todas as provas com resignação, porque vim a este mundo para sofrer.

"Tinha tanta vontade que voltasses, como dizes... Virás?

"Recebe o coração todo inteiro da tua

Eleonora."

Esta carta não chegou às mãos de Fernando, pois tendo o pai dado ordens aos criados para entregarem-lhe toda a correspondência do filho, ela foi-lhe parar às mãos, passando depois às da Duquesa.

Esta, ficou sensibilizada, mas as exigências sociais faziam abafar os impulsos emotivos do coração.

Eleonora, não tendo absolutamente notícias do seu amado, deixou de se alimentar e consequentemente vieram as insônias, em virtude de estar só pensando nele; adoeceu e dentro de poucos dias estava tuberculosa.

Maria procurava todos os meios ao seu alcance para distraí-la, ora levando-a para a beira do lago, onde se sentavam horas a fio a ver os barquinhos dos pescadores, com suas brancas velas ao longe, ora passeando no pomar a colher frutos.

Nada, porém, a subtraía ao seu cismar constante; e aqueles mesmos passeios traziam-lhe à mente horas passadas em deliciosa ventura, junto do seu amado, e, de seus olhos, já avermelhados pelo pranto, borbulhavam grossas lágrimas que, precípites, lhe deslizavam pelas macilentas faces, indo ocultar-se nas dobras do seu manto.

Mário, que completara já um ano e começava a balbuciar algumas palavras, era quem a distraía; algumas vezes, porém, a entristecia ainda mais, chamando — papá... papá...

Passam-se os dias assim, escoando-se cheios de tristeza, quando lhe chegou a notícia de que Fernando partira para a França com a esposa. Então o mal se agravou extraordinàriamente e já quase não saía do quarto, onde passava os dias e as noites a reler as cartas dele.

Nesses momentos beijava-as uma á uma e as regava de copioso pranto.

Depois, sentando-se à escrivaninha, escrevia--lhe, procurando vazar no papel todo o enlevo da sua alma sensível.

Leiamos uma dessas missivas:

«Meu sempre amado e querido Fernando.

«Sinto hoje um prazer indescritível ao escrever estas linhas.

«Ah! quisera que estivesses aqui comigo, qual estás em pensamento; que lesses no meu espírito tudo que me vai no coração e que, mesmo antes das palavras se formarem e a pena as lançar no papel, tu as compreendesses.

«Ah! como me tenho recordado, estes últimos dias, da fase mais ditosa de minha vida! Oh! sim, era muito feliz quando te tinha a meu lado!... Quantas delícias nos teus afagos!... quanto amor nas tuas palavras!...

«Sim, minhalma se inebriava em receber de ti tantos carinhos e tantas provas de amor! Era na sensação dos teus beijos que me parece ainda sentir que a vida me parecia infindável como a própria ventura.

«Quando te vi a primeira vez, a terra abriu-se ao meu espírito como um paraíso e a meus olhos desenrolou-se um futuro de venturas, que muitas vezes, em meus sonhos de moça, procurei idealizar.

«Encontrei em ti o ente a quem meu coração deveria ser cativo e submisso, e assim te amei na força dos meus dezessete anos; esse amor me transportava a um mundo onde só imaginava gozar delícias, que só no céu existiam, e, meu Fernando, só hoje, depois que tanto sofro (tantas têm sido as provas de dor e sofrimento que tenho passado) é que, recordando esses êxtasis de ventura, pábulo da minha vida, caio na triste realidade das coisas e tenho medo de perder a razão, como perdida está a esperança que se aninhava em meu peito.

«Como é ingrato o mundo!...

«Amar-me-ás ainda? Lembrar-te-ás, acaso, da tua Eleonora de outrora, que hoje se definha?

«Se nesse mundo me pertencesses... Se eu estivesse em ti, como estás em mim...

«E porque não? se o que nos liga não é o elo material que a Igreja benze e sim o elo puro do amor que emana de Deus e as almas purifica!» (*)

Maria surpreendeu-a escrevendo e retirou-se de mansinho para não a perturbar. Quando voltou, encontrou-a chorando amargamente; acercou-se e, passando-lhe o braço em volta do pescoço, procurou animá-la; mas, enternecida também, por sua vez chorou com ela. Dir-se-ia compenetrada dos sofrimentos que assediavam a amiga.

— Oh! Maria, minha amiga, tu me amas, tu me compreendes... por isso quero pedir-te uma coisa.

— Dize...

— Quando eu deixar de existir neste mundo, quero que entregues estas cartas ao Fernando; sim?

— Sim, Eleonora... mas, porque falas em morrer?

— Se é o que tenho de mais certo, minha cara. Sinto que a vida me vai fugindo aos poucos e não tardará muito a finar-se completamente.

— Não fales assim... hás-de viver... Pensa na falta que irás fazer a teu filho.

— Meu filho? Ficará em boas mãos; estou bem certa disso; serás para ele uma segunda mãe, quando mesmo a minha venha a sucumbir... Assim, morro tranquila.

— Sim, Eleonora, se tal acontecer, descansa,

(*) Estas cartas foram dadas pelo próprio Espírito de Eleonora, hoje no espaço, a pedido do escritor. — *Nota do Autor*.

por ele velarei; mas, não tratemos disso agora, em primeiro lugar a tua saúde. Toma o teu remédio.

— Remédio para quê?... Não, Maria, não tomo coisa alguma.

— Ao menos o leite...

— Se assim o queres, dá-mo.

— Sim, quero — e Maria correu a buscar uma xícara de leite, que Eleonora enguliu por comprazer.

Nessa noite, ficou tão mal que foi necessário velarem por ela, pois, ardendo em febre, clamava chamando por Fernando e, depois, como se ele tivesse acudido ao chamado, falava-lhe recordando os primeiros tempos de seus amores, quando se encontraram na Igreja de Santa Clara.

E ria-se, lembrando as suas perturbações e receios; depois, dava beijos que se perdiam no vácuo.

Já pela madrugada, é que, declinada a febre, pôde sossegar, dando ensejo a que sua mãe e Maria pudessem também repousar um pouco.

Quando despertou, era dia; levantou-se a cambalear e foi sentar-se à escrivaninha, escrevendo:

«Meu Fernando.

«Sinto-me mal, muito mal!

«Sinto fugir-me a vida, como da macieira vão fugindo uma a uma as amarelas folhas levadas pelo vento...

«Vão-se-me os últimos dias de vida!...

«Tudo é triste em minha alma; um mal terrível vai-me lentamente aniquilando o corpo... eu o pressinto e, amanhã, quem sabe, estarei morta!...

«Que posso esperar nesta incerteza em que me encontro?

«Ontem era feliz! A tua Eleonora sorria, mas no desabrochar do amor há muita esperança formosa! muita aspiração elevada!... Também há muita tristeza... muita dor amarga... muitos desgostos profundos!...

«Perdoa-me, meu Fernando!... Hoje é a tua

Eleonora de outrora quem te escreve assim, porque te ama; em seu peito rebentou uma paixão indômita, cruel: — o amor em que sua alma se abrasava era impetuoso!

«Ah! meu Fernando! como são lúgubres as vozes de uma alma apaixonada, sob a dolorosa impressão de desventura e prestes a deixar este mundo.

«Sim, sinto que breve, muito breve... partirei, deixando meu filho — pobrezinho! — órfão dos meus carinhos e do meu afeto; mas, se existe um Deus, se a alma não morre, eu jamais o olvidarei.

«Vês, meu Fernando, quão triste é a história do nosso amor, nesta vida?!...

«Quando a centelha do amor me penetrou o seio, o infortúnio estigmatizou-me; quando, embevecida, me entregava a esse amor puro e santo, dos meus dezessete anos, a fatalidade pôs-se logo a meu lado, e, desde esse momento, tem sido o meu norte inseparável.

«Hoje, qual a minha esperança?

«Onde as flores que eu sonhava colher?

«Oh! antes que desabrochassem, despedaçou-as o vento do infortúnio e... morro... morro sim.

«A flor, intérprete de puros sentimentos que levarei comigo, é a saudade de ti e do nosso filhinho, que ficará neste mundo tão grande! tão cheio de misérias e seduções.

«Adeus, meu Fernando, faltam-me as forças... Perdoa-me!

«Crê que serei sempre tua, além da campa. Adeus... adeus... Fernando...

«Recebe a última lembrança que te deixa a tua

Eleonora».

Mal havia terminado a carta, desmaiou: havia empregado toda a sua força de vontade para concluí-la. Com esse esforço, porém, esgotara todo o fluido vital que ainda lhe animava o corpo, e o Espírito desprendeu-se.

Não era, porém, chegado o último momento. Seu cálice de amarguras não estava ainda esgotado e foi-lhe necessário voltar.

Joana, quando acordou, deu com a filha desmaiada e, supondo-a morta, bradou por socorro, despertando as demais pessoas que dormiam.

Começaram todos a chorar ao mesmo tempo, soltando exclamações.

Maria, porém, correu a buscar um pouco de vinagre aromático e começou a friccionar-lhe as fontes e os pulsos, de modo que o sangue pouco a pouco foi afluindo às veias e Eleonora voltou a si; abriu os olhos ainda um tanto baços, relanceou-os pelas pessoas presentes, e, como se despertasse de um sonho no qual visse algo de premonitório, quase adivinhou seu verdadeiro estado de saúde, e, então, querendo aproveitar os poucos momentos que ainda lhe restavam de vida, começou por pedir que lhe perdoassem as faltas.

Dirigiu-se primeiro à sua genitora, a quem, depois de abraçar, disse:

— Muito te tenho feito sofrer, minha mãe, pois já previas o que está acontecendo... mas, é o destino das criaturas, minha mãe; ninguém pode fugir a ele... Sinto que o tenhas compartilhado. Agora peço que veles por meu filhinho... sei que o amas e não era necessária esta recomendação.

Dirigiu-se depois a Maria, que, de pé, junto ao leito, chorava silenciosamente, dizendo: — Tu, Maria, amiga inseparável, perdoa o mal que te causei involuntàriamente... Lembras-te do que te pedi?... Olha, ali na gaveta da escrivaninha encontrarás as cartas para o meu Fernando.

Só a ele as entregarás... Sim? Dize-lhe que meu último pensamento foi para ele... Que lhe perdoo de todo o coração, por saber que ele não fêz mais que obedecer aos pais.

A todos peço me perdoem... Se lhes causei algum desgosto, foi involuntàriamente...

....

Fêz uma grande pausa, como a tomar alento e, depois, fazendo um grande esforço, disse:

— Agora, tragam o meu Fernandinho.

Maria correu a buscá-lo.

Eleonora tomou-o nos descarnados braços e beijou-o demoradamente, dizendo, desfeita em lágrimas:

— Pobre filho! Vou deixar-te órfão duas vezes... alenta-me porém a ideia de que terás duas mães em vez de uma... de que não te faltarão carinhos... Meu filhinho, escuta: — Se algum dia vires teu pai, dá-lhe este abraço e este beijo, que lhe deixo como última lembrança...

E, juntando o gesto às palavras, abraçou e beijou a criança apaixonadamente, como se o fizesse ao próprio Fernando, imprimindo-lhe nos lábios um ósculo demorado, como se procurasse nele vazar toda a alma emotiva. Desfaleceu.

A criança, sem poder compreender o que se passava, chorava e debatia-se, procurando libertar-se daquele amplexo.

Maria correu a ampará-la, justo quando Eleonora perdia novamente os sentidos.

Joana acorreu também a amparar a filha, que tombara na cama com o busto para fora, sendo nesse momento auxiliada por Maria que, já então, tinha passado o menino a Antônia, também presente.

Conseguiram deitá-la novamente e procuraram reanimá-la com fricções nos pulsos, mas, desta vez, Eleonora deixara esta vida por outra melhor.

....

No dia seguinte, o cemitério da aldeia vizinha recebia os seus despojos e, desde então, os visitantes do Campo Santo viam ali, deitado na sepultura — um enorme cão, triste, com a cabeça pousada sobre as patas dianteiras, olhos lacrimosos... Era Lot, que havia acompanhado o féretro e, depois de ver enterrar o corpo da sua dona, lá se deitou e permaneceu, rejeitando os afagos de Maria e o próprio alimento, até que morreu sobre a cova.

....

Passado o sétimo dia, Joana e suas companheiras abandonaram o Castelo onde haviam presenciado a ventura de Eleonora, bem como a sua desgraça, indo fixar residência em Nápoles, numa casinha alugada.

As saudades, porém, faziam Joana definhar de dia para dia, não podendo conformar-se com tanta provação.

A idade já não lhe permitia trabalhar como dantes. Maria e o irmão é que trabalhavam para o sustento de todos.

Um dia, Joana animou-se a procurar o padrinho do seu neto, a fim de ver se por seu intermédio saberia notícias de Fernando.

Não o encontrou: havia partido para Roma, deixando a mulher e o filho, que residiam, agora, no palácio dos Duques de Lombardia.

Pensando no que havia de fazer, animou-se a ir ao palácio, com o neto, no pressuposto de que, vendo-o, os avós se comoveriam e lhe dariam alguma coisa. Assim fêz. Chegando a casa, vestiu o pequeno com a melhor roupa que possuía e levou-o ao Palácio.

Sua lembrança foi coroada de bom êxito, porque logo que a Duquesa soube da sua presença no Palácio, juntamente com o neto, apressou-se a recebê-los, a fim de o conhecer; mas, quando soube do falecimento de Eleonora, ficou desapontada e contristou-se, lembrando que talvez tivesse contribuído para sua morte, assim tão prematura, obrigando o filho a casar-se com outra.

Pensando atenuar o mal causado, ofereceu-se para tomar o neto sob sua proteção; Joana, porém, não quis separar-se dele, dizendo aceitar os benefícios que lhe quisesse proporcionar, mas não poderia resistir à separação do neto, que constituía o único lenitivo dos seus dias amargos e inconsoláveis.

A Duquesa prometeu fazer o que pudesse e convidou-a a trazê-lo sempre ao Palácio.

Das pessoas da família, houve uma que muito se afeiçoou ao menino. Foi Margaridinha, que correu a buscar figos e passas para oferecer-lhe. Felipe, seu pai, tratou-o com desprezo, arguindo até a velha de ter recebido no Palácio aquele bastardo.

Cecília, sua mulher, fêz-lhe agrado, porque entendia que a criança não era culpada da falta do pai.

Joana voltou para casa, triste e satisfeita ao mesmo tempo, pois se bem que a Duquesa a tivesse recebido bem e contribuído com alguma coisa para a manutenção do neto, não obtivera notícia alguma de Fernando.

Mário, tendo herdado de sua mãe a terrível enfermidade que a levara ao túmulo, não tardou a adoecer, bastando para tal um simples resfriado e, mau grado aos desvelos de Maria, que correu a chamar o Dr. Gervásio e este acedendo ao chamado e ministrando-lhe remédios, não pôde resistir, vindo a falecer em poucos dias, de uma dupla pneumonia.

A avó quase enlouqueceu, pois era o neto quem ainda concorria para ir conservando sua existência, com a sua precocidade e meiguice.

Maria e sua mãe sofriam com todos esses golpes, mas estava-lhes reservado o papel de amparar aqueles entes, por isso recebiam forças para resistir a todos esses embates.

Joana adoeceu de pesar e saudades e Maria, a fim de a distrair, saía com ela a passear. Num desses passeios matinais, aconteceu encontrarem-se com Sulfiéri, que, muito doente também, saía a tomar ares.

Reconhecendo-as, a elas se dirigiu, perguntando por Eleonora, e, ao saber que já não existia e que Fernando não mais se lembrara do filho, ficou consternadíssimo e exclamou: — Pobre moça! era digna de melhor sorte!... E começou a soluçar como uma criança.

Maria, vendo-o assim, teve pena por vê-lo tão infeliz.

Sulfiéri despediu-se com o coração confrangido de tal forma que pouco sobreviveu.

Maria ao ter notícia da sua morte, perguntava a si mesma porque ainda continuava a viver? Há muito sofria, resistindo aos tantos desgostos por que havia passado, porquê?

Porque ainda lhe faltava desempenhar-se de uma missão na Terra e seu cálice de amarguras não estava de todo esgotado; faltava cumprir o que prometera à amiga na hora da morte.

Deus assim o permitiu.

Fernando, voltando da França, trouxera também uma filhinha para ser batizada no seio de sua família, tomando o irmão e a cunhada para padrinhos.

A menina recebeu o nome de Cecília, que era o mesmo da madrinha.

No Palácio, Fernando veio a saber que Joana ali estivera com o filho e, de indagação em indagação, descobriu onde moravam e lá foi com o intuito de ver e abraçar o filho e Eleonora, pois não os havia esquecido. As pessoas de sua família haviam silenciado sobre o falecimento de Eleonora.

Chegando a casa que lhe haviam indicado, na Margelina, bateu. Foi a velha Antônia que veio atender.

— Ah! é o Senhor? — exclamou, admirada — chega muito a propósito, pois Joana está a expirar e ainda há pouco proferiu seu nome.

Fernando entrou cabisbaixo e, ao penetrar no quarto, ficou horrorizado ante o quadro que se lhe deparou.

A velha estendida no leito, com as faces descarnadas e os cabelos brancos a caírem-lhe pelos ombros, dir-se-ia uma múmia; conhecia-se que vivia ainda, pela respiração opressa que lhe fazia arfar o peito com dificuldade.

Maria, que se achava sentada à sua cabeceira, levantou-se.

Fernando, ao vê-la, quase não a reconheceu, tal a mudança que se havia operado na sua fisionomia.

— Eleonora... Onde está Eleonora? — inquiriu.

— Morreu e... seu filho... também.

— Que diz?... Eleonora... morta?

Meu filho também?!... Oh! meu Deus!...

E levando a mão à fronte, cambaleou.

Joana, ouvindo essas exclamações, abriu os olhos, fixando-os no recém-chegado, como a querer reconhecê-lo.

Maria acercou-se dela, dizendo:

— E' o Sr. Fernando, D. Joana. Não o conheceu?

— Fernando!... repetiu a moribunda com voz arrastada. — Ah! o ingrato não voltou mais...

— Aqui estou... Perdoe-me!... pelo amor de sua filha... perdoe-me — E curvando-se para o leito, suplicava.

Parece que para justificar a misericórdia de Deus, que disse pela boca de Ezequiel — «Eu não quero a morte do ímpio, mas que ele se arrependa e se salve —, Joana vivia ainda, a fim de perdoar-lhe e, por isso, erguendo a mão descarnada, disse: Sim, eu te perdoo, porque minha filha também te perdoou antes de morrer.

— Ah! Eleonora! obrigado!... Quanto deves ter sofrido!... — e Fernando soluçava.

Foi Maria quem lhe respondeu:

— Ela sofreu muito, Sr. Fernando.. — e, indo a uma gaveta, tirou um maço de cartas e entregou-lhas, dizendo: — Por elas o senhor poderá avaliar quanto sofreu e não esqueceu do senhor um só instante, deu-mas para que lhas entregasse.

Quando Fernando e Maria se voltaram para o leito, Joana havia deixado este mundo de misérias, indo juntar-se aos seus entes queridos, que ali se achavam para recebê-la.

Fernando deu a Maria uma bolsa bem fornida, para fazer o enterro, e retirou-se ainda com os olhos cheios de lágrimas.

No dia seguinte, quando o corpo da mãe de Eleonora baixou à sepultura, os que o haviam acompanhado viram um homem de joelhos junto a uma sepultura de criança. Era Fernando perto da sepultura do filho.

Chegando a casa, trancou-se nos aposentos particulares, ansioso por conhecer o que Eleonora lhe havia escrito, e não pôde conter as lágrimas, proferindo: — Pobre Eleonora! amava-me tanto... e fui eu quem a matou.

Sua paixão foi tamanha, que daí em diante quase não ligava importância à esposa. Só a filhinha conseguia fazê-lo sorrir algumas vezes.

Lúcia, despeitada com o tratamento que recebia, procurou conhecer-lhe as causas, vindo a saber da morte tanto do filho, como de Eleonora, a última de suas amantes, e, como espírito imperfeito que era, encheu-se de zelos e de ódio por aquela rival, que, mesmo depois de morta, ainda lhe roubava a afeição do marido.

Daí por diante, a vida do casal tornou-se um verdadeiro inferno, verificando-se, mais uma vez, que as teorias de Sulfiéri tinham razão de ser.

Resta-nos dar notícias de algumas personagens desta narrativa.

Artur, irmão de Lúcia, casara-se com Dora Richiéri, indo para Verona.

O Visconde de Santa Clara também esposou uma jovem, filha de um titular, mas, tendo por mestre o Dinásti, após os primeiros meses da lua de mel continuou nas suas estroinices.

De todos, os mais felizes eram Natálio e Aristeia, que se haviam unido por amor.

Maria, depois da morte de Joana, pouco sobreviveu. Dir-se-ia que a morte só esperava que ela cumprisse o prometido a Eleonora, vindo a falecer de uma enfermidade do coração e deixando a mãe e o irmão inconsoláveis. Sua morte, porém, foi calma, como sói acontecer com as pessoas que souberam cumprir seus deveres, suportando todas as provas com paciência e resignação.

*
* *

Fim do romance de Eleonora. Passemos a conhecer os episódios de uma de suas existências posteriores e, bem assim, de algumas personagens desta narrativa.

I

Quatro séculos são passados.

As personagens que tomaram parte ativa nos fatos que acabámos de narrar, uns após outros foram deixando este mundo para, depois de algum repouso no Espaço, voltarem à Terra, revestidos de outros corpos, pois tal é a lei: **«Nascer, morrer, tornar a nascer, para progredir sempre»**.

Necessàriamente, tiveram outras existências sem relação alguma com a que acabámos de expor aos nossos leitores, e, por isso, deixamos de as mencionar.

Como, para progredir, há necessidade da dor e do sofrimento moral e físico, vamos encontrar as principais personagens, de nossa narrativa anterior, passando pelas consequências do que fizeram sofrer a seus irmãos; isto é: aqueles que foram ricos e potentados, agora são pobres e simples trabalhadores, a fim de conhecerem as privações e necessidades por que passavam os outrora menosprezados por eles.

Fernando, uma das principais personagens, veio a ser filho de um operário pobre e laborioso, porém probo e honesto, trabalhando dia e noite para obter os meios necessários à manutenção da família, de modo que, não obstante a inteligência e aptidão que revelara logo aos primeiros anos, para os estudos, não pôde conseguir senão uma ilustração medíocre.

Matriculado em um Liceu de Artes e Ofícios, habilitou-se no desenho, indo mais tarde cursar a Escola de Belas Artes, onde conseguiu o prêmio de viagem.

Carlos, foi o nome que recebeu na pia batismal.

Eleonora encarnara-se em uma família abastada, recebendo educação aprimorada. Seus genitores vieram a ser aqueles que a ela e sua família espezinharam, Felipe e Cecília.

Graciema foi o nome que lhe deram.

Natércia, a ex-Duquesa de Ferrara, encarnara também numa família abastada, mas, de princípios pouco austeros, de modo que seu espírito, propenso às coisas fáceis e licenciosas, achou-se num meio onde teve que demonstrar força de vontade para progredir.

Arminda foi o nome que lhe deram.

Lúcia, a esposa de Fernando, reencarnara em família de pobres operários, sendo seu genitor dado ao vício da embriaguez e pouco cuidadoso dos seus deveres familiares, chegando mesmo a maltratar esposa e filhos.

Sílvia fora o nome que lhe deram.

Como o Brasil é a Terra da Promissão, qual no-lo afirmou um Espírito Protetor, todos esses Espíritos aqui vieram reencarnar, sendo que Graciema e Carlos, no Estado do Rio; e Sílvia na Capital da República.

Carlos, por ter contraído dívidas com Lúcia e sua família, veio a desposá-la, a fim de apagar todas as faltas.

Mas, não antecipemos os acontecimentos.

Vamos encontrá-lo já homem, e, no decorrer desta verídica narrativa, ele mesmo dirá o que se passou.

II

Achamo-nos no ano de 1900, na Cidade do Rio de Janeiro.

Carlos acaba de chegar a casa e, acabrunhado, senta-se à secretária, com a cabeça pendida sobre a palma das mãos, completamente aniquilado.

Vivendo na Capital, cidade corrompida por todos os vícios e onde ainda predomina o catolicismo, que não deixa estabelecer a lei do divórcio, lei reparadora, quando bem formulada e compreendida — teve de deixar que a esposa vagasse de léu em léu, atassalhando-lhe a honra nos lupanares, sem poder quebrar os grilhões que o prendiam à infeliz decaída.

O ridículo, esse estigma que a sociedade corrompida atira, pròdigamente, ao homem de bem, caíra sobre ele e, nesse dia, achando-se num café, ouvira alusões a seu respeito. Em mesa próxima, comentava-se a vida da dissoluta criatura a quem ele dera o nome, arrancando-a da miséria. Ele, desesperado, saíra para a rua sem saber o que fazer.

Se não tivesse uma crença, teria já aniquilado a infeliz, suicidando-se em seguida, como lia constantemente no noticiário policial; havia porém abraçado a Doutrina Espírita e, médium que era, recebia do seu Guia Espiritual forças para ir suportando a vida.

Depois de perambular pelas ruas sem destino certo, resolveu recolher-se a casa, pensando que ali, ao menos, estaria resguardado dos olhares do mundo. Estaria no convívio dos seus livros e, quem sabe, dos seus Amigos do Espaço.

Lá chegando, foi, como dissemos, para o gabinete de trabalho e, deixando-se abater numa cadeira próximo à secretária, permaneceu por muito tempo sem saber o que fazer; depois, ergueu o pensamento em sentida prece, pedindo um conselho, e não esperou em vão. Não tardou fôsse o braço sacudido por um estremecimento e, então, tomando papel e lápis, esperou concentrado. Sentiu, nesse momento, que alguém se havia aproximado e ouviu uma voz suave como um murmúrio de brisa entoando em surdina uma melodia celeste.

— Quem és? — inquiriu. — Tua voz penetra-me nalma, sacudindo o torpor que me abate, dando-me ao mesmo tempo alento e vigor, fazendo nascer a esperança em meu coração.

Ouviu, nesse momento, uma voz doce e cariciosa, que, com suavidade, lhe disse ao ouvido e ele foi escrevendo:

«Dos céus são as almas, ó tu que acreditas no Eterno Senhor dos mundos.

«Eleva o pensamento às estâncias sublimes de luz onde reside o amor divinal e aí acharás o conforto e a força para prosseguires na estrada cheia de abrolhos, de urzes e espinhos, e tudo isso se transformará em flores, se tiveres a coragem de calcá-los e encheres teu espírito com a essência sublime da fé.

«Eu, amigo, sou um companheiro de jornada que, apontando o passado, o caminho percorrido, descortino o porvir. Olha o céu, nele brilham os faróis de luz que encaminham o peregrino de outras eras ao futuro brilhante que aguarda as almas grandes e nobres.

«Vem comigo... Deixa cair nessa estrada tortuosa os andrajos das imperfeições que encobrem tua alma e, alijando-os um a um, chegarás à perfeição.

«Lá, nesse céu sublime de amor, chegarás limpo de pecados.

"E' necessário sofrer e saber sofrer, pois **ainda não esgotaste todo o cálice de amarguras.**

.... »

Calou-se a voz maviosa e doce como um favo de mel, deixando que ele refletisse. E ele refletiu.

Obumbravam em seu seio as dores morais por que passara e reflexionou nas que talvez fizera passar alguém em remotas eras, nas lágrimas que talvez fizera verter, e então, mísero, ergueu o pensamento numa ligeira prece.

Finda esta, começou a compreender que não sofria inocente, as lágrimas vieram-lhe aos olhos e deixou que sua alma se expandisse em copioso pranto. Quando já sentia o peito desopresso, a mão foi sacudida por novo estremecimento, e escreveu:

«Tua esposa, como a maior parte da Humanidade, degrada-se na corrupção dos vícios e, desenfreada numa carreira louca, segue à mercê dos instintos, galopando a caminho da perdição.

«Esfacela-se na luta infrene dos prazeres passageiros e efêmeros, conspurcando os bons princípios da moral e do dever.

«As crenças e sentimentos nobres que deviam enaltecer-lhe o caráter, infundindo o respeito das coisas santas, ruem por terra ante a sua conveniência pessoal, na ânsia do prazer e da luxúria...

«Mais tarde se arrependerá e lágrimas acerbas lhe rolarão pelas faces.

«Só então, refletirá nos seus desatinos.

«Nesse túmulo aberto, onde jaz morto o coração e amortalhada a honra, há-de luzir um facho de luz: — a consciência — que bradará até às profundezas do ser, gritando: — basta — basta! Então, ela de joelhos implorará piedade!

«Dos olhos, desse escrínio onde guardamos as pérolas brilhantes do pranto, descerrará a capela, deixando escapar as gemas sublimes: — as lágrimas — como tu o fazes neste momento.

«Bendito sejas, puríssimo pranto! que acalmará as dores trazidas pela consciência num sublime arrependimento; que lavará as nódoas de um passado de opróbrios e fará nascer uma vontade enérgica para a conquista da paz, pela estrada suave do dever.

«A consciência é a voz de Deus que nos fala à alma, admoestando-nos de nossas ações más, ou rejubilando-se pelos gestos sublimes de abnegação e de amor.

«Ter a consciência tranquila e feliz, haurindo o espírito a paz, é ter nesta vida adquirido um símile do reino do céu.

«Mas, nem sempre, na outra vida, o céu, essa cúpula maravilhosa que deslumbra os olhos dos ignorantes, é o porto de salvação dos náufragos que sucumbem no oceano dos vícios e das paixões terrenas.

«Caminha, sai deste orbe, procura distante a paz a que aspiras, e, quem sabe, não encontrarás ainda um lar humilde, onde cairão a jorros as dádivas divinas?»

E como se o Espírito lêsse no seu pensamento um protesto às suas últimas palavras, continuou:

«Porque não hás-de constituir ainda um novo lar? Um céu sem núvens no horizonte de tua vida?

«Para que o homem chegue a possuir tais tesouros, pouco, muito pouco lhe falta: — é ter um gesto humanitário de amor e desprendimento, e terá adquirido o céu na terra.

«Caminha, amigo, ouvindo sempre a voz da consciência; ela te fará ouvir maviosos cânticos, porque, sendo a voz de Deus, te cantará a vitória que alcançará sobre as tuas imperfeições; então, verás iluminados os dias do porvir, e os raios vívidos de uma nova aurora despontarão na tua vida.

«Teu espírito passa agora pelo cadinho da dor e, feita a modificação, ela trará as sensações que todos sentem ao galgar uma etapa mais elevada.

«Avante, pois o progresso humano depende desses dois elementos: — vontade e persistência.

«Sacode para longe os preconceitos, os prejuízos que acarretam dissabores e manietam a tua energia, atrofiando a vontade, e verás quebradas essas algemas. Quando isso tiveres conseguido, teu pensamento limpo e veloz voará aos páramos de luz onde residem a paz, a harmonia e o amor, aclarando o teu espírito a luz da verdade. Adeus».

— Obrigado, amigo — disse Carlos — quem quer que sejas, eu te agradeço as palavras que acabas de me dirigir. Elas não só me confortaram o espírito, como fizeram nascer a esperança de melhores dias.

No dia seguinte, Carlos procurava desfazer-se do supérfluo, vendendo os móveis e demais objetos, só ficando com o indispensável, isto é: objetos de uso particular, que meteu na mala, como fôssem alguns livros e seus petrechos de pintura, pois era habilíssimo pintor, já laureado pela Escola de Belas Artes, como dissemos em começo.

Tomando um trem expresso, foi procurar em lugar distante o sossego para sua alma atribulada.

Na estação em que desembarcou, deparou-se-lhe um sítio aprazível, cercado de paisagens magníficas, de regatos múrmuros, e ali ficou alojado em casa de lavradores, que lhe cederam, por módico preço, um quarto, fornecendo-lhe também as refeições.

Todas as manhãs, sobraçando seus petrechos de pintura, saía a entreter-se, copiando painéis da ubérrima natureza que lhe deslumbrava os olhos de artista.

Assim passava horas amenizadas pelo trinar dos passarinhos que, por todos os lados, enchiam de encanto aquele rincão ermo, como alados cantores a entoarem hosanas ao Criador do Universo.

Assim passava os dias.

Quantas vezes, sentindo-se influenciado por esses maviosos trinados, não pousou o pincel e a paleta para engolfar-se na contemplação de tantas maravilhas! Lembrando-se dos conselhos do seu mentor anônimo, pensava no futuro, e, então, a si mesmo interrogava se ainda lhe seria possível dedicar-se a uma outra criatura, qual o fizera àquela que não soubera compreendê-lo, mas, como essa lembrança o magoasse, procurava alijar para longe essas ideias e de novo empreendia o trabalho começado.

Viera a este mundo predisposto a amar e ser amado, o seu espírito ansiava por esse ideal; buscava então na contemplação da natureza distrair o pensamento, mas faltava ali alguma coisa para contemplar, que não fôsse sòmente os prados, o conjunto de árvores, os riachos; algo de humano que desse poesia, essa nota final de harmonia que ressoava aos seus ouvidos, impressionando-o.

Assim, quedava-se muitas vezes contemplativo a olhar as frondes, os arroios que murmuravam a seus pés; o céu recamado de nuvens, ora plúmbeas, ora róseas e, cada vez mais, sentia o ardente desejo de amar até ao sacrifício, e inconscientemente estendia os braços a uma visão distante, como a querer apanhá-la. Ela, porém, diluía-se, evaporava-se como se fôsse constituída de matéria quintessenciada.

III

Chegou, afinal, o dia em que naqueles floridos bosques, onde se diria que uma perene primavera o acariciava, ele viria encontrar o objeto de seus sonhos, o ídolo dos seus anseios.

Havia, próximo à quinta onde fora residir, uma herdade campesina pertencente a um casal de abastados lavradores, que só possuíam uma filha, a quem haviam dedicado todo o seu amor e todas as suas esperanças.

Esse rebento contava apenas dezesseis primaveras e era dotado de uma beleza peregrina, que não só fazia o encanto de seus genitores, como a muda aspiração dos jovens do povoado que, ao vê-la passar para a missa, paravam a contemplá-la, boquiabertos, sem no entanto lhe dirigirem um gracejo, como fazem os rapazes da nossa capital.

Nesse dia, vinha ela do seu passeio completamente distraída, e ele quedou-se absorto a contemplá-la, como se visse surgir daqueles bosques uma verdadeira fada.

Regressando a casa, ela trazia no braço um enorme ramo de flores silvestres, de cores tão bizarras que se diriam pintadas por alucinado artista, para ofertá-las à rainha daqueles bosques.

Vestida com simplicidade, o grande ramo, a alvura do seu vestido de cambraia, parecia quebrar os tons suaves desse conjunto de estatuária que era o seu corpo esbelto e gracil.

Algo de distinção inata ressumbrava de todo o seu ser, como se perfume suave dela se evolasse, formando esse ambiente de poesia oculta, que envolve certas criaturas e que se não pode precisar de onde deriva ou onde reside.

O nosso herói, artista, poeta e sonhador, começou a analisar as linhas harmoniosas daquele semblante juvenil e daquele ideal: — o rosto oval e pequeno, como o das «Virgens» dos pintores da Renascença; os olhos de um azul claro, raiados de escuro, os cílios castanhos e espessos, que mais pareciam uma umbela sobre um lago tranquilo; o nariz fino e reto, semelhante ao das deusas do paganismo; as sobrancelhas finas como se fôssem feitas de um só traço; a fronte estreita onde irrequietos anéis de cabelos castanhos brincavam movidos pelo vento; a boca ligeiramente rasgada, de lábios delgados, mais imperiosos que sensuais; o colo ebúrneo deixando adivinhar uns seios túmidos em tronco de harmoniosas linhas, e todo esse conjunto, cuja silhueta se destacava do verde-escuro dos arbustos, evocava, na retina do artista, a imagem alvinitente de uma ninfa emergida de entre as lilianas roxas, como de entre os juncais dos lagos surgem os lírios aquáticos; assim, ela parecia surgida, como a querer prendê-lo em seus encantamentos.

Contemplando-a, sentiu-se influenciado por seus encantos naturais e atraído por sua imagem divina.

Graciema — era este o seu nome — poucos dias havia que regressara a casa, vinda de um colégio de província, onde se educara.

Romântica e sonhadora, também amava os versos, as flores e a música, deleitando-se na contemplação da agreste natureza. Cantava e sua voz semelhava o deslizar de cristalina fonte, em penedias distantes.

Ao reparar no jovem que a fitava, assustou-se, por não esperar encontrar alguém naqueles sítios, onde se acostumara a passear sem temer olhares importunos; porém, ao observar-lhe o porte distinto, as maneiras graciosas, tranquilizou-se, reconhecendo não pertencer ao número dos conterrâneos, em sua maioria rústicos e bisonhos, que a encaravam admirados e temerosos de a cumprimentarem; por isso, correspondeu à saudação que lhe foi feita de maneira gentil.

Ele, ainda jovem, conservando esse trato social que se adquire nas grandes cidades e possuindo a ciência de agradar às senhoras, tão peculiar aos frequentadores dos salões elegantes e das grandes reuniões familiares, cativou-a logo com a apologia de sua formosura, vazada em linguagem poética.

Ambos se sentiram atraídos um para o outro e, desde esse dia, encontravam-se, como por acaso, nos mesmos lugares onde ele se fixava com o seu cavalete, a caixa de tintas, paleta e pincéis.

Carlos, no primeiro dia, chegara a casa entusiasmado, fora procurar a comunicação que recebera na Capital, nas vésperas de sua viagem, e, relendo-a, compreendeu quanta verdade havia naquelas linhas ditadas pelo Espírito anônimo, mas que ele avaliava agora ser um verdadeiro amigo, e, toda a noite, levou a sonhar com aquele ser ideal que acabava de lhe aparecer ali, inesperadamente. Contudo, ao lembrar-se de que se achava preso a outra, à infeliz que lhe amargurara parte da existência, ficava triste; tinha, porém, ali, sob os olhos, o conselho daquele amigo dedicado e seu único consolo era a prece, pedindo a Deus que lhe desse fôrças.

Depois de assim deprecar, entregava-se ao destino, dizendo: — faça-se a vontade de Deus!

Graciema, a seu turno, ao entrar em casa, no primeiro dia ia apreensiva; sentia um quer que fôsse estranho, que não sabia explicar.

Nessa noite pouco dormiu, sonhando com o pintor e, no dia seguinte, a pretexto de colher flores, lá foi para o bosque, na esperança de o reencontrar, e sentiu um bem-estar inefável quando o avistou entretido a copiar o mesmo trecho de paisagem.

Ele, vendo-a novamente, sentiu que aquela cabeça merecia retratada e quedou-se a contemplá-la com embevecimento de artista que procura gravar na retina o modelo a produzir, e, ao chegar a casa, o esboçou tão bem que se diria tê-la ali presente ante os olhos.

Nesses encontros, fazia versos e lhos recitava com o acento terno e cálido dos namorados, modulando-os lentamente, com voz macia e confidencial, e assim foi produzindo uma certa impressão no espírito romântico da moça, que se inebriava de ouvi-lo.

Certa vez, em conversa, soube que ela completara apenas dezessete primaveras e ele já passara dos vinte e cinco; de modo que, chegando a casa, compôs o seguinte:

SONETO

17 ANOS

Primaveril idade de esperança
Que canta o amor e canta a primavera,
Os teus afagos eu sentir quisera
Como beijos gentis de uma criança.

Tu que, qual relicário de bonança,
Doces sonhos de amor sentir fizera,
A quem já desta vida não espera,
Sequer, um doce raio de esperança;

Envolve, no teu manto acetinado,
Esta que por ti passa num momento,
Preservando-a das manchas do pecado.

Enquanto que eu, curvado ao sofrimento,
Vou em lembrança aos dias do passado,
Erguendo dentro dalma um monumento.

Graciema o recebeu com agrado, mas, lendo-o, viu que o mesmo denotava haver na vida do artista um segredo. Nada objetou no momento, esperando ocasião propícia para perguntar-lhe.

Depois, entretinham-se em intérminos diálogos; diálogos de namorados.

Quem se não lembra de os ter tido em sua mocidade?

Sempre a mesma nota desse hino eterno, cantado pelos nossos avoengos e ancestrais, a se reproduzirem sempre.

Sempre as mesmas páginas desse poema da vida no florescer, na quadra mais feliz em que tudo nos parece sorrir.

Porque o amor é como um fruto que amadurece quando o relógio da vida marca a sua hora; é um sentimento que só nasce na época em que a nossa alma encontra a alma sua irmã. Fora disso, só há ilusões, mais ou menos passageiras.

Não se deve dar o nome sublime de amor a essas paixõezinhas raquíticas, a esses sonhos efêmeros, nem mesmo ao que chamamos a grande paixão, que não é mais que uma chama destruída que tudo abrasa, mas rápida se extingue.

O verdadeiro amor, aquele que se conhece uma vez na vida, é um sentimento puro e forte, que nos prende o coração e desdenha de todas as pequeninas vaidades e de tudo que acobertamos com o nome de amor-próprio.

De modo que esses diálogos que já representavam a linguagem do amor, faziam-se ternos e brandos como sussurros, confundindo-se às vezes com o murmúrio dos regatos por entre gramados vergeis; com os rumores da brisa nas franças das árvores, ou com o gorjear dos passarinhos à hora matinal.

Mas, às vezes, Carlos emudecia e um ar de tristeza pairava-lhe no semblante. Então Graciema inquiria:

— Que se passa em tua alma? Que sentes? Que secreto pesar te acabrunha?

— Sinto algo aqui no peito — respondia-lhe —, minha alma busca em vão frases que a expandam; desejava criar língua de fogo para gritar de amor e de ventura à natureza e a Deus, por ter-te encontrado em minha vida.

— Dize-me, Carlos, por que mágica influência agora sinto o que tu sentes? Meu coração, à luz deste dia esplêndido, palpita com violência, de modo que tenho desejos de atirar beijos à Natureza e aspiro, em anelos extremos, a poder abraçar a Deus.

— Quantas vezes, Graciema, sinto-me impotente para pintar a Natureza! tanta beleza encontro nela, depois que te conheci, que se diria haver na mesma um hino incompleto, antes disso. Tu és da criação a flor mais bela! E a Natureza é o cenário onde fulguras, Graciema, como os pássaros nos bosques, como o vento nas franças do arvoredo. Tentemos derramar aos pés do Eterno toda a ventura que vai em nossos corações; entoemos-lhe um hino do fundo de nossa alma.

Arvoremo-nos, querida Graciema, em sacerdotes destes belos sítios.

Proclama Deus, o Sol brilhante que nos alumia, rendamos-lhe os nossos louvores!

Irrompam de nossas almas, em cânticos de graças, todas as belezas que nos cercam.

Embora só nos ouça a solidão, dize o que sente o teu coração.

— Oh! sinto-o palpitar de amor, assim como cintilam essas folhas à luz do Sol e jorram, das flores, estes suaves perfumes que inebriam o ambiente!

— Graciema, tuas palavras são como um bálsamo a suavizar as feridas de minhalma neste vale de aromas flutuantes, em que do vento os hálitos são tépidos e fragrantes.

Aqui, os dias florescem como se estivéssemos em plena primavera!

— Sinto-me satisfeito em poder servir de bálsamo às tuas dores morais e quisera saber-lhes a causa, para curá-las completamente.

— Não, não procures devassar o que me excrucia. Prefiramos desfrutar a dita que o Criador nos concede de nos encontrarmos aqui a sós, e sentirmos que o coração nos pulsa no mesmo ritmo.

Aqui, parece termos encontrado a estância onde as almas se irmanam. Aqui podemos, me lhor que em outro lugar, elevar nossas preces aos pés do Altíssimo.

Elevemos, em êxtasis, nossa alma ao céu e santifiquemos, em férvida oração, o perfume suavíssimo do nosso coração.

— Sim, Carlos, eu fui educada num colégio de freiras, mas nunca senti tanto a grandeza do Eterno como agora, apreciando a Natureza.

— E' porque Deus é Espírito e em Espírito deve ser adorado. Lembra-te das palavras do Divino Mestre à Samaritana: — «Que tempo viria, no qual, nem no Templo, nem em Jerusalém se adoraria a Deus, e sim no tabernáculo do coração.

Eu também fui educado na religião católica, mas houve um fato na minha infância que me fêz descrer do que os padres ensinam. Hoje abraço uma doutrina mais consoladora.

— Dize-me, qual é essa doutrina, pois falas-me numa linguagem estranha para mim.

— Essa doutrina, meu amor, é a Espírita. Não te lembras do que disse o Mestre Divino nos últimos dias, antes de subir ao Pai do Céu? Dirigindo-se aos discípulos, disse: — «Eu tinha ainda muitas coisas a dizer-vos, porém, não me compreenderíeis; eu vos enviarei mais tarde o Espírito de Verdade, ele será o Consolador e vos ensinará todas as coisas e ficará eternamente convosco». Pois bem, Graciema, esse Espírito de Verdade já veio, é essa plêiade de Espíritos que baixam por toda parte, clamando: — «Os tempos são chegados, preparai-vos para a romagem do futuro».

— Mas, dize-me, se assim é, porque os padres nos proíbem ler essas coisas, dizendo-as diabólicas?

— E' porque lhes não convêm proclamar essas verdades, desejando que o povo continue ignorante. Lançam mão do espantalho do inferno com suas penas eternas e dizem que os Espíritos que se manifestam são demônios.

— Não admites, então, a existência do demônio?

— Não, meu amor. Como é possível que Deus, a suprema perfeição, o amor sublime, tenha criado um lugar circunscrito no qual as almas, suas criaturas, vão sofrer eternamente?

Imagina um pai com muitos filhos, entre os quais, um mais rebelde que os outros merece um corretivo. Admitirias que esse pai, embora imperfeito como somos, fôsse capaz de dar ao filho um castigo eterno? Não, por certo.

Bastaria que o filho chorasse arrependido, prometendo corrigir-se, para que o pai logo o indultasse.

E, no entanto, somos criaturas imperfeitas, jamais comparáveis à Suprema perfeição.

E' isso o que nos ensina a Religião Católica. O Espiritismo, ao invés, ensina que o inferno está em toda a parte onde existem almas perversas e sofredoras; assim como o céu, onde existem almas boas; que o demônio é aquele que faz o mal e, assim, todo ser perverso, quando sai deste mundo, procura tentar as criaturas para o mal.

Aqui onde nos encontramos presentemente, afigura-se-nos estar num pequeno paraíso, porque nossos pensamentos têm sido, até agora, como verdadeiros hinos entoados ao Senhor dos Mundos, em arroubos de graças, bendizendo os momentos que passam. Com esses pensamentos atraímos Espíritos bons, que nos rodeiam, transmitindo-nos ideias nobres.

Não penses, Graciema, que estamos sós; nossos pensamentos são fontes de atração; se bons e elevados, atraímos os bons Espíritos; se maus, atraímos os maus.

Os Espíritos atrasados, do Espaço, são semelhantes às moscas atraídas pelas coisas putrefatas e deletérias. Também eles são atraídos pelos maus pensamentos e cumpre expulsemos de nós as coisas más, alijemos da mente os pensamentos nocivos, para não sermos assediados pelos Espíritos malévolos.

Neste momento sinto que Entidades superiores nos rodeiam e me inspiram as ideias que acabo de emitir, porque, embora educada no catolicismo, tua alma está predisposta a apreciar a justiça divina, a ver Deus na natureza... E isso ficou demonstrado pelo que disseste há pouco; de modo que, sem o querer, atraímos as almas boas que, solícitas, se achegam àqueles cujos pensamentos se elevam acima do nível ordinário da vida.

Crê, meu amor, nada sucede por acaso, tudo está perfeitamente delineado pela Providência Divina.

Vou revelar-te uma coisa: — antes de vir para aqui, recebi comunicação de um Espírito protetor, que predisse o que ora está acontecendo; ele disse que ainda encontraria uma criatura que me compreendesse, que pudesse, enfim, suavizar as agruras por que eu passava então, e naquele momento duvidei de suas palavras. Vejo, no entanto, que ele predisse a verdade.

Quantas vezes aqui, a sós, olhava em torno, procurando esse alguém e, quantas vezes, numa ânsia incontida, não estendi os braços para uma visão que se me afigurava distante e se diluía como o fumo?!

Imagina, Graciema, o inusitado júbilo que me invadiu a alma no dia em que vi realizado os seus prognósticos; que surgiste ante meus olhos, qual ninfa destes bosques...

Desse dia, guardei indelével lembrança que me ficou gravada na retina e não ficarei satisfeito enquanto não a reproduzir na tela.

Agora, escuta; estava mesmo para te participar que amanhã terei que ausentar-me; vou à Capital abastecer-me de algumas coisas indispensáveis e também de um metro de tela, pois desejo, como disse, reproduzir a tua imagem tal qual a vi a primeira vez, e esse quadro chamar-se-á «Primavera».

— Mas, uma coisa te peço, Carlos, não te demores por lá, pois eu morreria de saudades.

— Não, querida, descansa, é só o tempo necessário a prover-me desses objetos e logo voltarei.

— Então, adeus, despeço-me porque já é tarde e minha mãe fica aflita quando me demoro.

— Pois então, até à volta. — E depôs na mão de Graciema um ardente beijo.

— Esta, à proporção que se afastava, voltava-se a cada instante para dizer-lhe adeus; até que as sinuosidades do caminho a encobriram completamente e Carlos, por sua vez, voltou para casa.

IV

Na manhã seguinte ele tomava o trem para a Capital.

Pretendia demorar-se o menos possível, mas,

bem diz o rifão: — «O homem põe e Deus dispõe». Foi o que aconteceu ao nosso Carlos, que julgava poder fazer suas compras para voltar à tarde e teve que ficar até à noite.

Foi o caso que, encontrando-se com um amigo, este lhe participou que a sua esposa enfermara de moléstia tão horrível que ninguém queria tratá-la e ele, o amigo, é que a visitava, ministrando-lhe os remédios.

— Mas, que tenho com isso? — perguntou Carlos. — Ela colhe agora o que semeou.

— Carlos, tu professas uma doutrina que te ensina o perdão; enquanto essa criatura andou pelos alcouces, era bem de ver que não a procurasses; mas, agora que chegou ao extremo da miséria, acho que não te assiste o direito de seres inexorável.

Desculpa se assim te falo, mas sou teu amigo e professamos a mesma doutrina; sei quanto tens sofrido, mas a justiça divina se fêz sentir na delinquente e ela tem pago com juros tudo quanto te fêz sofrer; acho que te erguerias perante Deus, se a perdoasses e lhe estendesses a mão.

— Eu já de há muito a perdoei, mas não quero vê-la...

— Não digo que a vejas, mas que a socorras, qual o farias a uma infeliz qualquer.

— Sim, a isso estou pronto. Olha, queres encarregar-te desse mister? Aqui tens quinhentos mil réis; toma um quarto particular na Santa Casa e manda transferi-la para lá, de modo que nada lhe falte, pagando logo um mês adiantado.

Mas, talvez esta quantia não seja bastante. Segundo me consta, ela está atrasada nos aluguéis da casa.

— E seus amantes, que fizeram?

— Ora, bem sabes que enquanto a mulher tem saúde e beleza eles a desfrutam; uma vez porém faltando esses requisitos, eles fogem como o diabo da cruz.

— Bem, meu amigo, procura saber primeiro a quanto montam as dívidas e depois me avisa.

— Onde estás morando?

— Fora da Capital, mas vou para o «Palace-Hotel» e podes lá procurar-me.

— Então até logo. — E o amigo de Carlos, depois de apertar-lhe a mão, encaminhou-se ao centro da cidade.

Carlos ficou por momentos aturdido, sem saber o que fazer. Viu o amigo afastar-se, acompanhou-o com a vista até tomar um bonde, e permaneceu ali, na Praça da República, sem saber que rumo tomar. Depois, pouco a pouco, foi voltando a si do imprevisto, e viu que era necessário caminhar e espairecer.

Trazia na mão uma pequena mala e resolveu tomar um táxi; fêz sinal ao primeiro que passou e, depois de se acomodar nele, mandou tocar para o hotel.

Ali chegando, quando se viu só, no quarto, deixou-se cair num divã, completamente aturdido pelo que acabava de suceder.

Assim permaneceu muito tempo, até que as ideias aos poucos se foram aclarando e pôde refletir:

— Como as leis de Deus são imutáveis! Lei de causa e efeito!... E como se respondesse a si mesmo — disse: — somos os artífices de nossa felicidade ou de nossa desgraça!... Colheremos o que semearmos...

E, por uma correlação de ideias, perpassou-lhe pela mente tudo quanto havia sofrido anteriormente: — as exigências da esposa... a sua tendência para o luxo, as discussões inúmeras por causa da vaidade, sem que conseguisse demovê-la; e, por fim, quando enfermara e fora obrigado a retirar-se para fora da Capital, época em que ela, aproveitando a sua ausência, saíra de casa, levando tudo o que a ele pertencia.

Depois, à sua volta, sabendo então da ignomínia, e que de há muito lhe vinha sendo infiel... Depois, o ridículo... o opróbrio ao seu nome... os ditos, as chalaças que ouvira a cada instante, nos cafés e nas ruas por onde passava.

Mas, viera-lhe também à lembrança a visita daquele amigo do Além e dos seus conselhos salutares.

Metendo a mão no bolso, tirou a carteira e procurou aquela comunicação que fora, por assim dizer, o que decidira a sua ida para fora e a mudança de sua vida. Abriu-a e leu:

«Tua mulher, como a maior parte da Humanidade, degrada-se na corrupção dos vícios e, desenfreada, em carreira louca, segue à mercê dos instintos, galopando no caminho da perdição. Esfacela-se na luta infrene dos prazeres efêmeros, conspurcando os bons princípios da moral e do dever. As crenças e os sentimentos nobres que deveriam enaltecer-lhe o caráter, infundindo-lhe o respeito às coisas santas, ruem por terra ante a conveniência pessoal, na ânsia do prazer e da luxúria; mais tarde se arrependerá e lágrimas de sangue lhe rolarão pelas faces macilentas... Só então refletirá nos seus desatinos.

«Nesse túmulo aberto, onde jaz morto o coração e amortalhada a honra, há-de brilhar um facho de luz: — a consciência — bradará até às profundezas do seu ser, gritando-lhe: — basta!

«Então, de joelhos, ela implorará piedade!...»

Carlos estacou, deixando pender o braço, cuja mão crispada segurava a comunicação.

Do peito lhe escapou fundo suspiro, e exclamou: — Quanta verdade, meu Deus, a realizar-se em tão curto espaço de tempo! Estará essa criatura arrependida? Porque este sentimento de piedade? Será por ter servido de instrumento para que pagasse eu uma dívida? Sim... deve ser isso... E eu que disse não querer vê-la, sinto que seria capaz disso, se soubesse que está arrependida.

Ficou muito tempo entregue às suas cogitações; depois, ergueu-se sacudindo a fronte, como a querer alijar para longe os pensamentos.

Foi ao lavatório, banhou o rosto a fim de limpá-lo da poeira da viagem, escovou a roupa e saiu.

Havia dito ao amigo que não trouxera mais dinheiro. Com efeito, todas as suas economias estavam depositadas num banco e levara para o interior sòmente o indispensável às suas despesas.

Dirigiu-se ao Banco, retirou um conto de réis e, metendo no bolso essa quantia, saiu a fazer algumas compras, que levou para o Hotel.

Lá chegando, aguardou a visita do amigo, sem mesmo lembrar-se de que ainda não se alimentara.

Desceu à sala das refeições e comeu alguma coisa. Depois, olhando o relógio, lembrou-se de que era a hora em que se encontrava com Graciema, e essa lembrança lhe trouxe um bem-estar inefável; seu pensamento voou para ela, parecendo vê-la como sempre, meiga e graciosa, transparecendo, do seu todo, a criatura ingênua e cândida, que era. E veio-lhe à mente aquela missiva do Alto. Teve desejo de a reler, no ponto interrompido, mas, em chegando ao tópico que diz: — «Para que o homem possa adquirir tais tesouros, pouco, muito pouco lhe falta: — é ter fé, um gesto humanitário de amor e terá adquirido o céu na terra!» — ele parou, repetindo a frase: **um gesto humanitário!** Será o que estou fazendo pela infeliz?... Continuou a leitura até ao fim, meditando todas as palavras e acabando por inquirir a si mesmo, se não era isso, com efeito, o que se estava produzindo em seu cérebro.

Ali para onde se encaminhara, admirando os esplendores da Natureza, foi o que lhe pareceu ver e que externou a Graciema.

E não estaria, nela representado, o oásis que devia encontrar no deserto da sua vida? O prêmio às suas desditas, se fizesse esse gesto humanitário?

Todas essas reflexões ele as fazia quando bateram à porta.

Era o amigo.

— Já de volta, Júlio?

— Sim, vim dar conta do que me incumbiste. São três meses de aluguel a trezentos mil réis; contudo, ela ainda tem as jóias que me entregou para que as vendesse ou empenhasse; de modo que não precisas concorrer com os novecentos mil réis para o aluguel em atraso.

— Não, meu amigo, aqui tens; paga as dívidas e faze das jóias o que quiseres; desejo que, hoje mesmo, fique tudo liquidado.

— Pois bem, cumprirei teus desejos; mas, desculpa-me, não sei se procedi bem falando-lhe a teu respeito.

— Falaste-lhe da minha pessoa?

— Sim, disse que te havia encontrado e que estava autorizado por ti a interná-la num hospital, pagando tu as despesas.

— E que te disse ela?

— A princípio, entrou a chorar; depois, perguntou se lhe havias perdoado e eu respondi que sim... eu não soube o que dizer.

— Pois meu amigo, confesso que no primeiro momento, quando me falaste nessa criatura, senti-me revoltado; mas depois um sentimento de piedade me invadiu o coração, lembrei-me dos primeiros anos de casados, quando Sílvia ainda não havia chegado a esse extremo, e perdoei-lhe de coração, pensando que talvez tenha servido de instrumento para que eu resgatasse uma dívida...

— Neste caso, que te custa visitá-la e dar-lhe de viva voz o teu perdão?

— Sim, dizes bem; vai tratar deste assunto e volta aqui. Acompanhar-te-ei à casa dela, antes que se hospitalize.

— Muito bem, meu caro, é assim procedendo que te revelas um verdadeiro espírita.

— Não, meu amigo, não o sou ainda, apenas desejo sê-lo.

— Bem, então até logo.

— Sim, até logo.

E os dois amigos se separaram, indo Júlio tratar de pagar as dívidas de Sílvia e ficando Carlos engolfado nas suas cogitações.

Dirigiu-se a uma pequena mesa e sentou-se com a fronte apoiada nas mãos.

Seu pensamento elevou-se nas asas da prece, pedindo a Deus forças para o que ia fazer, e ao mesmo tempo compaixão e misericórdia para a infeliz.

Mal terminara a prece, sentiu o corpo penetrado de um fluido leve, ao mesmo tempo que ouvia cariciosa voz a dizer-lhe: «Coragem, amigo; não te disse que não havias esgotado ainda todo o cálice de amarguras?... E' chegada a ocasião. Prepara-te com ânimo sereno para contemplares aquela que foi tua esposa e avaliares a devastação que os vermes já lhe causam no organismo. Coragem, lembra-te de Jesus diante da pecadora... perdoa!»

Calou-se a voz, porém Carlos parecia ouvi-la ainda mui longínqua, a repetir: perdoa! perdoa!

Ergueu-se e começou a andar de um lado para outro.

As horas correram despercebidas e o amigo veio encontrá-lo ainda errante pelo quarto.

— Eis os recibos da casa.

— Guarda-os, Júlio, para entregá-los a ela.

— As jóias renderam um conto e quinhentos; e aqui o tens.

— Tudo isso é dela, não quero um real. Agora, vamos meu amigo.

— Tem coragem, Carlos, sê forte.

— Sê-lo-ei; vamos.

Alcançando a rua, tomaram o primeiro auto que encontraram na Praça Tiradentes e mandaram seguir para a Rua Senador Dantas.

Lá chegando, antes de frontear a casa, desceram. Carlos pagou a corrida, e, depois que o taxi rodou, caminharam até um sobrado, a cuja porta Júlio parou e disse: E' aqui.

Subiram. Uma passadeira de lã amortecia-lhes os passos, de modo que chegaram ao topo da escada sem serem pressentidos.

Júlio abriu cautelosamente a porta da sala e disse baixinho ao amigo:

— Espera-me aqui, vou prepará-la para receber-te.

Carlos apenas moveu a cabeça em sinal afirmativo, presa que estava de uma emoção indescritível.

Júlio seguiu em direção à alcova e ele ali ficou a observar a sala parcamente aclarada por uma sacada, cuja porta entreaberta deixava passar luz mortiça entre cortinas rendadas, podendo assim apreciar restos de uma magnificência decaída: — mobília estufada, alguns quadros pelas paredes; um gueridom sobre um grande tapete já puído, almofadas de cetim e de veludo bordadas, e sobre a jardineira uma estatueta representando uma dançarina descalça.

Não pôde continuar a inspeção, porque o amigo voltou, dizendo: podes entrar.

O nosso herói pousou o chapéu numa cadeira e entrou seguido pelo amigo.

Ao penetrar na alcova, viu uma forma humana erguer-se no leito e, no primeiro instante, não a reconheceu; foi preciso que ela falasse para que a reconhecesse pela voz.

Sílvia, chorando, estendeu para ele os braços em atitude suplicante:

— Perdoa-me, Carlos, tudo quanto te fiz sofrer! Estás vingado, meu amigo... Vês? já não sou aquela que foi tua esposa... Sinto que a morte se avizinha e não quisera morrer sem o teu perdão!

Ele, que havia baixado os olhos para não ver aquela figura hedionda diante de si, sentindo que os soluços, a seu pesar, intumesciam-lhe o peito, apenas balbuciou: — Eu há muito te perdoei, Sílvia.

— Obrigada; agora já posso morrer tranquila.

— Não; tu não morrerás ainda... Procura redimir-te pelo arrependimento de todas as culpas perante Deus... ora a Ele com fé, Sílvia... Deus é pai e ouve a prece do pecador arrependido...

Não pôde prosseguir, ela se havia arrastado até à beira do leito, e, tomando entre as suas as mãos do pintor, beijava-as molhando-as de lágrimas, ao mesmo tempo que dizia:

— Obrigada, que bem me fazem as tuas palavras!

Júlio, afastado a um canto, chorava também de comoção, ante o quadro impressionante. Depois, julgou necessário intervir, a fim de modificar esse quadro, que ultrapassara a sua expectativa.

— Bem, agora, deves estar satisfeita, Sílvia; Carlos já te perdoou. Pede a Deus que te perdoe. Aqui tens os recibos da casa e o dinheiro das jóias.

— Então, não foi com elas que pagaste a casa?

— Não; Carlos não consentiu.

— Ah! como tu és bom, Carlos, e de novo tomou-lhe as mãos para beijá-las; ele, porém, se esquivou brandamente, dizendo:

— Não fiz mais que o meu dever. Agora o Júlio fica encarregado de tomar um quarto particular, no hospital, onde terás todo o necessário... Não quero que, de hoje em diante, sofras necessidades.

— Vais então deixar-me?

— Sim, atualmente resido fora da Capital, onde me chamam deveres a cumprir. Amanhã partirei, deixando aqui o meu amigo encarregado de prover as tuas necessidades.

— Sim, Carlos, vai e que Deus te faça feliz. Que ainda possas encontrar quem te compreenda e te cumule de carinhos que eu não soube... — E, soluçante, já exausta, tombou pesadamente no leito.

Os dois amigos tomaram-lhe o corpo nos braços, procuraram acomodá-la, aconchegaram-lhe as almofadas e as cobertas e retiraram-se.

Na porta da rua, Carlos se despediu do amigo, fazendo-lhe ainda algumas recomendações; depois tomou a direção do hotel. Ali chegando, tratou de lavar as mãos e desinfetá-las com um pouco de álcool e sentou-se para repousar um pouco das emoções por que acabara de passar.

Logo que anoiteceu, pagou as despesas e saiu em demanda da Estrada de Ferro Central, a fim de tomar o noturno que o devia restituir ao seu paraíso, qual se lhe figurava o lugar para onde ia, depois de ter visto de perto o purgatório.

No dia seguinte, Sílvia dava entrada em um quarto particular da Santa Casa, onde ficou em tratamento, prometendo Júlio visitá-la de quando em vez.

Sílvia, então, pediu-lhe guardasse o dinheiro das jóias, destinando-o para o enterramento do seu corpo.

V

Voltemos ao encontro de Graciema.

Na véspera, depois de se despedir de Carlos, ela fora para casa e encafuara-se no quarto, triste e pensativa, mas, se lhe perguntassem o que sentia, não saberia responder.

A mãe chamou-a para jantar e ela sentou-se à mesa, mas pouco comeu. O pai notou-lhe a melancolia e perguntou o que tinha. Nada — não era nada.

— Vê lá, filha, se estás doente, fala, para que chamemos o médico.

— Qual, papai, não sinto coisa alguma — e, pedindo-lhe a bênção, beijou a genitora, e recolheu-se ao quarto.

Os pais entreolharam-se, interrogando-se mùtuamente, sem no entanto acharem uma explicação para o caso.

— Não sei — disse a velha — ainda hoje de manhã saiu tão contente...

— E' preciso vigiá-la e ver de que se trata.

— Ora, que há-de ser? — falta de companhia... não tem uma amiga... Também vivemos tão retraídos.

— Dizes bem... Vejamos, se assim continuar...

— Então veremos o que se há-de fazer.

E foram também acomodar-se.

Nessa noite, Graciema pouco dormiu, parecia-lhe que alguma coisa a afligia; que sucedera ao Carlos algo doloroso, que lhe repercutia nalma.

Pela manhã, levantou-se mais cedo e saiu a passear pelo jardim. Então, como os pássaros entoassem o seu hino matinal, saudando o astro-rei, ela pôs-se a cantar também e, lembrando-se de uma romanza que aprendera no colégio, assim começou:

«Caro angelin, que viene de lontana, encontraste, in camino, l'amor mio?»

Os pais, ouvindo-a cantar, ficaram satisfeitos, dizendo consigo que o mal fora passageiro e não mais ligaram importância ao que na véspera os impressionara.

Após a colação da manhã, Graciema saiu como de costume, em direção aos sítios onde sabia encontrar o pintor. Percorreu os lugares por ele frequentados, e nada. Caminhou, assim, pelos carreiros, distanciando-se dos mesmos lugares, até que chegou a uma clareira onde se descortinava um grande lago, rodeado de campinas florescentes.

A paisagem ali era magnífica! as cravinas e paqueretes abriam pétalas abrasadas por sobre a tristeza das folhas adormecidas.

Os arbustos cobriam as rosas brancas, que se diria sonharem à borda do lago, que, frisado pela brisa matutina, debuxava estranhos arabescos formados pelas nuvens e pelas flores.

Nesse silêncio imenso e sonolento, o astro do dia parecia verter suas cascatas de luz sobre as coisas, que se diriam laminadas de ouro.

Havia incerteza de miragem nessa claridade verde-azul de águas, de árvores e de folhagens que, numa imobilidade de sonho, o lago parecia reverberar sob o firmamento.

Graciema parou extasiada, lembrando-se do pintor, pensou que talvez ele ali estivesse a copiar aquele lindo trecho da Natureza e, caminhando por entre as briôneas albas e amarelas, começou a colher os paqueretes e margaridas, prendendo-os nos cabelos. Depois, pelo hábito, foi formando ao colo um lindo ramalhete.

A caminhar distraída, não percebeu que aos poucos se aproximava da granja vizinha, onde Carlos alugara um cômodo, e onde, fatigado da viagem, ainda dormia a essa hora.

Graciema, no intuito de o lobrigar naqueles sítios, começou a cantar sua romanza.

O pintor, despertando com essa voz tão sua conhecida, ergueu-se, vestiu-se apressadamente e saiu mesmo sem levar os petrechos de pintura.

Graciema continuava a cantar e sua voz argentina sobressaía no grande concerto da natureza, de modo que o pintor se extasiava em ouvi-la e corria por entre as sebes, até que chegou onde ela estava.

— Bom dia, Graciema.

— Bom dia, senhor dorminhoco. Que foi isso hoje?

— Cheguei muito tarde, pois vim de noturno e, se não fôsse o teu canto, talvez ainda estivesse a dormir. Mas, que linda romanza!

— Sim!... Eu estava a perguntar aos passarinhos, vindos de longe, se não haviam encontrado o meu amor...

Mas, agora reparo, parece que os ares da Capital não lhe foram muito propícios... — disse, fitando-o de frente.

— Porquê?

— Tem a fisionomia de quem passou por um grande desgosto.

Ele baixou os olhos, ela acabava de tocar na ferida do seu coração.

— Mas... que... entristeces e não dizes nada... Não mereço mais a tua confiança?

— Sim, Graciema, mas, não me perguntes o que houve, porque não poderia responder-te.

Assim conversando, haviam-se afastado da herdade, seguiram em direção ao lago onde pouco antes ela estivera a colher flores.

Guardavam silêncio, parecendo que cada qual se obstinava em não ser o primeiro a falar.

Ao chegar ao lago, ela disse: — Já conhecias este sítio?

— Não; é a primeira vez que o vejo.

— Não o achas magnífico para um quadro?

— Sim, esplêndido! — respondeu procurando disfarçar a mágoa que lhe ia nalma, pois as cenas da véspera, a seu pesar, lhe vinham à memória. Suspirou...

Graciema adivinhara-o e, deparando um tronco caído num lugar sombrio, sentou-se, convidando-o a imitá-la.

— Conta-me o que se passou. Dizem que as confidências sempre aliviam mágoas...

— Não quisera dizer-te, Graciema, temendo empanar de tristeza o sol de tuas alegrias.

— Mas não temos até agora permutado afetos e revelado nossos íntimos pensamentos, bem como as nossas alegrias? Porque não nos expandirmos quando a tristeza nos acabrunha?

— E' que a tristeza que me crucia neste momento é do número das que só Deus pode aliviar. És ainda uma criança e quisera poupar-te a revelações que o tempo se incumbiria de fazer; mas, diz-me o coração que terás que associar-te ao meu destino, e então, se hás-de o saber por outrem, importa-me tudo dizer, muito embora isso me custe e saiba, de antemão, que te vou desagradar.

Fêz uma pausa, como a encadear ideias, e continuou:

— Lembras-te que eu disse, há dias, haver recebido de um Espírito amigo uma revelação? Pois bem: no momento, passei por alto sobre os motivos dessa comunicação.

Agora vou dizer-te: é que não sou livre... casei-me com uma mulher que tirei da miséria, de um lar pobríssimo, a ela me unindo também por compaixão.

Nos primeiros tempos tudo parecia sorrir; ela, porém, vaidosa, queria luxar, queria brilhar na sociedade, e eu, nesse tempo, lutava com a vida, preparava-me para obter o prêmio de viagem, na Escola de Belas Artes, não podia dar-lhe o que exigia; depois, tive a infelicidade de adoecer de uma infecção tífica, estive entre a vida e a morte, fiquei quase cego e paralítico, até que pude melhorar aos poucos e, quando convalescia, tive de vir para a roça.

Aí, aproveitando-se ela da minha ausência, traiu-me; de modo que, mesmo antes de regressar, já havia abandonado o lar, levando quanto me pertencia.

Fêz nova pausa e continuou: — senti muito a sua ingratidão, pois não só procurei dar-lhe sempre o necessário, como, por muito tempo, sua família viveu a expensas minhas, sobrecarregando-me de dívidas; seus pais faleceram em minha casa e tive de fazer-lhes o enterramento; as cunhadas ainda lá me ficaram por alguns meses.

Quando retornei à Capital e soube de toda a minha desdita, não a procurei e apenas pedi à minha mãe que o fizesse para reaver minhas roupas.

Dessa data em diante, passei a residir com minha mãe.

Essa infeliz, como era de esperar, foi caindo de degrau em degrau, chegou à abjeção, tornou-se uma mundana.

Mas, não foi tudo; meus amigos e conhecidos retraíram-se como se eu fôsse o culpado da sua queda, e o ridículo, esse estigma que a sociedade das grandes cidades atira aos homens honrados, caiu sobre mim, e, por toda parte, me perseguia e humilhava.

Sem saber o que fazer, recolhia-me a casa sem ânimo de lutar. Deixei a companhia de minha mãe e fui morar só, em Santa Teresa, no intuito de isolar-me, e assim poder sofrer sem que outros presenciassem meus sofrimentos.

Foi então que comecei a frequentar sessões espíritas, a ver se lograva algum conforto. Pensava em meu pai e confiava na sua proteção espiritual.

Assim passaram os dias e cada vez mais chegava a meus ouvidos a degradação moral da infeliz.

Deixei os estudos, tornei-me misantropo, fugia de tudo e de todos, e foi então que tive a ventura de receber a comunicação de que te falei e que deu motivo à minha vinda para aqui.

Ontem, chegando ao Rio, encontrei um amigo, o único que se conservou fiel; (e Carlos contou a Graciema tudo que os nossos leitores já conhecem).

O resto já o sabes — concluiu.

A pobre moça ouvira-o cabisbaixa; ao mesmo tempo que se apiedava dele, sentia que uma sombra viera postar-se entre ela e aquele a quem amava com todas as forças de um primeiro amor.

Pensou que, daquele momento em diante, o seu futuro teria um ponto de interrogação. Com os olhos baixos, comovida, apenas pôde dizer: — Pobre amigo!...

Imagino quanto tens sofrido!...

Sua voz era repassada de tristeza e nem ousava erguer os olhos do chão onde estiveram pousados durante a narrativa do pintor.

— Aí tens, Graciema, o que desejavas saber e que, parece, fiz mal em revelar.

— Não; foi melhor assim. Disseste que sou ainda uma criança e é verdade... mas a tua narrativa fêz que a criança se tornasse mulher.

Educada, como fui, longe do bulício do mundo,

não julgava o mundo tão mau e que houvesse criaturas que se degradassem ao ponto de esquecer seus deveres.

Fizeste bem em contar-me essas coisas — esse episódio triste da tua vida.

Agora já sei como conduzir-me.

— Mas — disse Carlos interrompendo-a — não vá isso fazer que arrefeça o sentimento que nutrias a meu respeito.

—Não, Carlos, mas, de hoje em diante, nos trataremos como pessoas que se amam e se prezam... És casado e eu uma donzela inexperiente...

— Perfeitamente, mas não me prives do teu convívio; seria tirares-me da luz para as trevas. Que seria de mim, agora, sem a luz dos teus olhos?!...

— Não, não deixarei de vir, como sempre, entreter-me contigo por alguns momentos de felicidade, pois eu mesma não poderia passar sem isso; mas, parece que estarei sempre a ver alguém de permeio entre nós...

— Não digas isso; ela mesma, ao se despedir, disse pedir a Deus me facultasse encontrar outra que me compreendesse e me fizesse feliz, tanto quanto ela o não soube fazer.

Já vês, meu amor, que não haverá, como dizes, essa sombra entre nós; depois, ela está às portas da morte, pouco tempo sobreviverá e então nos poderemos unir para sempre, irei falar a teus pais.

— Pois sim — disse Graciema, levantando-se — esperemos.

— Já te vais?

— Tenho necessidade de isolar-me, refletir na minha triste situação.

Carlos tomou-lhe a mão e levou-a aos lábios, dizendo:

— Perdoa se te causei tanta mágoa... devia ter-me calado e ocultado essa página triste da minha existência.

— Não te lastimes, eu fui a culpada... devia

ter respeitado o teu silêncio e desistir de devassar os segredos da tua alma... mas, era uma criança, como disseste, e não medi a extensão da minha curiosidade.

O pintor, que também se havia levantado, tendo ainda a mão dela entre as suas, fitava-a curioso. Algo de extraordinário notava nas suas feições; dir-se-ia, com efeito, que se haviam modificado; que a criança se transformara em mulher.

Quanto mais a encarava, mais a admirava, compreendendo quanto a dor e o sofrimento modificam o ser humano.

Caminharam de mãos dadas, sem pronunciar uma palavra.

O astro do dia, bastante alto, por entre o arvoredo projetava sombras que eles aproveitavam para fugir aos seus fulgores cálidos.

Assim foram seguindo até o lugar onde se haviam encontrado pela primeira vez e Carlos não pôde deixar de recordar aquele dia, que fora como uma aurora de luz na noite escura da sua vida de tribulações. Olhando-a nos olhos, evocou aquele dia inolvidável, dizendo:

— Nada sucede ao acaso, Graciema; Deus que permitiu o nosso encontro aqui, neste lugar, é porque nossas almas foram feitas uma para outra...

Quem sabe o compromisso que tomámos noutra vida! Assim, meu amor, não te entristeças. Rendamos graças a Deus por ter-nos enviado essas provas, que são como cadinhos onde retemperamos as forças do nosso ser incorpóreo.

Nesses momentos, Graciema, os nossos Guias espirituais se afastam por ver como recebemos tais provas: se nos rebelamos contra os desígnios de Deus ou se nos mostramos submissos. Neste caso, satisfeitos, nos envolvem em seus fluidos suaves e nos transmitem conselhos salutares.

Comigo isso tem acontecido muitas vezes, e sempre tenho sido beneficiado... É que me tenho submetido aos santos desígnios de Deus, e, nos momentos de fraqueza, oro e as forças me vêm.

Deves fazer o mesmo, Graciema, não te entregues ao desânimo... tenhamos confiança, pois ainda havemos de ser felizes.

— Seguirei teus conselhos, já agora és o meu mentor na vida, visto não poder ainda revelar a meus pais o que se passa entre nós. Adeus.

— Adeus, não! meu amor, minha vida... até amanhã — disse Carlos depondo-lhe na mão um longo beijo.

Separaram-se, seguindo cada um para seu lado.

VI

Chegando em casa, Graciema recolheu-se ao quarto.

A mãe, vendo-a tristonha, interrogou-a.

— Não tenho nada, mamãe.

— Não queres almoçar?

— Não, não tenho vontade.

A senhora ficou sem saber o que fazer e pensar da mudança notada no semblante da filha.

Nessa noite, Graciema custou a dormir, orou pedindo a Mãe Santíssima que a socorresse e inspirasse.

Como não se bate às portas divinas inùtilmente, Graciema viu, pela primeira vez, que o quarto se iluminava pouco a pouco de uma luz azulada e percebeu que uma forma branca, com um manto azulado, dela se aproximava.

A princípio, pensou estar sonhando, pois ficara num como estado de êxtasis. Sentiu, então, que a forma intangível pousava a mão leve na sua fronte e ouviu: — «Oraste, minha filha, pedindo a minha proteção e conselhos, aqui estou.

«Não é em vão que uma alma aflita bate à minha porta.

«Tu, filha, tens sido sempre humilde e obediente a teus pais e submissa, também, àqueles que te educaram. Tenho acompanhado teus passos e conheço quão cheio tens o coração, de amor e de ternura.

«Amas e já começas a sofrer; é assim mesmo a vida, neste planeta de dores onde as almas vêm purgar suas faltas. Recebe, filha, esses sofrimentos morais com paciência e resignação, pois em outra existência tomaste um compromisso com aquele a quem amas agora.

«Chegou a ocasião de desempenhares esse compromisso; ele sofre e tu vieste a este mundo para amenizar-lhe as agruras da vida.

«Cumpre não o deixes entregue à dor que o crucia neste transe. Estende-lhe tua mão amiga; dispensa-lhe palavras de conforto e animação, pois, assim procedendo, cumprirás teu dever.

«Não tenhas ressentimento para com a infeliz prestes a deixar este mundo de misérias; ela serviu de instrumento de resgate de uma dívida, pois ninguém sofre inocente de culpa.

«Tu bem o disseste: de criança ontem, surgiste hoje mulher; — bastando para tanto um pouco de sofrimento moral.

«E' a dor, minha filha, a lapidária das almas; é ela que serve de cadinho ao espírito, no qual ele se retempera para as lutas porvindouras.

«Sempre que sofres, ora como o fizeste há pouco, e eu virei em teu auxílio.

«Agora, vem comigo, deixa esse corpo e vem, pois quero mostrar-te algo necessário ao teu progresso. Vamos»...

Graciema, em transe, deixou o corpo adormecido e saiu espaço em fora, acompanhando o Espírito que lhe falava, até que penetrou num quarto frouxamente iluminado.

Lá, num leito de ferro com um colchão duro, no qual repousava uma criatura cujas feições pouco tinham de humanas, estava uma mulher, que sofria horrìvelmente, sem ter ninguém junto de si, e que exclamava:

— Meu Deus, Valei-me!... Quanto sofro!... Perdoai-me Senhor!...

— «Vês? — disse o condutor de Graciema — a que ponto chega a mulher descuidosa dos seus deveres? Essa criatura é a esposa de Carlos: o luxo e a vaidade a conduziram à perdição, e esta lhe acarretou os sofrimentos físicos pelos males que contraiu.

«Hoje está arrependida e, como vês, pede auxílio e perdão.

«Vamos aliviá-la por alguns momentos, pois não podemos extingui-los inteiramente, quando concorrem para o seu aperfeiçoamento.

«Para que isso se produza, basta que tenhas a boa vontade de vê-la melhor».

E o angélico Espírito de Maria Santíssima — pois era ela quem assim falava a Graciema — pousando a nívea mão na fronte da enferma, fêz se-lhe acalmassem as dores.

Então Sílvia, sentindo-se aliviada, deu graças a Deus, erguendo os olhos para um crucifixo preso à parede, aos pés da cama.

Depois, pareceu fixar um ponto no espaço, efetivamente o em que pairavam os Espíritos de Graciema e do seu Guia, pois dele irradiava uma luz suave, azulada, e se evolava um aroma que, saturando o ambiente, enchia de gozo a doente, ali, naquele quarto impregnado de miasmas deletérios.

Parecia-lhe ouvir vozes, e dir-se-ia que estas lhe penetravam no íntimo, fazendo-lhe vibrar a consciência, lágrimas sentidas lhe aljofraram os olhos, deslizando pelas faces pustulosas.

Então aquele Ser angélico se dirigiu novamente ao Espírito de Graciema, dizendo que naquele momento fizera vibrar a consciência daquela infeliz pecadora, para que ela compreendesse a Justiça Divina, pois estava amargando as consequências de seus próprios desatinos; que ela, Graciema, guardasse aquele quadro e jamais pecasse daquela forma, pois estava vendo o fim a que levava.

Depois, convidou-a a percorrer outras dependências do hospital e Graciema teve ocasião de apreciar outras mulheres, também cobertas de pústulas, sofrendo horrìvelmente, por se terem atirado à devassidão.

Nessas enfermarias, via-se de tudo; era um quadro desolador e o Espírito de Graciema ficou atônito, pois nunca apreciara cenas tão tristes na sua vida terrena, ignorando inteiramente que a criatura humana chegasse a tamanhas abjeções.

Assim, sempre acompanhando o Guia Espiritual, observava que era bastante aproximar-se de um leito para que o doente se sentisse aliviado, como se recebesse um refrigério às suas dores.

Ainda lá estavam, quando entrou a irmã enfermeira a ministrar os remédios aos doentes, e o Anjo disse a Graciema:

— «Vês como são abnegadas essas criaturas? — Elas deixam o bem-estar, as alegrias do mundo para se dedicarem de corpo e alma aos enfermos. Algumas são fracas e às vezes se revoltam contra essas infelizes, que se deixaram degradar ao ponto de chegar a esse extremo, e, então, tratam-nas com aspereza, arguindo-as sobre o seu mau proceder; mas, devemos ter piedade para essas infelizes, como nos ensinou o Divino Mestre, que não teve uma palavra de censura para a mulher pecadora.

«São todas umas desgraçadas, minha filha, dignas de compaixão; privadas muitas vezes de um bom conselho e da vigilância de uma boa mãe, pois nem todas são arrastadas a essa vida pela vaidade; algumas o são pela necessidade, não se sentindo fortes para lutar com a miséria.

«Outras, porém, têm vindo para aqui, doentes, sem terem caído; suportaram os horrores da indigência e conservaram-se impolutas: — são as que saem vencedoras espiritualmente. Embora o corpo baqueie pelo enfraquecimento físico, elas, valorosas, lutaram até o fim, e aqui no espaço recebem a recompensa: são premiadas por suas virtudes.

«Tu, filha, diante destes exemplos, procura retemperar o Espírito, pois vais entrar em luta com as provações e muitos serão os que procurarão seduzir-te.

«Prepara-te, pois, para os embates da vida material; sê forte para seres uma verdadeira companheira daquele que, em breve, será teu esposo».

E como se lesse a dúvida no espírito de Graciema, acrescentou:

— «Não duvides do que digo, minha filha; tomaste sobre os ombros esse compromisso e terás que cumpri-lo até o fim. Vais unir-te a Carlos e com ele fazer uma trajetória nesta existência, ambos precisarão auxiliarem-se mùtuamente.

«Agora, vamo-nos, quero levar-te a outros sítios».

E o Angélico Espírito afastou Graciema daquele hospital, levando-a a estâncias de luz, onde ela pôde apreciar o trabalho dos Espíritos no Espaço.

* * *

Quando, no dia seguinte, Graciema despertou, era outra completamente: embora não se lembrasse de tudo quanto havia sonhado, muita coisa lhe ficara no sensórium perispiritual e pôde transmitir ao cérebro, como memória do que lhe era necessário.

VII

Voltemos a encontrar-nos com o pintor.

Vejamos o que se passou com ele essa noite.

Deixando Graciema, dirigiu-se para casa, a passos lentos, sentindo uma angústia que lhe apertava o coração e já arrependido de ter revelado a página triste de sua vida; contudo, refletindo, a si mesmo contrapunha que aquilo seria inevitável; que mais dia, menos dia, ela o saberia por outrem e então tachá-lo-ia de insincero, não tendo tido a franqueza de dizer-lhe toda a verdade... Ao mesmo tempo, lembrava-se de como se contristara falando-lhe daquela sombra, que dali por diante haveria de pairar entre eles.

Mas considerava impossível que Deus permitisse ao Espírito de Sílvia interpor-se entre ele e Graciema, pois mesmo que essa fôsse a sua vontade, os bons Espíritos não deixariam.

Assim raciocinando, chegou a casa, indo para o quarto sem ânimo de fazer qualquer trabalho.

Sentou-se em frente ao cavalete em que estava o esboço da cabeça de Graciema e, contemplando-a, seu pensamento voava para o original, sentindo uma satisfação íntima.

Repassou em mente os colóquios dos dias anteriores, meditou na argúcia do seu espírito e a si mesmo perguntava se fora possível que, depois de a haver conquistado, iria perdê-la agora.

Chamaram-no para jantar e ele pouco comeu.

Saiu a dar um passeio até à estação, onde presenciou a chegada e partida do comboio e depois voltou para casa, entrando novamente para o quarto, onde tomou um livro, que abriu, porém seus olhos nada viam, senão a imagem de Sílvia.

Assim esteve até à noite, quando resolveu deitar-se para ressarcir o sono perdido; mas não pôde dormir, pois ideias lhe rodopiavam em torno do episódio daquela manhã.

Já pela madrugada é que adormeceu de cansaço e sonhou coisas horríveis, que pareciam ser por ele mesmo praticadas: — eram quadros de existências pregressas, que seu bondoso Guia lhe fazia ver, para que pudesse compreender quanto se estava passando agora.

Ao despertar, sentiu-se mais conformado com a sorte.

Ergueu-se, vestiu-se e, tomando seus petrechos de pintura, saiu para o campo.

Como na véspera Graciema lhe mostrara o grande lago, junto ao qual estiveram conversando, para ali se encaminhou, mas fazia-o lentamente, como querendo gozar as fragrâncias matinais daqueles bosques.

Chegou, enfim, à beira do grande lago e começou a apreciá-lo melhor, pois na véspera, no estado de espírito em que se encontrava, não o pudera fazer.

A essa hora, havia exuberância de flores silvestres, que abriam as corolas aos primeiros beijos do sol.

Do lago se elevava um tênue vapor, que aos poucos se ia adelgaçando e rarefazendo, tomando formas caprichosas à proporção que subia na atmosfera.

Dir-se-iam sultanas a saírem do banho, envoltas em suas túnicas alvadias, para logo desaparecerem.

Ao fundo, o nevoeiro encobria os montes, que na véspera se avistavam debuxando arquiteturas poliformes e fantásticas.

Carlos quedou-se extasiado!

Nesse momento, o artista sobrepujou o homem, ele tudo esqueceu para sòmente ver a paisagem magnífica que o defrontava, e se prestava maravilhosamente para ambientar a sua tela — «Primavera».

Caminhou mais um pouco, procurando posição favorável e, logo que a encontrou, pousou a caixa de tintas, armou o cavalete e o banquinho, preparou a paleta, expremendo as tintas necessárias, e começou a esboçar.

Tão absorvido estava que não percebeu a chegada de Graciema, que, à sua procura, viera até ali.

Como o visse distraído, a pintar, viera colocar-se por trás, de modo a observar sem o interromper.

Aproximando-se mais, pôde apreciar a presteza com que ele, de um golpe de vista, apreendia e debuxava com facilidade o que os olhos descortinavam.

Quando viu adiantado o esboço, falou-lhe de mansinho:

— Alegro-me de o ver trabalhando...

— Oh! Graciema, estavas aqui tão quieta, sem me falares — disse, pousando os pincéis e a paleta.

— Não quis interromper-te; andei à tua procura e, como ontem aqui estivemos, depreendi logo que te encontraria neste lugar.

— Com efeito, ontem não pude apreciar devidamente esta belíssima paisagem.

— Mas, continua, não quero distrair-te.

— Não, Graciema, tenho muito tempo para isso e prefiro gozar a tua amável companhia. Vamos ali para aquele tronco onde estivemos ontem.

— Pois vamos, já que assim queres.

E os dois namorados, mãos enlaçadas, foram sentar-se no tronco da véspera.

— Uma vez sentados, Carlos, olhando-a demoradamente, disse:

— Noto que hoje não estás tão triste como ontem, quando nos despedimos, e isso me alegra sobremaneira, pois fiquei bastante arrependido de te confidenciar aquelas coisas.

— Fizeste bem, não obstante ter-me causado bastante sofrimento. Foi melhor assim. Chegando a casa, minha mãe perguntou-me o que tinha e não soube responder-lhe.

Fechei-me no quarto e passei o resto da tarde numa angústia inexplicável; parecia-me que tudo se havia desmoronado diante de mim.

À noite, custei a dormir, e, lembrando o teu conselho, orei, pedindo a Nossa Senhora que me valesse. Então, não sei o que se passou... fiquei num estado em que não estava nem acordada nem dormindo, e vi que meu quarto aos poucos se ia iluminando de uma claridade azulada... Depois, vi uma forma branca a caminhar para mim e comecei a sentir um bem-estar inefável e ouvi que me falavam; prestei atenção: — eram conselhos salutares... Depois senti que me elevava da Terra, deixando o corpo adormecido, e que acompanhava aquela forma divina.

O que se passou depois, não me lembro bem. Recordo-me, apenas, que fui levada a um hospital onde havia muitas mulheres doentes e que uma me impressionou mais que as outras. — Graciema fêz uma pausa.

Carlos, ao ouvi-la, lembrou-se logo de Lúcia, e a si mesmo fêz esta pergunta: — terá ido visitá-la em espírito?

— Continua — disse — teu sonho está interessando-me.

— Não sei bem se foi sonho, pois nunca se deu isso comigo; é a primeira vez que me acontece. Depois que vi aquela mulher só, num quarto, e que muito me impressionou, fui levada a uma grande enfermaria onde havia outras enfermas, e lembro-me que à proporção que chegávamos junto delas, se estavam gemendo, calavam-se, parecendo receberem, nesse momento, lenitivo aos seus sofrimentos.

Depois vi lugares tão lindos como jamais imaginei em minha vida; guardo desses lugares uma recordação vaga, que, por mais que queira, não posso explicar.

— E contudo, teu sonho se explica: é que tua prece foi ouvida e teu bondoso Guia veio em teu auxílio e levou-te a ver coisas necessárias ao teu conhecimento e instrução. Não te recordas o que te disse teu Guia?

— Não, mas lembro-me vagamente que falou de ti, e hoje, quando acordei, só tinha um desejo, era ver-te, para ter o prazer de contar-te meu sonho e estar contigo.

Acordei tão bem disposta, que minha mãe, na véspera apreensiva, disse estar satisfeita com a minha aparência.

Senti, então, vontade de cantar e expandir-me com uma pessoa amiga e saí à tua procura, até que te encontrei.

— E' assim mesmo, minha Graciema, Deus é bom pai e ouve sempre a prece daquele que se lhe dirige com fé e humildade. Quantas vezes tem isso acontecido comigo; nos momentos de maiores aflições, oro e sinto que as graças do Pai não se fazem esperar. Nós é que somos filhos ingratos. Quando nos sentimos bem, quando usufruímos a felicidade, não nos lembramos d'Ele para render-lhe graças; é só quando a dor nos bate às portas e estamos em aflição que deprecamos o seu amor.

Por isso, Graciema, a dor é o veículo do nosso aperfeiçoamento; é pela dor que chegaremos mais depressa à perfeição absoluta.

— Sim, Carlos, hoje compreendo isso pelo que acaba de se dar comigo. Ontem me sentia tão abatida, sem poder discernir as coisas, e hoje já me sinto outra, parecendo que, com as instruções, deram-me também forças; hoje sinto que minhalma se vincula à tua; que, de hoje em diante, seremos um para o outro.

— Sim, Graciema, sinto o mesmo que sentes e, de hoje em diante, parece que meus quadros, minhas produções enfim, terão mais vida e mais valor, porque tu estás aqui a meu lado, animando-me e inspirando-me.

— Então, vai continuar o trabalho começado e eu vou apanhar algumas flores.

— Sim, meu amor, preciso aproveitar o tempo.

E reencetou o trabalho, enquanto Graciema saía pelo prado a colher as flores prediletas.

Ao cair do dia, tinha o pintor o quadro bastante adiantado, faltando sòmente a figura principal, e esta não se fêz esperar.

Graciema, tendo ao colo uma braçada de flores, voltava para junto do seu amado, quando este, deparando com sua figura gracil e feiticeira, lhe pediu que parasse a certa distância.

Ela acedeu gostosamente e ele, com poucas pinceladas, esboçou-lhe o rosto na tela, de maneira admirável.

A pose não demorara mais que um quarto de hora, ou vinte minutos!... O Sol oblíquo dourava-lhe os lindos cabelos, aos quais havia prendido algumas margaridas, de modo que o semblante simbolizava perfeitamente a «Primavera».

Carlos suspendeu o trabalho, para recomeçar no dia seguinte.

Graciema, vendo-o pousar os pincéis, acercou-se do lugar onde ele se achava. Ficou maravilhada, parecia-lhe estar diante do espelho e, não contendo o júbilo que lhe ia nalma, exclamou:

— Maravilhoso!

— Achas?

— Sim, e como num instante o fizeste!...

— E' que amo, Graciema, e tua imagem está gravada aqui e aqui — disse Carlos apontando o peito e a fronte —, qualquer dia mostrar-te-ei o teu retrato, feito de cor, logo ao terceiro dia em que te conheci.

— Sim?!... Fizeste-o?

— Sim, tal foi a impressão que tua imagem me deixou na retina, que a reproduzi para gozo de minha alma.

Assim decorreu o dia em amistosa palestra, parecendo que as horas fugiam como relâmpagos.

No dia seguinte, à mesma hora, encontraram-se de novo, continuando Carlos o seu trabalho, com a cooperação, agora, da querida Graciema, que fora postar-se no mesmo lugar da véspera, tendo ao cabelo e no colo as suas queridas flores.

À proporção que o pintor prosseguia no trabalho, a figura de Graciema avultava, parecendo estar em pessoa a sorrir para o artista.

De fato, sentindo-se ela feliz por servir-lhe de modelo, sorria-lhe, prevendo o êxito que o quadro iria causar.

Mais uma pose e tudo estaria terminado.

Carlos pousou os pincéis, não queria de modo algum fatigar o seu gracioso modelo.

Como na véspera, Graciema veio admirar o feito e, cada vez mais entusiasmada pelo seu pintor, disse:

— Tinha vontade de saber pintar assim...

— Pois aprende, meu amor.

— Quererás ensinar-me?

— Com todo o prazer.

— Pois bem, logo que o tenhas concluído, dar-me-ás algumas lições.

— Amanhã tê-lo-ei concluído e, depois, já poderemos começar.

— Que prazer terei em ser tua discípula.

— E eu em ser teu mestre.

Assim conversando, foram sentar-se à sombra, onde na véspera estiveram, até que chegou o momento de se despedirem.

No dia seguinte, Carlos concluiu, mais cedo do que supunha, o seu trabalho; procurou dar mais vigor ao primeiro plano, colocando algumas plantas com flores de tons vivos e, uma vez concluído, pediu licença a Graciema para levá-lo a casa, juntamente com os petrechos de pintura, e voltou para junto de sua amada, que o esperava já ansiosa.

— Obrigado, meu amor, desculpa ter-te deixado por alguns momentos. Desejo gozar esta belíssima tarde em tua companhia, mas sem preocupação de espécie alguma.

— Sim, hoje o dia está encantador!

Com as mãos enlaçadas seguiram por uma vereda que os ocultava completamente.

Dentro em pouco, acharam-se em uma espessura de folhagens e aí se sentaram na relva fresca e macia que tinham sob os pés.

O vivo perfume do bosque excitava-os, duas juritis ali perto turturinavam seus amores; o rumorejo do vento entre as folhagens e o murmúrio de um regato mais abaixo, pareciam tecer um hino epitalâmico aos seus ouvidos.

O dia declinava e eles começavam a falar de amor, tendo sòmente por testemunhas os insetos e aquele casal de juritis a arrulhar perto.

Graciema estava de uma beleza tentadora, o

seio arfava-lhe de comoção por sentir-se tão conchegada ao seu amado; animava-a um quê indefinível; os lábios entreabertos, húmidos, pareciam pedir beijos e carícias; olhares algo ternos e carinhosos o seduziam, e ele, arrebatado e enlouquecido, abraçou-a fortemente, cobrindo-a de beijos e carícias, que ela retribuiu gostosamente, cheia de amor e de ventura.

Nesse momento, algo extraordinário os chamou à realidade da vida: uma das juritis, esvoaçando, viera pousar num galho bem por cima de suas cabeças.

Graciema, com toda a meiguice, pôs as mãos no peito de Carlos, afastando-o, e ele, reconhecendo que se havia excedido, disse:

— Perdoa-me, querida, esta expansão. Prezo-te muito para faltar com o respeito que te devo.

— Sim, foste tu quem disseste que estamos sempre rodeados de Espíritos que nos observam. Imagina, meu Carlos, se nos esquecêssemos dos nossos deveres...

— Sim, dizes bem; não devemos esquecer que os nossos Guias velam. — E Carlos, erguendo-se, deu as mãos à sua amada, ajudando-a a erguer-se também.

Assim juntos, de mãos dadas, voltaram pelo mesmo caminho até à clareira, onde se separaram.

No dia seguinte, logo pela manhã, o pintor recebia carta de Júlio, participando o falecimento de Sílvia, na véspera, e que seria sepultada naquela manhã.

Não pôde furtar-se a um certo estremecimento, lembrando a coincidência do esvoaçar da juriti, justamente no momento em que gozava a ventura inefável de beijar Graciema. Quem sabe se não fora à hora do seu desprendimento e seu espírito viera à sua procura, dando-lhe um aviso.

Ergueu o pensamento em sentida prece pela infeliz, graças rendendo ao mesmo tempo por estar livre daí em diante e poder unir-se legalmente a Graciema.

Esta, também nessa noite, lembrando-se do seu sonho, rendeu graças a Deus e a Mãe Santíssima, por tê-la livrado da queda.

Pela manhã, ainda lembrando o perigo que correra na véspera, implorou a proteção da Virgem antes de vir ao encontro do amado; depois saiu à sua procura e foi encontrá-lo no ponto do costume, com uma pequena pasta na mão, contendo lápis e papel de desenho.

— Estava à sua espera, minha discípula.

— Sim, professor, bom dia.

— Bom dia — respondeu, beijando-lhe a mão —, mas, antes de começarmos a lição, tenho uma notícia a dar-lhe.

— Boa?

— Sim.

— Então venha lá, já estou curiosa.

— E' que recebi carta da Capital, daquele amigo de quem te falei há dias.

— Sim? e que te escreveu ele de bom?

— Que desde ontem sou um homem livre, pois Sílvia já não é deste mundo.

— Que Deus ampare sua alma — disse Graciema erguendo os olhos aos céus.

— Sim, que Ele perdoe seus pecados.

Nesse momento, ouviu-se um gemido no bosque próximo.

— Ouviste, Carlos?

— Ouvi, mas não te impressiones; é uma espécie de pombas que assim fazem; chamam-nas gemedeiras. Queres ver como nos responde?

E Carlos deu um gemido, procurando imitar a ave.

Quase logo, ouviu-se outro gemido.

Graciema, impressionada, chegou-se para junto de Carlos, ao mesmo tempo que olhava para o bosque de onde viera o gemido.

— Não tenhas medo, meu amor; vais vê-la

voar dentro em pouco. Vamos esconder-nos ali, entre aqueles arbustos — e tomando o braço da moça, conduziu-a para dentro de uma moita de arbustos ali próxima do caminho. Lá chegando, continuou a arremedar a ave, sendo pela mesma correspondido.

Não tardou que ouvissem um bater de asas e a pomba veio pousar numa árvore cujos galhos ficavam mesmo acima de suas cabeças.

Foi então que Graciema, vendo-a, desatou a rir, compreendendo a verdade.

Carlos, saindo do esconderijo, aproveitou o momento para dar a Graciema uma lição de Espiritismo.

Explicou que os Espíritos, logo que deixam o corpo ficam num estado de perturbação e torpor, proveniente da passagem de uma vida para outra, e que só os de relativo adiantamento moral gozam da prerrogativa de se comunicarem logo após a desencarnação. Os outros, os sofredores, permanecem muito tempo em estado de inconsciência, julgando-se vivos como na Terra... e sentem e continuam a sofrer as mesmas dores humanas, até que seu Guia ou um bom Espírito os liberte desse estado, levando-os a uma sessão espírita, ou mesmo a lugares, no Espaço, onde lhes é facultado ver que não estão mais com o corpo material. Referindo-se a Sílvia, disse: — Ela deve ser muito sofredora, pois pecou; e só com muitas preces poderá reconhecer seu estado espiritual; por isso, Graciema, não poderá tão cedo vir para junto de nós.

Não tenhas, portanto, apreensão a este respeito. Oremos por ela, para que reconheça breve o seu estado e possa tornar-se um Espírito trabalhador, a fim de resgatar o passado.

— Sim, de hoje em diante hei-de lembrar-me dela em minhas orações.

E assim, a primeira lição de desenho redundou em lição de Espiritismo.

VIII

Nos dias que se seguiram, Carlos procurou ensinar Graciema a desenhar o primeiro tronco de árvore que encontraram em condições; fazendo que ela o estudasse bem na sua estrutura, com suas nervuras e raízes, para depois lhe dar as sombras.

Assim, em pouco tempo, ela ficou habilitada a pintar os mesmos troncos, passando depois a pequenos trechos de paisagem.

Graciema, inteligente e aplicada, revelara-se exímia pintora e, um mês depois, já produzia trabalhos magníficos.

Decorrido esse tempo, Carlos lhe disse:

— Graciema, é chegado o momento de me apresentares a teus pais, mas, antes, desejo que lhes peças licença para aprenderes a pintura. Dirás que me encontraste a pintar e desejas aprender. Desse modo, terei entrada em tua casa; dar-te-ei lá algumas lições e, assim, me tornarei conhecido.

Poderei, então, ter a dita de pedir-te em casamento.

— Sim, já é tempo de fazer conhecer a meus genitores os nossos encontros.

— Dize-me, Graciema, quererás unir o teu destino ao meu?

— Porque não, uma vez que seja da vontade de Deus?

— Obrigado, minha Graciema, não sabes quanto me fazes feliz!...

No dia seguinte, a jovem pedia aos pais licença para apresentar-lhes um moço pintor, que encontrara por acaso, nos seus passeios campestres.

Ao mesmo tempo, falou-lhes do desejo de aprender a pintura.

Eles, que só desejavam o que a filha quisesse, anuíram e o pintor foi-lhes apresentado, ficando desde logo ajustado que começaria as lições logo no dia seguinte.

Deste modo entrou Carlos na intimidade da

família de Graciema, cujos pais foram aos poucos apreciando suas maneiras distintas, de sorte que, quando ele a pediu em casamento, não vacilaram no consentimento.

Carlos escreveu ao amigo, no Rio, pedindo fôsse servir-lhe de testemunha e, uma vez corridos os proclamas, casaram-se na vila próxima, sendo o seu consórcio feito a capricho, se bem que muito simples e sem ostentação.

No mesmo dia seguiram para São Paulo, onde foram passar a lua de mel, voltando um mês depois ao seio da família, sendo recebidos de braços abertos pelos genitores de Graciema, que já ansiavam pela volta do casal.

Aí repousaram alguns dias, recomeçando os trabalhos de pintura, pois era desejo de Carlos realizar uma grande exposição dos seus quadros, juntamente com os de sua discípula.

Achavam-se, então, no mês de Maio e forçoso era trabalhar, a fim de concorrer ao prêmio de viagem na Escola de Belas-Artes.

Foi o que fêz, tendo sempre a seu lado a adorada esposa, que, discípula, acompanhava-o por toda parte.

Assim, Carlos pôde em Julho seguir para a Capital e inscrever-se no concurso do «Salão» desse ano.

Seus colegas ficaram surpresos quando viram o seu nome entre os concorrentes e ainda mais ao sabê-lo novamente casado, e que a esposa também se candidatava no concurso.

Dos quadros por ele apresentados, foi laureado o que tinha por título — «Primavera» — com o prêmio de Viagem.

Dos apresentados pela esposa, apenas um fora recusado; todos os outros figuraram na exposição.

Carlos viu, enfim, coroados de êxito seus esforços, pensando que, se não fôsse Graciema, que o inspirara, talvez ainda estivesse no ostracismo.

Um mês depois, seguia o jovem casal para a Europa.

Passados dois anos, os amantes da boa pintura tiveram a ventura de apreciar uma belíssima exposição de quadros que ele produzira nos países que percorrera, vendo-se, juntamente com os dele, os de sua esposa e discípula.

Entre esses quadros, os visitantes notavam o retrato de uma criança linda, tendo sòmente este nome: **Doil**.

Essa criança era o traço de união entre os dois esposos; era o fruto de seus amores e todas as suas alegrias.

Carlos estava radiante de ventura, havia alcançado o que tanto almejava: — a paz, a felicidade e a glória.

QUARTA PARTE

I

São passados dez anos.

Carlos, andando pela Avenida Rio Branco, encontrou-se com um antigo colega de escola e conterrâneo.

— Oh! Artur!

— Oh! Carlos, como vais?

— Há quanto tempo não te vejo...

— E' verdade.

E os dois amigos apertaram-se as mãos.

— Mas, que é isto!... Estás de luto?

— E' verdade, perdi minha mulher.

— Compartilho dos teus pesares e sentimentos. Não te dou os pêsames porque minha Doutrina não os justificaria.

— Como assim? Já não és católico?

— Não, meu amigo, hoje sou espiritualista.

— Ah! então nessa doutrina não se dá pêsames?

— Não, porque ao invés de termos pesar com a morte, isto é, com a desencarnação de alguém, devemos ter alegria sabendo ter esse alguém se libertado deste vale de lágrimas.

— Mas, embora liberto, como dizes, não se sabe se foi para o céu ou para o purgatório...

— Ah! meu amigo, isso são coisas do catolicismo, que ensina coisas que estão longe da verdade.

— Estranho-te a linguagem, Carlos, quando te conheci tão católico. Lembras-te do nosso tempo de colégio?

— Sim, lembro-me, às vezes com saudade, mas se te contasse o que ocasionou a mudança de minhas crenças, dar-me-ias razão.

— Estou curioso.

— Contudo, agora te tomaria muito tempo.

— Ora, vamos ali tomar um café.

Achavam-se em frente ao Campista, na esquina da Rua Visconde de Inhaúma.

— Não, meu amigo, não tomo café.

— Também é preceito ortodoxo?

— Não, é que o café me faz mal.

— Então aceita um charuto.

— Não, obrigado, deixei de fumar.

— Estou desconhecendo-te, fumavas tanto no colégio...

— E' verdade... mas consegui libertar-me desse vício.

— E como o conseguiste?

— Muito simplesmente: — pela força de vontade.

— Olha que estou a ver-me diante de um regenerado...

— Regenerado ainda não, porém muito modificado, pois nesta vida tenho duas existências.

— Duas existências?!... Não te compreendo...

— Isto é uma história muito comprida e o tempo é pouco para contar-te.

— No entanto, aguçaste-me a curiosidade e estou em cólicas para conhecer como uma vida tem duas existências...

— Pois terei muita satisfação de revelar-te isso, quando quiseres dar-me o prazer de uma visita.

— Onde está morando?

— Em Santa Teresa — Travessa do Cassiano... Aparece.

— Pois bem, hoje é sábado, amanhã irei a tua casa.

Espero-te amanhã e terás ocasião de conhecer minha família.

— Adeus, Artur, até amanhã.

No dia seguinte, depois do meio-dia, Artur tomava o bondinho no Largo da Carioca, em demanda da Travessa do Cassiano.

Carlos já o esperava. Quando ouviu o tilintar da campainha, apressou-se a abrir a porta, sorridente, convocando-o para o seu gabinete.

— Sê benvindo, Artur — disse, depois dos cumprimentos.

— Moras num sítio aprazível.

— Delicioso, meu amigo; aqui, dos fundos da minha casa, aprecio o despontar do dia... auroras deslumbrantes, enquanto aqui, da frente, se me oferecem ocasos magníficos!

— Realmente deve ser encantador!

E Artur olhava pela janela aberta o panorama que se descortinava às suas vistas. De um lado, o morro de Santa Teresa com as casas apoiadas umas nas outras; mais abaixo, o viaduto; ao fundo, as montanhas azuladas da Tijuca; à direita, a baía de Guanabara, que a essa hora se achava coalhada de embarcações, com as barcas da Cantareira a trafegarem de um lado para outro.

— Senta-te — disse Carlos, designando-lhe uma cadeira.

Artur sentou-se, começou a admirar os quadros pelas paredes e não se pôde conter:

— Tens aqui uma belíssima coleção de pinturas a óleo!

— Achas?!... Pois são apenas de dois artistas.

— Sim? Como pudeste adquiri-las?

— Muito simplesmente: — pintando-as.

— Ah! são teus? e de quem mais?

— De minha mulher.

— Pois sabe que depois que nos separamos

ontem, não deixei um só momento de pensar na tua história, e estou curioso por conhecê-la.

— Então aproveitemos o tempo:

Lembras-te da nossa meninice?

Estivemos nos mesmos colégios por duas vezes. Sabias que meu pai, embora negociante, lutava com dificuldade para manter a família; mesmo assim, procurava dar-nos a instrução necessária. Quando saí do colégio, proporcionou-me professores de francês, música e desenho.

Seu falecimento transtornou a nossa casa, tive que despachar os mestres e procurar um emprego para auxiliar minha mãe, coitada, que, sem recursos, cosia para as lojas.

Mas, estou-me adiantando e não te disse ainda como, educado no Catolicismo, me tornei adepto do Espiritismo.

Vou dizer-te tudo quanto ocorreu, para que possas aquilatar a importância do fato. Sabes quais os meus pendores religiosos, pois até fizemos juntos a primeira comunhão. Foi minha mãe que influiu demasiado nesse sentido, pois meu pai era livre-pensador e não admitia a confissão; condescendeu com o desejo de minha mãe e lá fui à igreja, onde nos encontrámos e realizámos nossa primeira comunhão.

Algum tempo depois, que não posso bem precisar, minha mãe adoeceu quase repentinamente e, chamado o médico à pressa, receitou uma poção para ser ministrada logo e eu fui mandado à farmácia do Mota, para aviar a receita.

Essa farmácia, como deves estar lembrado, ficava na Rua do Sacramento, nos fundos da Igreja Matriz e, ali, era o ponto de reunião dos padres, para conversarem e jogar as damas, o gamão, etc.

Quando lá cheguei, estava apenas o Cônego Nunes a conversar com o Mota, mas não tardou que outros sacerdotes fôssem chegando e a conversa foi tomando certo interesse.

Eu, educado naqueles «ominosos» tempos em

que, deves lembrar, não era permitido às crianças ouvirem conversas das pessoas mais velhas, havia-me sentado num banco e entretinha-me a ler os rótulos dos vidros enfileirados nos armários, esperando que fôsse aviada a receita, quando ouvi pronunciar o nome de pessoa de nosso conhecimento.

Esse nome fora pronunciado pelo padre C., que chegara por último, e minha curiosidade foi aguçada.

Comecei a prestar atenção na conversa e no que ele contava.

Fiquei boquiaberto, meu amigo.

Nesse momento, o empregado da farmácia trouxe o remédio e eu, apenas o recebi de suas mãos, saí a correr para casa; ali chegando, dei-o a meu pai, que foi logo ministrá-lo à minha mãe.

Fiquei do lado de fora do quarto, à espera que ele saísse; e logo que minha mãe ficou só, entrei, e não prevendo as consequências, nem ponderando o seu estado doentio, aproximei-me do leito e perguntei-lhe baixinho:

— Minha mãe, a Senhora não diz sempre que o segredo do confessionário é inviolável? — que o que se diz ao padre, ele deve guardar em sigilo?

— Sim, meu filho... — respondeu minha mãe, a quem Deus guarde...

— Como é que ainda agora ouvi o padre C... E contei-lhe o que ouvira na farmácia.

— Não é possível — bradou minha mãe —, ouviste mal.

Nisto, meu pai que tinha ido até à loja e voltara, passando à porta do quarto, ao ouvir a frase da minha genitora, entrou e inquiriu do que se tratava.

No primeiro momento, não soube o que responder, pois havia cometido a falta de ouvir a conversa dos mais velhos; mas meu pai insistiu e forçoso era obedecer-lhe.

Contei o que ouvira.

Então ele, indignado, voltou-se para minha mãe e increpou-lhe:

— Não é isto, Senhora, que lhe tenho dito muitas vezes? — que esses: (calo os epítetos e adjetivos que meu pai empregou) não cumprem seus deveres? — Que a confissão é uma burla? — Quando a senhora quis que esta criança fôsse confessar, eu lhe fiz ver isto mesmo... Agora, já sabe como eles procedem.

— Mas, que foi, Carlos, que ouviste? — perguntou Artur.

— Vou dizer-te em poucas palavras: — fora uma pobre moça que dera um passo errado e, receando as consequências, fora pedir ao seu diretor espiritual que a aconselhasse, e... o energúmeno — que outro nome não tem, foi levar para ali, naquele lugar público, a falta cometida pela infeliz, patenteando, à luz meridiana, a sua fraqueza momentânea.

— Realmente — disse Artur — foi um ato ignóbil do sacerdote.

— Não, meu amigo, o padre que assim procede, não é um sacerdote. A palavra sacerdote está por si mesma dizendo: — sacerdócio: — «o que tinha a intendência nas coisas sagradas, das antigas religiões». O médico que se dedica a curar as feridas e dores do próximo, sem olhar tempo nem pensar na recompensa, é um verdadeiro sacerdote do bem.

Aquele homem era um mau padre, não cumpria os deveres eclesiásticos, logo não podia ser um sacerdote, na acepção da palavra.

— Com efeito... dizes muito bem.

— Pois, meu Artur, foi esse fato que originou a mudança das minhas ideias religiosas. Não descri de Deus, não; mas, dali em diante, não mais aceitei coisa alguma ensinada pela Igreja Católica, sem passá-la pelo cadinho da razão e do bom-senso e, um dia, o nosso professor, querendo explicar que um nosso colega era descendente de Caim... (Não sei se estavas presente nessa ocasião).

— Não me lembro.

— Foi com aquele nosso colega de cor preta, Francisco, se não me falha a memória, de quem ele não gostava. Depois de o pôr de castigo em cima de um banco, disse que ele descendia de Caim e começou a explicar o que está na Bíblia — Caim matara Abel com inveja de ser este estimado por Deus e, amaldiçoado, Caim fora para outra cidade onde constituíra família, e Set, seu irmão, também; sendo à família deste a dos bons e a daquele, a dos maus.

Então eu lhe perguntei como isso poderia ter sido, se eles, os filhos de Adão e Eva, eram três homens, com quem haviam constituído família?

E o professor embatucou, sem saber o que responder.

Pois bem: meu amigo, isso que ele não soube responder, encontra-se em «A Gênese», de Allan Kardec, perfeitamente explicado: — Adão e Eva são verdadeiros símbolos.

Ao invés de dois entes, apenas, representam uma raça inteira, chamada Adamita, isto é: «Espíritos decaídos de outro mundo que evoluiu e, pelo orgulho e atraso moral, vieram para este, trazendo inteligência e o que haviam adquirido da prática da vida, ensinando os seres embrutecidos que aqui já se achavam, que andavam até de quatro pés, como os animais, a tecerem a fibra das árvores e fazer roupas para cobrir a nudez; a formarem suas choças, pois viviam em tocas; a servirem-se da pedra lascada para partirem a lenha; a friccionarem o pau para obterem o fogo, etc.

— Essa obra explica assim essas coisas?

— Sim, Artur, e de maneira que satisfaz à nossa razão.

— E como te chegou às mãos esse livro precioso?

— Ah! disso só tive conhecimento muito mais

tarde... Mas, não apressemos o fim. Quero, agora, contar-te como me tornei adepto do Espiritismo, e digo adepto, porque não sou espírita, na verdadeira acepção da palavra. Quanto mais tenho estudado e praticado, mais me convenço de que estou muito longe de ser espírita.

Meu pai pouco sobreviveu ao fato que acabo de contar; sofria do coração e um dia foi vítima de um colapso cardíaco.

Começou, então, para nós uma vida de privações; tive que despedir os professores e empregar-me para auxiliar minha mãe, que trabalhava noite e dia para que não nos faltasse o pão de cada dia.

Foi assim que, empregado num escritório e tendo uma cor de cera, o patrão me mandou a um médico, seu amigo, e este, depois de examinar-me, perguntou quantos cigarros eu fumava por dia; respondi-lhe que dois maços. Ele, espantado, disse que, se eu não deixasse de fumar, não chegaria aos vinte anos; ficaria tísico, pois muito pouco me alimentava.

Imagina quanto isso influiu no ânimo de uma criança de catorze anos, que era quantos contava, então.

Custou-me, na verdade; porém, consegui com um pouco de força de vontade.

Vendo que ganhava pouco no escritório, procurei outra colocação, mas nunca deixei meus livros, e, à noite, procurava recordar as lições já lidas, quando outros da minha idade procuravam distrações.

Foi assim que, numa noite, estando a estudar, já quase à meia-noite, pareceu-me ver duas mãos que se aproximavam de meus olhos e, deixando a leitura, voltei-me na cadeira, a ver quem era e nada vi por trás de mim.

Continuei a ler, dizendo para comigo que fora ilusão, e não demorou que soprassem o lampeão e o apagassem. Levantei-me, pedindo a minha mãe que acendesse a vela em seu quarto e, depois de reacender o lampeão, procurei ver se havia ficado alguma janela aberta por onde teria entrado aquela corrente de ar.

Nada, meu amigo, todas as janelas e portas estavam fechadas, e eu, não achando explicação para o caso, fui deitar-me. Na noite seguinte, à mesma hora, estando a ler, ouvi o rolar de uma pedra, vinda da sala de jantar e passando por mim, em direção à porta da rua. Tomei o lampeão e fui procurar a pedra, nada encontrei. Intrigado com este outro fato, fui-me deitar.

Na noite seguinte, à mesma hora, eu estava muito entretido com a leitura, quando, na cozinha, se fêz um grande ruído, como o despedaçar de uma pilha de pratos.

O barulho foi de tal natureza que acordou minha mãe e meu irmão, que tinha o sono pesado. Ambos se levantaram e vieram a mim, perguntando o que fora.

Disse-lhes que talvez a janela da cozinha tivesse ficado aberta, e que algum gato derrubasse os pratos. Mas minha mãe protestou, dizendo não ser costume deixar pratos sujos e por guardar.

No entanto, munidos de paus de vassouras nos dirigimos à cozinha e, qual não foi nosso desapontamento, verificando tudo em seus lugares.

Ficámos a nos entreolhar, sem explicação para o caso.

Nessa ocasião, contei-lhes o que se havia passado nas noites anteriores.

No dia seguinte, minha mãe saiu a procurar um senhor Fagundes, sapateiro, português domiciliado no Brasil desde criança, e que aqui constituíra família e que, tendo perdido diversas pessoas queridas, se tornara espírita.

Esse senhor, já no tempo de meu pai, conversava sobre a Doutrina Espírita e, depois do falecimento dele, andava a catequizar minha mãe para assistir às sessões por ele frequentadas, juntamente com as filhas.

Havia já nesse tempo, lá em Campos, uma Sociedade «Paz e Concórdia», constituída de pessoas gradas, para o estudo da Doutrina Espírita.

Minha mãe, devido aos seus princípios católicos e muito metida na Igreja, nunca aceitara os convites, porém, nessa ocasião, foi procurar o senhor Fagundes e lhe contou o que se passara em nossa casa, naquelas últimas noites.

O Fagundes, depois de uns instantes de concentração, disse: — morreu algum parente seu em lugar distante, e veio, por esse meio, dar notícia de sua desencarnação. A senhora deve tomar nota da data da primeira manifestação e esperar notícia confirmativa do que lhe digo.

Minha mãe voltou para casa e fêz o que ele lhe aconselhara. Daí a três dias recebia carta de uma irmã de meu pai, noticiando o falecimento do marido, coincidindo a data com a do primeiro fenômeno; então, ela, satisfeita, foi levar a notícia ao velho Fagundes.

Este, contente por ter sido confirmada a intuição, explicou à minha mãe que: — fenômenos dessa natureza não ocorreriam sem um instrumento adequado; que, certamente, um de nós era o médium, do qual o Espírito se havia servido para a produção dos fenômenos e que esses médiuns eram os de efeitos físicos.

Aconselhou, então, minha mãe a frequentar as sessões, levando o mais velho dos filhos, que seria, com certeza, o médium produtor dos fenômenos.

Minha mãe, conquanto católica, acedeu e foi com ele e as filhas às sessões da tal Sociedade.

Eu não quis ir, mas fiquei curioso de saber o que se passara, e minha mãe, ao chegar, contou, radiante, o que lá presenciara, aguçando-me a curiosidade. Fiz-lhe ver, contudo, que talvez tivesse sido ludibriada.

Assim, foi ela a umas três sessões, sem que eu a acompanhasse, mas tais foram as coisas a que dizia ter assistido, que, na quarta noite, acompanhei-a.

Ali chegando, coloquei-me na primeira fila de cadeiras, próximo da mesa onde se achavam o presidente, o médium e mais pessoas, a fim de apreciar de perto o que se passasse.

Nessa noite, a entidade que se vinha manifestando se propôs fazer levitar (suspender) o lampião que estava em cima da mesa.

Ora, esse lampião era de formato antigo, à Imperador, com base de pedra mármore, pé de bronze sustentando o depósito de querosene e, no bocal, tinha uma chaminé alta com **abat-jour** de porcelana.

Por aí, verá não ser coisa fácil a levitação desse objeto sem o auxílio de um mecanismo qualquer e oculto. Foi o que me veio à mente naquele momento, pois já havia assistido, no Teatro São Salvador, às mágicas do célebre Herman e, por isso, fiquei de alcateia, a observar por baixo da mesa, a ver se descobria o tal mecanismo.

O médium, por quem a entidade se manifestava, cruzou os braços, afastando da mesa a cadeira que ocupava; o presidente e as demais pessoas também se afastaram e não tardou que uma força misteriosa começasse a fazer oscilar o lampião, elevando-o acima do tampo da mesa, uns dez centímetros, lentamente.

O presidente, percebendo a curiosidade e a dúvida, não só minha como de outras pessoas, tomou de uma folha de papel que estava na mesa e passou-a entre o tampo e o pé do lampião, para que víssemos não haver arame ou outra qualquer coisa que fizesse erguer o mesmo. Em seguida, o lampião começou a descer lentamente, até uns três centímetros e, como se a força se tivesse exaurido, caiu sobre a mesa, oscilando, e o presidente colocou as mãos em redor, amparando-o.

Este fenômeno, o primeiro de levitação a que assistia em lugar onde havia pessoas de destaque, impressionou-me, de modo que fui para casa pensativo. Em caminho, eu e minha mãe comentávamos, cada qual com as mais disparatadas conjeturas, a respeito da técnica do fenômeno.

Na sessão seguinte, já foi outra a entidade, que, segundo disse, era filho do próprio presidente. Dirigiu-se ao Dr. Silveira, que trajava luto pesado por haver perdido um filho, perguntou-lhe se tinha saudades e se desejaria vê-lo.

— Isso não se pergunta a um pai — respondeu o doutor — sabeis quanto me seria agradável, mas, para que haveis de esperançar-me se isto é impraticável?

— Se não fôsse praticável, meu irmão — respondeu a entidade —, não teria tocado no assunto. E acrescentou: — Olhem todos para aquele canto — e designou um ângulo da sala, onde a luz do lampião não incidia.

Todos os assistentes se voltaram para o lugar indicado, e escusado é dizer que fui o primeiro a fazê-lo e que também fui o primeiro que disse estar vendo uma sombra destacada da parede, descrevendo logo os traços fisionômicos, a roupa que vestia, de modo que o pai logo o reconheceu, começando a chorar.

Outras pessoas, depois, disseram também estar vendo.

A sombra foi depois se rarefazendo, adelgaçando-se, até que se diluiu completamente.

Finda a sessão, o presidente chamou-me, inquirindo-me se eu em casa costumava ver os Espíritos, ao que minha mãe respondeu que, quando eu era mais criança, não a deixava dormir, dizendo que via vultos.

Lembrei-me, também, que, com efeito, quando pequeno não deixava minha mãe dormir, aterrado com as caras patibulares que me apareciam.

O presidente, então, aconselhou-me a frequentar as sessões, dizendo ser essa uma das mediunidades mais prestantes.

Assisti, de fato, a outras sessões, mas temeroso de ficar maluco, como insinuavam.

Depois viemos para a Capital e, aqui, passados uns quatro anos, tive o ensejo de frequentar um grupo no qual tive a ventura de obter, pela primeira vez, a manifestação espontânea do Espírito de meu genitor, que não deixou nada a desejar, tais as provas que deu de sua identidade.

Por essa ocasião, recebi conselhos para mudar de estado.

Comecei a procurar entre as pessoas do meu conhecimento aquela que deveria ser minha esposa e minhas vistas recaíram numa das filhas da senhora que me havia convidado para o tal Grupo.

Era uma família pobre, cujo chefe muitas vezes chegava a casa completamente embriagado, sem ter deixado com a mulher e as filhas o necessário.

Compadecido de tanta miséria e levado pelo desejo de auxiliá-lo, comecei a frequentar-lhe a casa, tendo ocasião de assistir a cenas repulsivas, por parte do chefe, que insultava não só a esposa como as filhas, com os epítetos mais obscenos.

Lembrando os conselhos do Espírito de meu pai e levado pela piedade, tomei a resolução de auxiliá-los e um dia falei à moça em casamento. Ela aceitou minha proposta, consentindo que falasse aos pais.

Ah! meu amigo, Deus escreve direito por linhas tortas; mal sabia que, assim procedendo, eu estava sob a influência da lei de causa e efeito, a que os Budistas chamam Lei do Carma, e, portanto, meu casamento com Sílvia não era senão destinado a pagar dívidas contraídas em outras existências e com essa mesma família.

Minha mãe, que não via com bons olhos a minha assiduidade em casa de Sílvia, e que era médium intuitivo, quando lhe participei minhas intenções, ficou revoltada, dizendo que seria o maior desgosto da sua vida ver-me ligado a tal família.

Mas as leis do Eterno são imutáveis e não

pude fugir ao destino, de modo que, não obstante a má vontade materna, pedi Lúcia em casamento, sendo o pedido acolhido com agrado por parte de sua família.

Desde então, comecei a montar casa, se não com luxo, com algum conforto; e três meses depois estávamos casados. Tive, então, o desprazer de observar que, não obstante as privações que Lúcia passava, e de me parecer humilde, logo após o enlace começou a tornar-se exigente, vaidosa, querendo frequentar a sociedade e com uma predileção acentuada pelas folias do Carnaval.

Você sabe, Artur, quanto o Carnaval degrada as criaturas: -- é a festa da carne; os mais sérios e circunspectos, nesses dias, perdem a compostura, praticando atos repulsivos; as mulheres se degradam num despudor revoltante.

Havíamos casado em Setembro e logo no primeiro carnaval, em Fevereiro do ano seguinte, tivemos o primeiro atrito, por me esquivar de acompanhá-la a um baile à fantasia.

Isso não é tudo: Lúcia, filha de gente pobre, não sabia coser coisa alguma, nem uma camisa para si, de modo que eu, acostumado a ver minha boa mãe coser toda a sua roupa e a nossa, me admirei como criaturas paupérrimas criam os filhos dessa forma, sem ensinarem às filhas essas coisas indispensáveis.

Mas, que fazer? Havia tomado aos ombros aquela cruz, forçoso era levá-la até o fim.

Sabes bem, por já teres passado por isso, que ao princípio tudo são flores e desculpa-se muita coisa, pois a lua-de-mel nos dá momentos agradáveis.

Viera o primeiro filho e com ele esse quê indefinível que sentimos quando somos pais pela primeira vez.

Não podes imaginar a sensação que experimentei quando nasceu esse primeiro filho. Não terias sentido também a mesma coisa?

— Não sei, Carlos, porque minha mulher não me deu essa ventura, não sei se devido à sua má organização, ou ao estado doentio.

— Pois posso dizer que é uma sensação indefinível. Ao experimentá-la, senti que meu «eu» passava por uma metamorfose... lembrei-me de meus genitores. Porque, Artur, só depois de sermos pai podemos avaliar o que passaram os nossos. Antes, fazemos um juízo muito apoucado do amor paternal.

Hoje, sei que nossos filhos talvez sejam credores do passado; que vêm para que, rodeando-os de desvelos e carinhos, lhes paguemos possíveis dívidas contraídas.

Às vezes são eles inimigos figadais e irreconciliáveis, que Deus permite vir nessas condições para que, ao nosso contacto e com a nossa dedicação e amor, desapareçam os ódios e rancores e sejamos, um dia, todos irmãos.

Após esse, veio o segundo, a terceira e a quarta, e quando eu, lutando com dificuldades, procurava educá-los, eis que uma epidemia de varíola, grassando no bairro onde morávamos, os vitimou uns após outros, entre eles o mais velho, dotado de tanta meiguice para comigo que, às vezes, deixava de brincar para beijar-me.

Nessa ocasião, experimentei a dor mais atroz que pode sofrer o ente humano, e, se não sucumbi, é que outras provações me estavam reservadas e Deus me deu a fortaleza de ânimo para tudo suportar.

Um ano depois, nascia uma menina que, pela meiguice e carinho, dir-se-ia o mesmo Espírito do mais velho, reencarnado naquele corpo.

Essa também viveu apenas três anos e foi vitimada por uma enterocolite.

Depois, eis-me acometido de uma infecção tífica, ficando entre a vida e a morte — cego e hemiplégico. Escapei milagrosamente.

Na convalescença, tive de ir para fora, e três meses depois recebi notícia de que Lúcia havia mudado da casa onde morávamos, levando tudo quanto me pertencia.

Senti muito a ingratidão daquela criatura e, quando aqui regressei, soube, por minha mãe, que, mesmo antes, quando me achava enfermo, já minha mulher me traía, pois fora vista em companhia de outro homem num circo de cavalinhos.

Pedi a minha mãe que a procurasse, sòmente para reaver minhas roupas de uso.

Assim decorreram dois anos sem que a visse, chegando a meu conhecimento o seu mau proceder.

Atiraram sobre mim o ridículo, como se fôsse eu o culpado da sua vida dissoluta e vi-me de tal modo assediado pelos ditos e alusões, que saí da Capital e refugiei-me num lugarejo, no Estado do Rio.

Certo dia, vindo à Capital, a compras, soube que ela estava enferma e a tal ponto que não tinha quem a quisesse tratar; um amigo — o mesmo que me dava a notícia — é que lhe ministrava os remédios.

Não obstante o que me fizera sofrer, fui vê-la e lhe perdoei, pedindo a esse amigo que a hospitalizasse em quarto particular, correndo as despesas por minha conta.

Ali faleceu, num estado lastimável.

Assim, meu amigo, terminou essa minha primeira existência.

— Realmente, Carlos, passaste por tantos dissabores que não sei como pudeste resistir.

— E não te contei tudo, para não me tornar fastidioso; basta acrescentar que tanto o pai como a sogra faleceram em minha casa, sem que seus irmãos me auxiliassem em coisa alguma. As cunhadas, depois da morte dos pais, permaneceram em minha casa por muito tempo, sobrecarregando-me de dívidas.

Mas, o passado passou...

No lugar para onde fui e quando se me figurava não poder afeiçoar-me a outra criatura, eis que a Providência determinou encontrar-me com uma criatura angélica, que me fêz renascer para a vida.

Esse encontro havia-me sido predito por um Espírito protetor, antes mesmo do falecimento de Sílvia, de modo que, enviuvando eu, casámo-nos.

Nesse momento, uma criança loura, de cabelos anelados, entrou no gabinete, dizendo:

— Papai, mamãe está chamando para jantar.

— Doil, fala aqui com este senhor, que é um amigo de papai.

A criança, toda meiguice, dirigiu-se a Artur, que a beijou ternamente na testa.

— Agora, meu amigo, entremos, quero apresentar-te à minha esposa.

Ambos se dirigiram para o interior, onde Carlos apresentou a mulher ao amigo, dizendo:

— Artur, apresentando-te a minha esposa, significa dizer: — eis a minha segunda existência... Graciema, este é um antigo condiscípulo, que encontrei ontem e veio hoje compartilhar das nossas alegrias.

— Artur — cumprimentando-a, disse: — folgo, minha senhora, em tomar conhecimento com uma pessoa verdadeiramente artista e esposa de um verdadeiro herói, pelo que acabo de saber.

— Senhor! os amigos de meu marido são meus amigos também, e desde já vos suplico não falarmos do passado.

— Dizes bem, Graciema, o passado é passado. Estamos numa nova existência, que Deus me concedeu para retemperar as forças e receber o ânimo necessário a cumprir meus deveres para contigo e com este anjo que veio alegrar-me nesta nova existência.

— Sim, disse Artur — isso me dá coragem para realizar um segundo consórcio.

Dessa data em diante, Artur passou a comensal em casa de Carlos, e pôde presenciar sua verdadeira felicidade.

Graciema era um anjo de candura, muito meiga, simples e virtuosa, procurando incutir na filhinha os preceitos da mais pura educação, enquanto Carlos lhe ensinava os preceitos religiosos.

Continuando a frequentar a casa, Artur manifestou desejos de assistir a alguns trabalhos espíritas e propôs a Carlos fazerem algumas experiências.

Carlos, acedendo, convidou seu amigo Júlio, pois este já era crente.

Por sua vez, Júlio pediu licença para trazer um amigo de nome Aurélio, e, juntos, começaram as experiências mediúnicas.

Sendo Carlos já desenvolvido, propôs que Júlio presidisse às sessões, que começaram a realizar-se uma vez por semana.

Assim se reuniram em uma sexta-feira, e, depois de uma prece fervorosa, foram pedidas instruções aos Guias Espirituais, sendo aberta a sessão.

Carlos, tomando o lápis, recebeu uma comunicação de conselhos salutares, encorajando-os a prosseguirem.

Nessa mesma comunicação foi revelado que Graciema era possuidora de diversas faculdades mediúnicas, devendo fazer experiências para o desenvolvimento das mesmas; que se munissem de uma pequena mesa de três pés e começassem por esse processo rudimentar.

Na sessão seguinte, já premunidos com os acessórios, indispensáveis, sentaram-se em torno da mesinha, colocando as mãos por cima dela.

A mesinha começou a oscilar e pôs-se em movimento, levantando um dos pés e, por meio de pancadas, indicou que fôsse diminuída a luz.

Carlos, que havia adaptado a lâmpada a um aparelho para esse fim, acionou-o, deixando apenas luz suficiente para ver os acontecimentos.

Isto feito, a mesinha, depois de oscilar um

pouco, começou a erguer-se do chão, de modo que as pessoas que se achavam ao redor tiveram que se levantar para acompanhá-la na sua levitação, chegando quase a um metro de altura; depois, foi descendo lentamente, voltando ao lugar.

Carlos recebeu psicogràficamente instruções sobre outras coisas e, após darem graças a Deus pelo que haviam recebido, foi encerrada a sessão.

Na sessão seguinte, depois da prece e feita a penumbra, começaram a ouvir pancadas nas paredes, como se fôssem produzidas por uma vara, ao mesmo tempo que uma cadeira de balanço, na sala, se movia tão cadenciadamente, como se alguém nela estivesse assentado.

Artur, entusiasmado, perguntou se era possível obter o transporte de algum objeto e, depois da resposta que iriam tentar, foi aconselhado por meio da psicografia a que se dessem as mãos e esperassem.

Momentos depois, sentiram cair um objeto sobre a mesa grande, ao mesmo tempo que ouviam três pancadas no tampo da mesinha.

Aumentada a luz, verificaram estar na mesa a carteira de Aurélio.

Ficaram muito satisfeitos, visto permanecerem de mãos enlaçadas e, portanto, não podiam ter dúvidas de autenticidade.

Animados por estas primeiras experiências, com resultados satisfatórios, foram aventando outras cada vez mais difíceis.

Carlos, já então com a vidência desenvolvida, viu próximo da esposa um Espírito de turbante, como os hindus, e perguntou se era ele quem estava operando desse modo.

Obtida a resposta afirmativa, Aurélio perguntou se eram possíveis outros fenômenos como, por exemplo, o transporte de um objeto distante; de sua casa, por exemplo.

O Espírito do hindu respondeu que iria experimentar, mas aguardassem outra ocasião.

Na reunião seguinte, após a prece e feita a obscuridade, Graciema caiu em estado de sonambulismo e as demais pessoas deram-se as mãos, a fim de formarem a corrente magnética em torno dela.

Momentos depois ouviram o baque de um objeto na mesa, próximo de Aurélio. Feita a luz, verificaram a existência de um envelope que, aberto, continha uma madeixa de cabelos brancos, que Aurélio reconheceu serem de sua mãe, cortados por ocasião do seu falecimento.

Disse ele que esses cabelos, tais como se viam, estavam no mesmo envelope, dentro de uma caixa de xarão, contendo papéis e documentos de importância; que essa caixa estava fechada e a chave ali consigo.

Mostrou, então, num molho de chaves, uma menor, como sendo a da referida caixa e acrescentando que essa caixa estava também encerrada numa gaveta, cuja chave também ali se achava. E mostrou uma outra chave.

Foi esse fenômeno classificado, de acordo com a Doutrina, como — «Passagem da matéria através da matéria», o que foi confirmado pela entidade manifestada em Graciema.

O mesmo Aurélio, satisfeito pelo bom resultado do que havia proposto, lembrou a conveniência de colocar à mesa uma caixa munida de contactos elétricos, para serem efetuadas outras experiências, e ele mesmo se encarregou de prepará-la, pois entendia de eletricidade, e de trazê-la na próxima sessão.

Na sessão seguinte, as pessoas presentes viram-no colocar sobre a mesa uma caixa com contactos e fios, juntamente duas pilhas secas e uma campainha elétrica.

Dispostos esses objetos de modo a dar sinal quando aberta a caixa, e colocados no quarto de Carlos a campainha e as pilhas ligadas à mesma, deram início à sessão, com os mesmos preliminares.

A caixa foi fechada à chave e esta entregue

a Artur, que havia trazido uma rosa na botoeira do paletó e a colocara sobre a referida caixa, pedindo que a rosa passasse para dentro da caixa, sem que a mesma fôsse aberta.

Feita a obscuridade, ficando a médium ao centro, momentos depois foi dado o sinal convencionado, e, uma vez feita a luz, verificaram que a rosa havia desaparecido.

Aberta a caixa, foi a rosa encontrada em seu interior, sem, no entanto, terem ouvido a campainha, que tocou depois.

Júlio, então, propôs deixar a rosa no mesmo lugar, para que a passassem para o lado de fora, pelo mesmo processo.

Fechada novamente e feita a obscuridade, momentos depois ouviam as três pancadas e, feita a luz, a rosa estava em cima da caixa tal como havia sido colocada no começo.

Todos estavam maravilhados com os fenômenos obtidos até aí, e Carlos perguntou ao hindu se era possível obter o fabrico de uma planta, como havia lido no livro: — «No País das Sombras», da médium Esperance.

O Espírito respondeu que só noutra reunião, pois esses fenômenos provocavam um gasto de fluidos anímicos da médium, que precisava de descanso para recuperá-los.

Assim, foram rendidas graças por tanta misericórdia e encerrada a sessão.

Oito dias depois, reuniram-se os irmãos com as mesmas precauções que vinham tomando até então, a fim de evitar quaisquer dúvidas. Artur havia obtido uma rosa pouco comum, a que davam o nome de «Homero», e trouxera-a no intuito de ser a mesma utilizada na nova experiência. Depois dos preliminares e tomadas as disposições anteriores, foi aberta a sessão.

O Espírito do hindu, manifestando-se por Graciema, pediu destacassem da rosa trazida por Artur uma pétala e uma folha verde, devendo o resto ser levado para fora da sala, e, bem assim, todas as flores existentes nas jarras.

Cumpridas essas recomendações, o mesmo Espírito tomou a pétala entre os dedos da médium e, triturando-a, fêz uma bolinha; tomando da folha verde, fêz o mesmo, colocando-as em cima da mesa; cobriu-as com uma das mãos da médium e ordenou que se fizesse a obscuridade, acrescentando que ele só necessitava desses dois elementos.

Um quarto de hora depois e mesmo antes do sinal no tampo da mesa, já os assistentes sentiam o odor trescalante de rosas.

Dado o sinal e feita a luz, verificaram o desaparecimento das duas bolinhas e no seu lugar uma rosa branca, impecável, em cuja haste se viam cinco folhas verdes.

Perguntaram, então, ao Espírito se a flor que ali estava fora transportada de algum jardim, ou se era de fabricação fluídica.

O Espírito respondeu que era fluídica e ensinou como deveriam proceder para conservá-la.

Assim, foi a mesma encerrada num frasco de boca larga, hermèticamente fechado e lacrado, envolvido em papel pardo e colocado ao fundo de uma gaveta, a fim de não apanhar ar nem luz solar.

Animados por esse fenômeno extraordinário, prosseguiram nas experiências, sendo obtidas substâncias medicinais e outras venenosas, em frascos com água hermèticamente fechados com rolhas de vidro, vendo-se depois a água contida nos mesmos completamente transformada no sabor e na cor; uns de cor azulada, outros lilás.

Não pararam aí os trabalhos desse Espírito. Assim que, já então familiarizado com todos, procurava instruí-los do modo pelo qual esses fenômenos eram produzidos, e Carlos, sempre disposto ao estudo, os ia apontando num livro em branco, para um dia dá-los à publicidade.

Em sessão subsequente, lembraram-se de perguntar ao Espírito Hindu Araim se era possível o fabrico de um objeto mais sólido, formado com substância mineral.

O Espírito respondeu que ia tentar e pediu que lhe dessem um objeto de ferro, que não fôsse muito pequeno, pois iria tentar fabricar uma chave igual à que fechava a caixa que estava em cima da mesa.

Carlos foi à despensa, trazendo um parafuso de tamanho regular, de duas polegadas mais ou menos, e perguntou se servia.

O Espírito respondeu afirmativamente, dizendo que preferia que esses elementos sobrassem a que faltassem e, deixando-os sobre a mesa, foi apagada completamente a lâmpada e feita a corrente magnética. Esperaram a execução do fenômeno, que, nessa noite, foi mais demorado do que nas sessões precedentes, ouvindo-se a respiração ofegante da médium, até que, passados uns vinte minutos, a queda de um objeto de metal, num canto da sala, trouxe aos assistentes a convicção de que estava terminado o trabalho. Mas não se moveram enquanto não foi dado o sinal.

Então Carlos fêz funcionar o aparelho e, uma vez feita a luz, algumas pessoas se levantaram para procurar, encontrando uma chavinha em tudo semelhante à da caixa.

Posta na fechadura, notou-se que fechava e abria melhor do que a outra.

Desse fenômeno, o controle não podia ser mais perfeito, pois, observando bem o feitio da pequena chave, descobria-se no corpo alongado da mesma restos da espiral do parafuso, denotando a sua procedência.

Exultaram os assistentes por mais este fenômeno digno da apreciação de cientistas como Crookes, Richet, Zoelner, Lombroso e outros estudiosos, que lançaram mão dos mais complicados aparelhos para controlar os fenômenos.

Passados alguns dias, lembrou-se Carlos de ver se a rosa ainda estava dentro do frasco. Já quase noite, abriu a gaveta da secretária, e, tirando-o e despojando-o do envoltório de papel escuro, constatou, na presença da esposa, que a flor ali estava, emurchecida, como qualquer flor comum.

Tornou a envolver o vidro no mesmo papel e o **guardou** no mesmo lugar.

Passados dias, Aurélio teve a mesma curiosidade, e Carlos pediu à esposa que fôsse buscar o frasco.

Trazido à sala e desenrolado pelo próprio Aurélio, qual não foi o espanto de todos ao verificarem que a flor havia desaparecido.

Nas paredes laterais do frasco viam-se ainda algumas pétalas ali coladas, e, no fundo, um líquido cor de café.

Entreolharam-se os presentes a se interrogarem e Carlos explicou o que se passara dias antes; podendo afirmar com o testemunho de Graciema que, quando desenrolara o vidro, levado pela curiosidade, a flor, embora murcha, ainda se achava dentro do frasco.

Aberta a sessão e depois de serem obtidos outros fenômenos, como o transporte de uma mecha de cabelos louros, de um túmulo existente num cemitério da Itália, antes de encerrar a sessão foram pedidas explicações, sendo dito pelo Hindu que a curiosidade de Carlos tinha concorrido para provar que a flor era, de fato, fluídica, pois, se assim não fôsse, não se volatizaria, achando-se o frasco lacrado como no dia em que se produzira o fenômeno.

Outros trabalhos foram ainda realizados, não tão extraordinários como os últimos, até que, em sessão posterior, sem mesmo ser necessária a obscuridade, deram pela falta do tinteiro que estava sempre em cima da mesa, para, não só assinarem o livro de presença, como para autenticarem os fenômenos por meio de atas, que eram firmadas por todos.

Depois de muito procurarem o tinteiro, sem o encontrarem, o Espírito protetor mandou que procurassem no quarto de dormir, e Carlos, auxiliado pela esposa, foi ver, sem resultado. Então, o Espírito indicou uma mesinha de cabeceira onde se achava uma caixa de sapatos; mas que a trouxessem sem a desamarrar. Ao abri-la em cima da mesa, constataram que o tinteiro estava dentro de um dos sapatos pertencentes a Graciema, e o lugar da tinta estava cheio de miosótis.

Os sapatos eram novos, não tendo sido ainda usados pela dona.

Esse fenômeno espontâneo e conhecido pelo nome de: «Passagem da matéria através da matéria», não podia ser melhor controlado, pois a caixa, com os sapatos novos, tinha sido posta dias antes dentro da mesa de cabeceira, pela própria Graciema.

A parte reservada à tinta achava-se cheia de miosótis, planta que não havia na residência de Carlos, pois não tinham jardim.

Os amigos de Carlos queriam prosseguir nesses trabalhos, entusiasmados pelo que haviam obtido até ali, mas um dos Guias Espirituais, manifestando-se por Graciema, lhes advertiu que haviam auxiliado os fenômenos para que eles se tornassem verdadeiramente crentes, porém, daquela data em diante, se constituíssem em núcleo para o estudo e prática, pois a finalidade da Doutrina Espírita era remodelamento e progresso humano; por isso, deviam designar um dia para o estudo dos Evangelhos e outro para a prática da Caridade.

Foram então escolhidos e combinados os dias de terça-feira, para estudos, e de sexta-feira, para trabalhos práticos.

A primeira sessão realizada para o estudo da Doutrina foi a 24 de Julho de 1900.

Júlio, como um dos mais antigos crentes, havia sido designado para presidir aos trabalhos, para que Carlos e Graciema se prestassem, como médiuns; de modo que, após a prece inicial e declarada aberta a sessão, foi por Carlos recebido o seguinte:

«Meus filhos, Deus vos abençoe.

«Venho dizer-vos que a mediunidade é um bem que vos foi dado para o vosso progresso e que a deveis cultivar, não fazendo como operários pouco zelosos, que deixam a ferramenta atirada a um canto, e, quando têm necessidade dela, vão encontrá-la enferrujada.

«Não, meus filhos, não deixeis se enferruje a vossa ferramenta de progresso — trabalhai, procurando aliviar os vossos irmãos que sofrem, fazendo aos outros o que desejaríeis que vos fizessem.

«Deus em sua misericórdia premiou-vos com esses dons, proporcionando-vos ensejo de progredir mais depressa, por esse meio.

«Assim, abri vossos corações à caridade, ao amor, e acolhei em vosso seio aqueles que, sequiosos, vos vêm pedir uma pousada.

«Sede, porém, prudentes e cautelosos, não vos deixeis embair por falsas palavras — orai e vigiai».

Vosso Guia Joaquim».

O presidente agradeceu e, como fôsse dia consagrado a S. João Batista, ergueu uma prece em favor dos sofredores, oferecendo-a a Jesus, em nome desse glorioso Espírito.

O médium Carlos sente novamente o braço agitado e, tomando o lápis, escreveu:

«Filhos. Que de Jesus os olhos misericordiosos a vós desçam.

«Que de vós, os poucos rogos a Ele cheguem envoltos em branca luz e pura essência; que de vós partam, e em ondas luminosas nos ares levem dulcíssimas expansões d'almas escravas, aos pés do Senhor de eternos mundos, como oblações de sentimentos purificados nas múltiplas existências já passadas.

«De João, águia altaneira que o voo baixa à Terra, no dia sublimado pela dor que sentira ao ver presente o ferro traidor dalma escrava aos caprichos da mãe prostituída, e em lances de ódio ante os afagos de um degenerado, que, do irmão, a esposa havia seduzido.

«Ele, curvando a cabeça às ordens santas, que do Altíssimo eram descidas, deixou exânime no lajedo o tronco do seu corpo, já pesado fardo que servira a seu destino, das eras já passadas em que da espada fizera um vão capricho, para que das ideias que plantava firmasse crença; quando, do Senhor, a lei não era essa.

«Assim de Herodíade, os lúbricos desejos que tantas vezes com a voz a vergastara, serviu como instrumento à prova justa, que como Elias, em tempos idos, praticara.

«Hoje, de João os filhos tredos da dor, da angústia que os afligia, vêm na terra plantar novas doutrinas, que no seio de Jesus eles beberam e em seus corações enchendo transbordara para a terra que seus dias purificaram, nas escarpas das montanhas e nas selvas que o rebanho seu, tanto apascentaram.

«Que de vós, as emanações ao bem aos ares subam, e ao seio de João, contentes, cheguem.

«Que de João, aos pés de Deus, os rogos façam que os filhos de Seu Filho os corações unam de amor que em Jesus tanto aprendera, para os filhos de Deus plantar na terra.

«Ah! harmonia Divina! Eternos dias se façam sentir, em toda a terra, onde os sons de teus alaúdes já vibram e as eolinas harpas suplantaram.

«Crede, filhos meus, que mais dissera, se as cordas dessa harpa não partissem e os sons desse instrumento não sumissem nas brumas desse pélago em que vivem as agruras da dor sempre crescentes.

«A Deus, meus olhos volvo suplicantes.

«Que de Deus, um raio baixe de amor santo e aos vossos corações eternos cheguem.

«Que João os vossos espíritos purifique, no Jordão dágua límpida, vossas frontes sempre banhe, Vosso

Ithus»,

Logo em seguida, pela médium Graciema, foi ditado o seguinte:

«Glória a Deus nas alturas e paz na terra aos homens de boa vontade.

«Meus filhos, outrora àquele que clamava no deserto e a quem foi dada a sublime missão de aparelhar o caminho para a passagem do Senhor Jesus, foi também dada ordem de confirmar, pelo batismo, as almas que, ouvindo a palavra do Precursor, aceitavam a doutrina que se chamou Cristã.

«E, como os povos de então eram pouco sensíveis aos atos pròpriamente espirituais, foi necessário acompanhar esse ato de uma fórmula material, que pudesse tocar-lhes os sentidos e não a recebessem como coisa vã.

«Então, filhos, esse ato era feito às margens do Jordão, diante de grande povo, sem outro aparato que não a curiosidade daqueles que eram atraídos para ali; os que iam a batizar, eram os que já tendo ouvido o próprio precursor ou algum de seus discípulos, confessando suas faltas e abjurando suas crenças anteriores, davam público testemunho desse ato.

«Quem o apresentava, era aquele mesmo que o havia instruído.

«Acontecia, muitas vezes, que algum dos circunstantes, sentindo-se tocado pela voz da consciência, no mesmo instante prostrava-se de joelhos e, confessando suas faltas, pedia o batismo como confirmação das crenças que começava a professar.

«O Senhor Jesus, conhecendo a índole do povo, veio também ter à margem do Jordão e, ante a massa compacta que ouvia o pregador, fêz-se também por ele batizar; e o Precursor, falando à multidão, dizia: — «Eu vos batizo em água, mas, eis aqui o Ungido do Senhor, o Cordeiro de Deus Imaculado, que vos batizará no fogo».

«Vós tendes, meus filhos, o exemplo dado pelo Senhor Jesus. Em sua peregrinação pela Terra, não encontrais um só ato que Ele batizasse em água quem quer que fôsse.

«Aqueles que Ele chamou para O secundar em Sua missão, receberam o batismo do fogo descido do alto, e, assim, todos aqueles que abraçaram Sua Doutrina; ficou, porém, a tradição, o Senhor Jesus quando os enviou para toda parte da Terra, para pregarem e distribuírem a luz por toda a Humanidade, deu-lhes ordem de o fazer.

«Então seus discípulos, conhecedores do atraso desse mesmo povo, continuaram a batizar em água; isto é, a servirem dessa fórmula material, para confirmarem pùblicamente o que estava de fato confirmado perante Deus, pela consciência de cada um de seus filhos.

«Passaram-se os tempos e a tradição passou à posteridade, os povos foram progredindo pouco a pouco e as famílias cristãs, querendo distinguir-se das outras, pertencentes a outras seitas, à proporção que os filhos nasciam iam logo os instruindo nas mesmas doutrinas e, logo que se achavam em condições de patenteá-las, os levaram aos sacerdotes para impor-lhes a confirmação.

«E' isto, meus filhos, que veio até vós, de modo que, de uns tempos a esta parte, compreendendo-se que os filhos são o produto de dois seres, compreendeu-se também que, necessàriamente, eles deviam trazer impressos em seu organismo as ideias religiosas de seus pais; no entanto, assim não é.

«Vêdes muitos daqueles, nascidos de pais cristãos, que se tornaram mais tarde ateus, ou, renegaram suas doutrinas, para abraçarem outras mais ou menos de acordo com as suas ideias.

«Diante disso, meus filhos, destrói-se completamente o trabalho de seus genitores, que, a seu pesar, presenciam cheios de tristeza e desvio dos filhos.

«Mas, filhos meus, quem são os verdadeiros culpados?

«Aqueles que, para alcançarem certos fins, desvirtuaram os princípios.

«E' mais consentâneo com a razão que o espírito receba o batismo com verdadeiro conhecimento de causa, do que sem ele.

«Hoje, meus filhos, que a Humanidade vai entrando no conhecimento das coisas por meio dessa Doutrina que abraçais, já muitos desses atos vão perdendo as fórmulas de que então se revestiam, para serem feitos conforme a razão e de acordo com os ensinamentos dos emissários do Senhor.

«Foi assim, filhos, que alguns, querendo adotar entre a família espírita esse ato, de acordo com o que era feito pelo Precursor, receberam instruções para seguir os nossos conhecimentos e não romperem de pronto com fórmulas anteriores, estabelecidas pela Igreja Romana.

«Tendo em vista que esse ato é a confirmação das crenças e que está dependente do mérito de cada espírito encarnado, deve ser feito espiritualmente.

«O Senhor Jesus ilumine os vossos espíritos com Sua Luz Divina! O Pai e Senhor nosso baixe sobre todos a Sua bênção e derrame sobre todos a sua Misericórdia.

João Batista».

Rendidas graças, por tanto favor e misericórdia, o presidente encerrou a sessão, que foi, por assim dizer, o início de outras cheias de instruções proveitosas, não só para esse pequenino núcleo, como para outros, pois Artur, cheio do entusiasmo dos grandes trabalhadores, foi a outros grupos, levando a sua palavra de amor, procurando espalhar por toda parte as instruções que no recesso desse pequeno núcleo ia recebendo.

Assim, de um pequeno foco de luz irradiou para todo o orbe a Doutrina, já pela palavra falada, já pela escrita, pois Aurélio, sempre que se oferecia ocasião, publicava nos jornais diários seus artigos, plenos de uma crença sã e proveitosa.

Livros da Federação Espírita Brasileira

Daniel Suárez Artazu

MARIETA

Mediunicamente recebido por Daniel S. Artazu, o romance *Marieta* é, como escreveu o Visconde Torres Solanot, a "apoteose da virtude, o idílio do amor, o tesouro de consolos e esperanças, inspirado nos princípios fundamentais do Espiritismo".

A história, passada na Espanha, divide-se em três partes:

A primeira gira em torno de duas almas puras — Marieta e Estrela — que se unem à primeira vista e passam a viver esse profundo afeto, num clima de grandes desencontros, frustrações e sofrimentos, mostrando à mulher o caminho do dever, da virtude, da resignação.

A segunda parte se passa no Além. Com a desencarnação de ambas as jovens, estas narram o que lhes aconteceu durante e após o desenlace, dando a conhecer-nos que além do sepulcro o Espírito palpita, trabalha, chora, descansa e vive alegrias sublimes.

A terceira parte procura demonstrar a necessidade das encarnações sucessivas, nas quais se realiza o progresso do Espírito, em harmonia com a justiça divina.

A obra é toda recheada de profundos conceitos filosóficos, que nos levam a férteis meditações.

Codro Palissy

VÍTIMAS DO PRECONCEITO

É a verídica história de duas criaturas humanas, Laura e Alberto, que com muito ardor se amaram na época dos senhores feudais. Separados pela profunda diferença de posição social: ele, plebeu, artista e sonhador, ela, nobre, cândida e formosa, embora se amassem com puro afeto, não lograram unir-se pelos laços matrimoniais.

Não suportando as provações que haviam pedido para o seu progresso moral, deixaram o mundo, à semelhança de Romeu e Julieta, pela enganadora porta do suicídio.

As cenas que se passam então no Espaço previnem a todos os incautos do falso julgamento que têm da morte e revelam ensinamentos oportunos para os milhões de almas aflitas que perambulam pela Terra.

É este um emocionante romance de inapreciável valor doutrinário que agradará a todos.

J. W. Rochester

SINAL DA VITÓRIA

Nesta obra, uma das mais belas do Autor, encontraremos a descrição dos fatos ocorridos no começo do século IV, em Roma, com toda a sorte de perseguições aos cristãos, até à época da conversão do imperador Constantino, através da visão da cruz.

A VINGANÇA DO JUDEU

Nesta obra, que bem se pode classificar de portentosa, o Autor apresenta-nos, em cores vivas, o quadro enigmático e bisonho da sociedade européia daquela recuada época, com a chaga dolorosa da sua civilização de preconceitos de raça, de classe ou de fortuna.

O CHANCELER DE FERRO

Encantador romance histórico, que relata a vida de José, no antigo Egito, vida que "A Gênese" sintetizou em certo número de capítulos. O leitor fica de tal maneira satisfeito com o enredo que sente o desejo de o reler várias vezes.

J. F. Colavida

A BARQUEIRA DO JÚCAR

Primorosa novela mediúnica, recebida em Barcelona.

A *barqueira do Júcar* é uma donzela que, mantendo a pureza de sua alma, entre inimigos conluiados para perdê-la, serve de instrumento à ação do Espírito do próprio pai, empenhado em defendê-la e em subtrair, às garras da mais abjeta materialidade, criaturas inclinadas ao mal.

Urdindo um entrecho de intensa dramaticidade, os episódios se entrelaçam por tão surpreendente que o seu desfecho não pode o leitor imaginar qual venha a ser, mesmo quando já próximo dele se ache.

Revela-se notável obra de educação moral e projeta luzes esclarecedoras sobre as conseqüências de nossas ações na Terra.

Camille Flammarion

ESTELA

Apresentamos este encantador romance de duas almas elevadas — Rafael e Estela — que se conheceram na França do século XIX, nascendo entre ambos um profundo amor espiritual.

Ela, rica, inteligente, educada para o mundo, tudo abandonou para viver uma vida simples, estudiosa e contemplativa, e consagrar-se, na solitude, àquele que lhe apareceu qual apóstolo da Verdade.

A vida de ambos os namorados das maravilhas do Universo constitui delicado poema de amor, que nos faz vibrar a cada momento.

Escrito por um sábio, que foi poeta dentro da Ciência, e esmeradamente traduzido por Almerindo Martins de Castro, *Estela* é um romance maravilhoso, porque contém em alto grau o elemento que imortaliza as obras de arte.

Yvonne A. Pereira

O DRAMA DA BRETANHA

Apresenta, em 17 capítulos, a vida de reajustes de Espíritos comprometidos entre si, que lutam para alcançar a libertação. Inicia com a descrição do local, Costa da Bretanha, província da França, por volta do término da Primeira Guerra Mundial. Andréa, vítima de processo obsessivo, é rejeitada por seus pais, tendo a seu lado seu irmão mais velho Víctor, cristão adepto de doutrinas orientalistas, seu protetor espiritual nesta e em diversas existências. Conclui, focalizando a prece com sua ação benéfica no amparo daqueles que sofrem e com os preparativos, no Plano Espiritual, para o retorno de Andréa à matéria carnal em busca do reajuste.

Romance da mesma série de "Nas Voragens do Pecado" e "O Cavaleiro de Numiers".

SUBLIMAÇÃO

Combate o suicídio, apontando o conceito moral e as conseqüências de tal gesto na vida espiritual. Objetiva confortar as pessoas vacilantes e frágeis nos momentos de provação. Apresenta três contos de Léon Tolstoi, passados na Rússia, e dois contos de Charles: um, vivido na Pérsia e outro, na Espanha. Enfoca temas como: a reencarnação; a lei de causa e efeito; o amor ao próximo e a evolução. Salienta a importância da mensagem espírita, orientando as atitudes do homem que busca incessantemente evoluir rumo à perfeição.